龍谷大学仏教文化研究叢書36

［シリーズ］近代日本の仏教ジャーナリズム 第二巻

仏教婦人雑誌の創刊

岩田真美／中西直樹［編著］

法藏館

はじめに

本書は二〇一六〜二〇一七年度の龍谷大学仏教文化研究所における共同研究プロジェクト「仏教婦人会の研究」（研究代表者・中西直樹）の成果であり、「シリーズ近代日本の仏教ジャーナリズム」の第二巻として刊行させていただくこととなった。

従来の日本仏教研究においては、女性の存在は周辺化されがちであり、焦点があてられることは少なかったが、一九八〇年代頃から急速に発展した「女性と仏教」研究によって注目されはじめた。その牽引役となったのは、一九八四年から一九九三年まで活動した「研究会・日本の女性と仏教」であり、大隅和雄・西口順子編『シリーズ女性と仏教』全四巻（平凡社、一九八九年）などの成果が出版されている。それは女性史研究の高まりのなかで登場したものであり、男性中心で語られてきた日本仏教史に再構成を迫るものであったが、「女性と仏教」研究の成果は古代・中世に集中しており、近世や近代については、いまだ研究の蓄積が十分でない。一方で、九〇年代以降はジェンダーの視点も導入され、ジェンダー平等に基づいた仏教を現代の日本に再創造することを目指し、宗派を超えて連帯した「女性と仏教　東海・関東ネットワーク」による『新・仏教とジェンダー——女性たちの挑戦——』

（梨の木舎、二〇一一年）などのように、現代仏教を問い直す運動として展開されつつある点も注目されよう。

本書では近代の仏教婦人会の草創期にあたる一八八〇年代から九〇年代に注目し、仏教婦人雑誌を手がかりとして、「婦人」信者の組織化はどのように始まり、そこにはいかなる意味があったのか。また、当時の仏教者たちは女性をどのような存在として捉え、どのように伝道教化を行っていたのかを明らかにすることで、近代の「女性と仏教」研究の進展を目指したいと考える。

仏教婦人会に関する研究としては、千葉乗隆編『仏教婦人会百五十年史』（浄土真宗本願寺派仏教婦人会総連盟、一九八二年）、赤松徹眞「近代天皇制下の西本願寺教団と「婦人教会」・「女子教育」論」（『龍谷史壇』第九九・一〇〇合併号、一九九二年）などがある。しかしながら、先行研究においては草創期の仏教婦人会の多様な活動を必ずしも明らかにしたとはいえない。一八八〇年代末（明治二〇年前後）頃には、キリスト教の教勢拡張や地域経済の活性化にともない、東京婦人教会、令女教会、婦人法話会、上毛婦人教育会、姫路女教会、防長婦人相愛会などの仏教婦人会が次々と設立された。こうした婦人会組織化のきっかけをつくったのが、一八八八年二月に創刊された『婦人教会雑誌』であり、東京を中心にはじまった仏教婦人会創設の動きは、雑誌メディアを通して各地へと広がっていった。これらの動きを主導していたのは、一八八〇年代頃から盛んに結社活動を行ってきた浄土真宗の僧侶たちであった。また婦人会創設の動向にともない、機関誌的性格をもった仏教婦人雑誌の創刊が相次いだ。そこには仏教婦人会の活動報告や宣伝にとどまらず、僧侶の法話、伝記や教訓、女子教育論、慈善事業の推奨など、さまざまな記事がみられる。しかし、その全貌はいまだ不明な点が多い。それは草創期の仏教婦人雑誌の多くが散逸し、龍谷大学の図書館にも所蔵されておらず、本格的な調査も行われないまま今日に至っていることが要因としてあげられよう。近年、『明治期女性雑誌集成』三・四（柏書房、二〇一七年）の刊行により、『婦人世界』や『婦人教会雑誌』が復刻されたものの、それ以外の仏教婦人雑誌の蒐集作業は十分に行われていない。

本共同研究プロジェクトでは、仏教婦人会の実像を明らかにすべく、研究代表者である中西直樹（龍谷大学文学部教授）がこれまで蒐集してきた雑誌とその複写に加え、古書流通の雑誌、日本各地の大学・研究機関の所蔵雑誌を複写するなどし、資料蒐集を行ってきた。本書では、その成果として『婦人教会雑誌』・『婦人教育雑誌』・『婦人世界』・『北陸婦人教会雑誌』・『道之友』・『心の鏡』・『姫路城北女教会雑誌』・『をしへ草（姫路女教会々誌）』・『智慧之光』・『防長婦人相愛会誌』の各仏教婦人雑誌の総目次を作成した。また資料的価値が高く、特に閲覧が困難と考えられる資料として、『心の鏡』第一号（連合婦人会、一八九〇年七月）、『相愛女学校規則』『相愛女学校設置方法書』（一八八八年三月）、『京都婦人教会規約』（一八九二年四月）を復刻掲載した。仏教婦人会研究のための基礎資料として、今後の研究に活用していただければ幸甚である。

これに加え、同プロジェクトの共同研究者たちが解説論文を執筆した。第一章（中西論文）では仏教婦人会が創設された経緯と、その歴史的意義を解説する。第二章（碧海《おおみ》論文）では真宗大谷派における明治期の婦人会活動として、「貴婦人」を対象とした東京貴婦人会から、婦人法話会への展開を取り上げる。第三章（吉岡論文）では令徳会と機関誌『婦人世界』を中心に、京都における草創期の仏教婦人会の諸相を明らかにする。第四章（近藤論文）では相愛女学校（現・相愛学園）の創設をめぐって、大阪における仏教婦人会や女子教育の動向を分析する。第五章（岩田論文）では雑誌『日本人』とも関係が深い『婦人教育雑誌』を取り上げ、その発行母体となった群馬の上毛婦人教育会や清揚女学校について検討する。そこにはキリスト教への対抗、仏教結社の連携、上流階級の婦人への教化、女学校の創設など、各地域における婦人会の多様な動きがうかがえる。そして、これらの動向を分析することを通して、近代仏教における女性教化のありようを解明する一助としたい。

このほかにも取り上げるべき仏教婦人会や雑誌もあったと思われるが、資料不足などの理由で断念したものもある。また今回蒐集した仏教婦人雑誌においても欠号が多く、全号通しての考察が行えなかったため、いくつかの課題も残されている。特にこの時期の仏教婦人雑誌を執筆していたのは、多くの場合が男性の僧侶や知識人たちであり、女性の主体的活動や仏教観が分かるような資料は極めて少ない。今後も引き続き、資料調査を行い、仏教婦人会の多様な活動や女性仏教徒たちの具体像を明らかにしていきたい。本研究は、その解明に向けた第一歩として位置づけられよう。

二〇一八年に、浄土真宗本願寺派では約五〇年ぶりに仏教婦人会の「綱領」が改定された。旧綱領においては、「み法の母として念仏生活にいそしみます」「念仏にかおる家庭をきずき、仏の子どもを育てます」などの表現があったが、仏教婦人会が既婚女性（家庭婦人）を対象とした団体と受け止められ、女性の多様な生き方を妨げる可能性があるとして、新しく改定された綱領においては、これらの文言は削除され、改正されることとなった。旧綱領にみられる「家庭」という言葉は、新しい家族のあり方を示すものとして、明治二〇年代に急速に広まったものである。この頃から女性と結びつく形で「家庭」が論じられるようになった。そして、仏教者たちも「家庭」において育児に携わる「婦人」への教化の重要性に注目するようになるが、それは仏教婦人会の創設とも密接にかかわっている。つまり、草創期の仏教婦人会の実像を明らかにすることは、近現代の教団の女性教化のありようを検証していく上でも重要な視点であるといえよう。

本書の刊行によって、仏教婦人雑誌の保存および発掘への動きが加速し、それが仏教婦人会の実態解明、ひいては「女性と仏教」研究の活性化へとつながれば幸いである。

岩田真美

仏教婦人雑誌の創刊＊目次

はじめに……岩田真美 i

第一部　解説論文……3

第一章　近代仏教婦人会の興起とその歴史的意義……中西直樹 5

一　仏教婦人会興起をめぐる時代状況
二　キリスト教の教勢拡大と仏教側の対応
三　仏教結社の活発化とその規制
四　『奇日新報』創刊と女性教化論の興起
五　『婦人教会雑誌』創刊とその論調
六　初期仏教婦人会の性質

第二章　東京貴婦人会から婦人法話会へ……碧海寿広 27

一　二つの婦人法話会
二　「貴婦人」のための仏教
三　東西両派の共通認識

四　「貴賤」を問わない「婦人」教化へ
五　改組の帰結
第三章　京都における真宗婦人諸団体の動向
——令徳会（『婦人世界』）の前夜から——……吉岡　諒　37
一　研究の課題
二　令徳会の発会前夜——京都真宗系女学校の誕生と展開
三　令徳会の発会以後
四　結　論
第四章　近代大阪における仏教と女子教育
——相愛女学校設立をめぐって——……近藤俊太郎　57
一　本章の視角
二　大阪の婦人と教育
三　相愛女学校の設立
四　相愛女学校の設立主体
五　相愛女学校の女性像

六　大阪の真宗と実業界

第五章　上毛婦人教育会と『婦人教育雑誌』
——群馬を中心とした仏教婦人会の動向——……岩田真美　77

一　仏教婦人雑誌の誕生
二　小野島行薫と酬恩社
三　婦人仏教徒の模範としての「妙好人」楫取寿子
四　清揚女学校の創設
五　上毛婦人教育会と『婦人教育雑誌』
六　「家庭」論と仏教婦人会の形成

第二部　各誌総目次……吉岡　諒　95

雑誌『婦人教会雑誌』総目次……97
雑誌『婦人教育雑誌』総目次……138
雑誌『婦人世界』総目次……143

目　次

雑誌『北陸婦人教会雑誌』総目次 ………………………………………………………………… 154

雑誌『道之友』総目次 ……………………………………………………………………………… 157

雑誌『心の鏡』総目次 ……………………………………………………………………………… 211

雑誌『姫路城北女教会雑誌』総目次 …………………………………………………………… 214

雑誌『をしへ草（姫路女教会々誌）』総目次 ……………………………………………… 219

雑誌『智慧之光』総目次 ………………………………………………………………………… 220

雑誌『防長婦人相愛会誌』総目次 ……………………………………………………………… 225

第三部　関係復刻資料 ………………………………………………………………………… 227

解　説 …………………………………………………………………………… 中西直樹 …… 228

（一）『心の鏡』第一号 ……………………………………………………………………………… 231

（二）『相愛女学校規則』『相愛女学校設置方法書』 …………………………………… 291

（三）『京都婦人教会規約』 ……………………………………………………………………… 317

ix

仏教婦人雑誌の創刊

第一部　解説論文

第一章　近代仏教婦人会の興起とその歴史的意義

中西直樹

一　仏教婦人会興起をめぐる時代状況

一八八〇年代末（明治二〇年前後）は、仏教教化諸団体の近代化に向けた再編の起点となった時期である。そこには、キリスト教との対立・宗派内部抗争の激化、政治的意識の高揚、地方経済の活性化といった歴史的背景のあったことを見過ごすべきでない。

一八八〇年代に入るとキリスト教の布教は活発化し、一八八三（明治一六）年以降の欧化全盛の風潮のなかで大きく教勢を伸張させた。一方、仏教各宗派では、一八八四年に教導職が廃止されて以降、教団自治に一定の自由裁量が認められるようになった反面、内部の勢力争いも表面化した。この頃、本願寺派では、宗議会「集会」を舞台に、法主派の特選会衆と末寺派の公選会衆が宗政の指導権をめぐって激しく対立しており[1]、大谷派でも、渥美契縁派と石川舜台派との権力抗争が続いていた[2]。

また浄土宗では、一八八六年の宗制制定に端を発し、京都四本山（知恩院・金戒光明寺・清浄華院・知恩寺）の本山中心党と、東京増上寺の日野霊瑞を中心とする改革党の対立が表面化した[3]。日蓮宗では、一八八八年に宗務院が宗規改良案を提示したことをめぐって、身延山総本山への権限一局集中を主張する改革党に対抗して、京都八本山（本圀寺など）を中心とする本山同盟党が旧来の本山の権益保全を訴え、両者の抗争が激化した[4]。曹洞宗でも、越山（永平寺）・能山（総持寺）両本山の深刻な対立が続いていた[5]。こうした各宗派の宗政混乱は、宗派の統制を離れた地域独自の活動を助長し、かえって地方での仏教勢力の動きを活発化させることになった。

この時期は、一八九〇年の第一回衆議院議員選挙をひかえ、日本各地で政治的緊張が高まりを見せていた。こうした風潮のなか、各地の仏教勢力は、キリスト教に対抗するため宗派をこえた地域的結束の強化を模索しており、この仏教側の動きを企業勃興ブームに沸く在地の保守勢力が支援し、仏教青年会・仏教少年教会・仏教婦人会などの仏教教化団体が各地で次々に結成された。また連動して、女学校・簡易小学校などの教育機関の設置、慈善救済活動の実施、新聞雑誌の発行などの各種事業も広がりを見せたのである。

このように一八八〇年代末には、政治的・宗教的・経済的諸条件が相互作用した結果、実に多様な事業が生まれ、展開したが、一八九〇年以降キリスト教の教勢が後退して地域の政治的緊張が緩み、不況に直面すると、地方の教化団体は急速に衰退し、やがて教団統制のなかに組み込まれていった。

筆者は、すでに、仏教青年会と仏教少年教会が設置された経緯と各地での設置状況について論じた[6]。本章では、当時の宗教的・政治的・経済的時代背景を踏まえつつ、仏教婦人会が設置された経緯と歴史的意義を検討する。

二　キリスト教の教勢拡大と仏教側の対応

一八八〇年代後半以降、仏教青年会・仏教少年教会・仏教婦人会が次々に設置された背景には、キリスト教の教勢拡大への脅威があった。日本人によるキリスト教伝道は、横浜公会が設立された一八七二（明治五）年にはじまり次第に各地に広がった。一八八〇年に入って活動は一段と活発化し、同年春に京橋鍛冶屋町の小崎弘道の住居にキリストの信徒が会合した。五月に銀座教会で東京基督教青年会が組織され、一〇月には東京上野精養軒の庭で、数千人規模の野外大演説会を開催した[7]。同月、本願寺派系新聞『教海新潮』は「耶蘇教会ノ繁殖」と題する評論を掲載し、キリスト教の活動について次のように評している。

今ハ漸ク各地方ニ伝教師ヲ派遣シ公然耶蘇ノ教旨ヲ演説スルニ至レリ而シテ巍峨タル教会堂ヲ三府五港其他ノ地方ニモ新築シテ独一真神ノ版図ヲ拡メントスルヤ欧米ノ教会ヨリハ屢々宣教師ヲ派出シ新教ノミニテ六十有六所ノ教会アリトセバ旧教ト希臘教トヲ合算セバ無慮百ヶ所ニ及ブベシ而シテ教禁ノ弛ミシヨリ猶ホ未ダ数年ヲ出デザルナリ然ラバ則チ外教ノ我邦ニ延蔓スル勢力ハ実ニ驚クベク進捗セシ者ト謂フモ可ナリ武人ノ所謂「小敵と見て侮るべからず」トノ一語ハ最モ驕傲怠慢ノ人ヲシテ用心ヲ忽カニセザラシムルタメノ警語ナリ耶蘇ノ我仏教ニ於ケル小敵ノ侮ルベカラザル者ト謂フベキノミニアラス大敵ノ最モ侮ルベカラザルモノナルニ於テヲヤ[8]

ここには、キリスト教を「小敵」と見て侮るべきでないとの強い警戒心が示されているが、同時にまだ余裕も感じられる。しかし、一八八一年七月には「其信徒ハ已ニ四万五千余ノ夥シキニ至リ中国地方ニ該教ニ帰向スル者一ケ月三千余人ノ割合ヲ以テ増加スト」報告されている[9]。一八八〇年代を通じてキリスト教は急速に各地で教勢を伸張し、仏教側はその防禦策を講ずる必要性に迫られていったのである。

とりわけ仏教各宗派の本山が多く存在する京都では、すでに一八七五年に同志社英学校が設立されており、本山役員はキリスト教の動きに神経をとがらせていたようである。そうしたなか、一八八一年春には松原通堀川でキリスト教関係書籍を販売する者が現れ、毎週宣教活動も行い、京都療病院にキリスト教新聞『七一雑報』を寄付するなどした。五月一七日には、四条北の芝居小屋に三〇〇〇人の聴衆を集めて大規模な説教会も開催された[10]。

キリスト教布教の活発化に対して、本願寺派・大谷派本山役員も対抗策を講ずる必要性を痛感したようである。一八八一年秋、原口針水・赤松連城・利井明朗らが会した本願寺派役員の月例会合で、原口は「此頃耶蘇の新聞を見たるに昨今彼の輩が信徒の日本に廿万人程出来たるとか」と発言し、キリスト教対策の実施を促した[11]。大谷派教育課では、同年六月に、かつて細川千巌が行った講演を『破斥釈教正謬』として出版して本山関係者などに配布することになった[12]。また七月には渥美契縁・小栗憲一らが出席してキリスト教を批判する仏教講談会を開き、キリスト教の布教状況の調査をかねて、五〇名の布教僧を各地に派出した[13]。

各地の仏教側勢力は、仏教演説会の開催と小冊子の施本により応戦したようである。この頃までには、京都・大坂・神戸などでキリスト教排撃を訴える演説会が盛んに開催されるようになっていた[14]。演説会で主張された内容について、当時、本願寺門前の顕道学校に在学中であった野々村直太郎は次のように回想している。

> 国家に連関せしめて宗教を論ずるといふ事は、顕道学校生徒の乳臭い演説が代表して居る如く実に当時宗教社会一般の思潮と云ふてよろしかつた、後年尊王奉仏大同団など云ふ怪団が起つたのも、つまり同一の軌道を踏んだ小刀細工に外ならぬ、一方に於て、基督教徒が、欧米の文明は基督教と至密の関係を有するを以て基督教から離して欧米の文明のみを輸入することは不可能である、と論じた如く他の一方に於ては、仏教徒が、仏教は古来我国家と至密の関係を有するが故に、我国家を離れて仏教も危く、又仏教が衰ふれば我国家も独立が六ケしい、とまで極論したのである[15]

同年六月には、北近畿を中心に信徒二万数千人を擁する弘教講社[16]が、『耶蘇教の無道理』と題する小冊子一〇万部を印刷し各地に配布した。京都では講社員が総会所や人の集まる場所へ派出して小冊子を施本し、大阪では津村別院での説教で配布したほか、市内の散髪所一万六千余に配置された[17]。また福井県・愛媛県の松山などの寺院が、キリスト教防禦策のため小冊子を取り寄せて門徒等に配布し[18]、各地で開催された仏教演説会でも聴衆に配布した[19]。仏教者による大規模な施本事業は、この排耶書を嚆矢とするのである[20]。同年九月にも、大谷派の有志が仏教講談会を開催し、キリスト教を非難する『騙欺の用心』という冊子を配布した[21]。

地域で結束してキリスト教を排除する動きも活発化した。例えば、大分県の本願寺派専想寺では、同八一年に門信徒を糾合して次のような盟約を結んだ。

一異教を演説する席に臨む者は村内の男女交際を絶つべき事
一異教を仰信するものは村内に住居致すまじき事

一戸主たるもの異教を信受するものは宅地並びに家財田畑山林まで村内のものへ投与し立出申しべき事[22]

すでに一八七〇年代には、廃仏毀釈からの復興に向けて、教会結社活動が活発化していたが、この頃になると、キリスト教の防禦を目的とする仏教結社も各地で組織されるようになった。一八八二年に長崎地方で二〇〇〇名以上の同志を糾合して西部杞憂会という結社が組織された。九州からキリスト教を駆除することを目指して仏教演説会を開催し、熊本天草で約一〇〇〇人の入会者を集めたという[23]。一八八一年八月、熊本県の宇土では三カ寺の住職の発起によって則親教社が組織され、「一正法を紹隆して匪教防禦の策略深く注意すべき事」を含む教会要旨三章を取り決めた[24]。翌八二年に和歌山県の本願寺派鷺森別院に組織された同治教社は『耶蘇教国害論』に意見書を付して県令に上申し、県下の小学校教員全員に配布するために「愛国私籌」と題する檄文を作成した。その檄文では、キリスト教の国民に与える悪影響を強調し、「故に教授の間時々彼の外教の畏るべく悪むべきことを子弟に懇誨切諭」することを求めていた[25]。

三　仏教結社の活発化とその規制

仏教とキリスト教との対立の激化は、やがて政治問題へと発展する様相を呈しはじめた。一八八一（明治一四）年六月、大阪で大規模なキリスト教演説会が道頓堀隅の芝居小屋で公然と行われたが、翌七月に浄土宗教導職取締がキリスト教会の差し止めを知事に求め、さらに訴訟に持ち込む事件が起きた[26]。同月福島県の白河では、キリスト教の葬式を執行した者を檀那寺の住職が訴え罰金刑の判決が下されている[27]。こうした訴訟事件のほか、両教の抗争に警察が介入するケースもあったようである。愛媛県の今治には早くからキリスト教が進出しており、一八八二年七月頃に地元の仏教信者有志が、市内寺町大雄寺（曹洞宗）で仏教演説会の開催を計画し、キリスト教側に書簡を送って討論会への参加を呼びかけた。しかし、返答がないためキリスト教会に出向こうとしたところを警察署より制止された(28)。

さらに仏教側の政治熱は過激化し、翌一八八二年七月頃には京都で仏教党という政治結社が産声をあげた。これは前年一〇月に国会開設の詔が出されたことを受けてのことであり、結党の中心人物であった楠知浄は、結党の意図を次のように述べている。

於此乎有志者共ニ相計テ国家ノタメ宗教ノタメ一大団結シテ外洋教ノ蔓延ヲ防キ内仏教ノ真意ヲ拡張シマスヘ真理ノ光暉ヲ万国ニ普及セシメントス是レ全ク仏教党ヲ組織スルノ元素ナルモノナリ(29)

また一〇年後の国政選挙に向けて、「明治廿三年国会開設マテニハ我仏教ヲ拡張弘通シテ三千六百有余万人ノ人民ヲシテ悉ク仏教ヲ信セシメ其同教範囲ノ者ニアラサレバ議事堂ニ登ル者一人モ之レ無キニ至ラシムル(30)」と訴えた。楠知浄は本願寺派の布教者養成機関である仮講究所の講究生であり、講究生や真宗学庠の学生のなかで仏教党に加入する者もあったようである(31)。これに対して『教海新潮』の社説は「我輩ハ前ニモ喋々セシ如ク宗教ハ宗教トシ政党ハ政党トシテ敢テ混同視サセラレンコトヲ主張スル者ナレハ斯ル宗教ト政党トヲ混一スル者ヲ喜ハサルナリ」といい、仏教党に否定的見解を示した(32)。仏教党内部でも党の方針に関し意見の相違があったようであり、『教海新潮』紙上で賛否についての議論が起きている(33)。一方、結党直後の一〇月七日に、楠知浄の在籍する仮講究所は閉場に追い込まれており(34)、本山当局が仏教党の存在を問題視し、閉場した可能性も考えられる。

当時、本願寺派関係の教社には、弘教講社や酬恩社のように社員が数万人、数十万人にも及ぶ全国組織が存在していた。これら巨大教社が反キリスト教を目的に政治行動を起こせば、大きな混乱を来す可能性は容易に予想できた。ときあたかも一八八二年六月に集会条例が改正され、「何等ノ名義ヲ以テスルモ其実政治ニ関スル事項ヲ講談論議スル為結合スルモノ」を政治結社とみなし、適用範囲が拡大されて規制内容も強化されていた。

こうして同年一〇月に開会した本願寺派集会では、本願寺派教会結社条例が建議案として審議されることになった。この条例案では、結社の範囲を一府県・一国に限定して講社の地域をこえた広がりを分断し、本山の結社への介入権の強化を目指すものであった(35)。また、集会での趣旨説明をした副上首香川嘿識が「本案教会結社はもと建言に出たれとも此れに付ては法主殿におかせられても深き思召のあらせらるゝ趣きなれば諸君も能くへ御注意ありて決して軽々に論し去られむ事を望む」と述べたように、明如（大谷光尊、西本願寺二一世）の意向が強く反映されていた(36)。

この条例案をめぐる集会の審議は紛糾し、条例案への異論が噴出して廃案論まで提起された。例えば、津村知龍は次のように発言して条例案の廃案に同調している。

本員は虚気平心にて思考する所に依れば原案賛成者か喋々せらるゝ所の教社の弊害なる者は唯些少のこと而已政府に於て集会条例或は新聞条例を設けられたることは大に国安を妨害するを以て之れを防く為めされとも我宗内に於ては彼の教会の為めに宗意の乱るゝといふ様なる弊害あるを見す即ち興隆社及ひ酬恩社の如きを見ても知るべきなり殊に教法上のことは余り束縛すべき者にあらず蓋し本案は実に建議案に依りて議案とはなれり

且此条例を実際施行せんと欲せは如何なる困難を惹起すやも知るべからず故に一番の廃案説に同意を表するなり(37)

津村は、自由民権運動と教社活動とは別物であり、むしろ教社の解体による教団勢力の減退への懸念を指摘している。しかし、自由民権運動の影響を受けて教社が政治的要求を掲げて活動する可能性は否定できず、明如と教団執行部は仏教党をその兆候と受け止めたことであろう。実際に、この直後の翌八三年一月、全国二三カ国の一〇〇〇万人信徒の総代を標榜して上洛した有志七十余名が、本山改革の請願書を持参して連日執行に面会を求めるという事件が起こった(38)。請願内容は、法主権限を強化し、執行以下の「奸僧」の排除を求めるものであった。しかし、末寺僧の宗政参加に限定して発足した集会の審議ですら混迷を深めるなか、明如の側に高揚する在家信者の宗政介入を抑制したいという意識が強くはたらいたものと推察される。

ところで、条例案は、地域的分断だけでなく、末寺僧と在家者との分断も目指しており、教社の種類を僧侶社、僧俗混同社（審議の過程で僧俗共同社に改称）、信徒社の三種に区別する条文が盛り込まれていた。この条文への反対意見を述べた渡邊聞信は、次のように指摘している。

本条も抹殺すべき斯く種類を別つに至りては実に際限なし若し婦女子のみ結社せは之れを女人社と名くべし壮年輩のみ結社せば若者社と称し其種類に随ふて種々の名目を付せざるを得ず畢竟無益のこと、考へらる依て断然削除すべし(39)

集会では廃案を求める意見が数多く提示されたものの、ほぼ原案どおり本願寺派教会結社条例は可決され、一八八二年一二月の発布を経て翌八三年五月から施行されることになった。そして、渡邊が指摘したように「無益」であるか否かは別として、全国規模の総合的巨大教社は解体され、少年教会・青年会・婦人会などの性別・年齢別を対象とする教化団体が地方単位で組織される方向性が決定づけられた。しかし、それは個々の対象のあり様に着目した結果というより、総合的巨大教社の解体された後のやむを得ない対応としての側面もあった。

四　『奇日新報』創刊と女性教化論の興起

一八八三（明治一六）年は、本願寺派と仏教界にとって、新たな教化団体の組織化の大きな転換期となった。この年、五月一日の真宗本願寺派教会結社条例の施行に先立って、二月三日、のちに仏教青年会、仏教少年教会、仏教婦人会の全国的設立運動に大きな影響を与えることになる仏教新聞が創刊された。本願寺派系の『奇日新報』であり、その創刊号には発行の趣旨が次のように記されている。

> 内外宗教上ノ新論奇説ヲ載録スルハ勿論政治、法律、勧業、脩身、教育ノ事及ヒ天変地異其他苟モ教家ニ於テ知ルヲ要スル事項ハ之ヲ網羅シ且ツハ目下ノ急務タル破邪顕正ノ事興教奨学ノ件ニ就テ全国ノ有志諸君ノ思想ヲ演暢スルノ一大論壇ト為シ以テ護法利人ノ一助タランコトヲ期スルノ目的ナリ(40)

『奇日新報』は東京本所の新報社より発行され、干河岸《ひがし》貫一が社長に就任したほか、山本貫通・水渓智応らが編集発行に従事した。彼ら三人はいずれも地方の本願寺派寺院の出身者で、築地別院周辺に寄留する仏教ジャーナリストの先駆け的存在であった(41)。一八八〇年代、『奇日新報』は『明教新誌』と並ぶ仏教系新聞の代表的存在であり(42)、特に仏教青年会、仏教少年教会、仏教婦人会の情報を数多く報じ、地方での教化諸団体設立を促す役割を担った。

なかでも早い時期から、同紙上で活発に女性教化・女子教育の必要性を訴えたのが水溪智応（柴堂穿石）である。水溪は、愛知県の本願寺派寺院出身で、『教学論集』などの編集刊行を手がけていた。キリスト教の動向にも関心を払い、その説教会にたびたび足を運んでいたようである。一八八三年八月『奇日新報』に寄せた「女子ノ信徒」という評論で次のように述べている。

> 予輩先ゴロ耶蘇ノ大説教会ヲ聞キシニ其諸説ハ例シテ片腹痛キ事ノミ多ホカリシカ其中ニ於テ驚クヘキモノアリ何ソヤ女子ノ信徒ノ多キコト是ナリ実に此ハ意外ニシテ今ヲ距ルコト三四年前英国ノ或伝教師カ我国ニ来リシトキ西京ノ同志社ニ於テ談話セシヲ聞クニ曰ク余嘗テ印度ニ航シ伝道ニ従事スルコト十七年ノ久シキニ及ヘリ其間種々ノ方法ヲ尽シテ伝道ヲ試ミケレトモ実際ノ経験ニ拠レバ女子ヲ教育スルヲ以テ最モ大功アルモノトス其故ハ小児ヲ教育スルハ渾テ婦女子ノ手ニ在ルモノナレハ先ツ其妻ニシテ神ヲ信スレハ一家後世信神ノ手初メトナリテ遂ニソノ戸主ヨリ僕婢ニ及フハ恰モ水ノ低キニ就クカ如シ是実ニ伝道ノ一大要訣ナリ(43)

水溪は、教社の数的圧力に頼って演説会開催や冊子配布を行いキリスト教を排撃する従来の手法は、もはや通用せず、大きな効果を上げないことを認識していた。キリスト教の事業展開を参考とし、女教校を各地に設置すべきことを提言するのである。しかし、「女子ハ傾国傾城トヒテ其罪障モ軽カラス（中略）其然リ誠ニ養ヒカタキカ故ニ若シ能ク之ヲ養フコトヲ能クスレハ却テ大ナル効績ヲ成スモノトナルヘシ」とも述べ、女性蔑視的意識ものぞかせている。

一八八六年九月『奇日新報』に発表した「弘教ノ方法」で水渓は、仏教弘通のために仏教者の取り組むべきものとして、次のような事業を挙げている。

第一　間接弘教ノ種別
（甲）僧侶小学校教員ヲ兼ヌル事（附）私立教場ヲ設ルコト
（乙）寺院ノ境内ヲ平常幼稚園トスル事
（丙）殖産興業ノ主謀ヲ兼ヌル事（附）敬田院ヲ設ケテ不毛ノ地ヲ開拓スル事
（丁）病院及育児院ヲ四方ニ建設スヘキ事
（戊）少年教会ヲ盛ニ設ル事
（巳）女子ヲ教育シ伝道女教師ヲ養成スベシ
第二　直接弘教ノ方法
（第一）演説説教ヲ盛ニ執行スル事
（第二）数多ノ新聞雑誌ヲ発行シ及教書ヲ出版スル事
（第三）懲役人ノ教誨ヲ負担スル事
（第四）感化院ヲ設クヘキ事
（第五）軍営ニ説教ヲ開くクヘキ事

（第六）伝道会社ヲ創設スベキ事[44]

ここで水溪は、多岐にわたる仏教者の事業展開を提言しているが、とりわけ女性教化を重要視していたようである。一八八七年一二月『奇日新報』掲載の「婦人教会設立の事に付て」では、問答形式で婦人教会設立を全国的に展開させるための具体的構想が提示されている。それによれば、まず数人の創立員を募り、本山に申し出て法主より消息を受ける。その後に会員募集を行い、京都に本願寺派婦人教会本部を、東京に出張所を設置する。さらに幹事数名を選んで事務を担当させ、会長には裏方に就任を願い、従来から存在する坊守講や女人講を吸収して支会を全国各地に開設する、というものであった[45]。この構想は実現しなかったものの、日露戦争後の本願寺派の仏教婦人会連合本部設立を先取りすものであったと言えるだろう[46]。

五　『婦人教会雑誌』創刊とその論調

一八八八（明治二一）年二月、仏教系の婦人月刊誌の先駆的存在であった『婦人教会雑誌』が創刊された。発行人兼編集人は水溪智応が務めた。発行元の婦人教会（東京日本橋区橋町）は雑誌発行のための組織であり、従来からあった橋町女人講を母体としたようである。橋町は明暦の大火で焼失した浅草御堂のあった場所に隣接し、築地別院が落成した後も境外所有地があったようである[47]。雑誌創立助成員として一六名が名を連ねているが、彼らは当時に橋町説教所世話方を兼ねていた[48]。そのうち、一九一三（大正二）年発行の『現代人名辞典』に記載された五名の経歴は、以下のとおりであった。

前川太郎兵衛君　君は滋賀県の人前川善兵衛氏の三男にして、嘉永四年四月二日を以て生れ、前川太郎右衛門氏の養子となる、錦糸金巾商たり（日本橋区堀留町）

天野源七　君は事業家なり、東京府の人、嘉永五年を以て生る、小間物商を営み、日本橋区内の素封家たり（日本橋区横山町）

市田弥一郎君　君は東京府の人にして丸桝市弥商店と称し、呉服反物商なり（日本橋区田所町）

西彦兵衛君　君は近江の産、西源助氏の長男にして、嘉永四年十二月十日を以て生る、近江屋と称し、金巾木綿商を営む（日本橋区久松町）

辻金之助　君は滋賀県の人、先代金之助氏の男にして、明治十三年一月を以て生る、太物商を営みとのむら商店と称す（日本橋区富沢町）[49]

彼らは日本橋に店舗を構える豪商たちであり、一八八〇年代末の好景気を受けて経済活動が活発化していた。その資金力に支えられて雑誌が発行されたと考えられる。また近江商人が大半を占め、主に婦人和装品を扱う業者であったことから、欧化全盛の風潮やキリスト教への警戒心も強く、ここに本願寺派の婦人会活動を積極的に支援する理由があったと推察される。

『婦人教会雑誌』の創刊号には、雑誌発行の趣旨が次のように記されている。

是を以て今回茲に婦人の教育、徳育に関する一の婦人教会雑誌なるものを、発行して、特に婦人に大切なる令徳を養成するに、仏教の主意たる因果の理法を以てして、其心源よりして極めて清潔に至らしめ婦人の位地を高め、婦人の要務を教へて坐作進退の礼儀なり、小児の保育、雇人の召使方心得など迄、天晴文明の婦人たり、文明の母たらしめんと欲す(50)

文明開化の時流に対応した女性の地位向上と啓蒙の必要性を訴え、それを仏教の立場から推し進めることを標榜している点で、前述の「女子ノ信徒」に比べると、女性教化の方針についての認識が一歩深化しているように見受けられる。しかし、同誌三号掲載の説話「婦人の自立を勧め、併せて女子教育の旺盛を望む」では、次のように述べられている。

左れば我国従来の婦人の有様を改良せんと欲するには、先づ第一に婦人の自立を謀るを以て、尤も急務なりとす、而して此の婦人自立のことたる、是れ単に婦人自身の為にのみ婦人の自立を勧むるにあらず、我々は実に我が一国の為に婦人の自立を勧むるものなり、婦人にして自立の気象なきときは、我が日本帝国自立の気象なし、我が帝国自立の気象を保たんと欲せば、婦人をして先づ自立の気象を保たしめすんはあるべからず(51)

女性の地位向上・婦人の自立は、あくまで国家の自立と相まって意義を有すると主張されている。このように、民権に国権を対峙させ、国権をより重要視する発想は、民権論者のキリスト教との対立構造を想起させるものがある(52)。また、一八八八年八発発行の『婦人教会雑誌』七号に掲載された説話「婦人諸姉に望む」には、次のように記されている。

表1　真宗系婦人雑誌一覧（1888年～1892年創刊）

雑誌名	創刊年月	発行元（所在）
婦人教会雑誌	1888年2月	婦人教会（東京日本橋区橘町）
婦人教育雑誌	1888年5月	上毛婦人教育会本部（前橋南曲輪町）
防長婦人相愛会誌	1888年5月	防長婦人相愛会（山口県徳山村）
婦人世界	1889年10月	令徳会雑誌部（京都市油小路北小路上ル）
北陸婦人教会雑誌	1889年	北陸婦人教会本部（金沢市高岡町覚林寺内）
道之友	1890年3月	仏教婦人会（名古屋市下茶屋町）
姫路城北女教会雑誌	1890年5月	姫路城北女教会（姫路市威徳寺町）
心の鏡	1890年7月	連合婦人会（東京浅草区北清島町）
をしへ草（姫路女教会々誌）	1890年11月	姫路女教会（姫路市西紺野町光蓮寺）
婦人之鏡（後継誌：智慧之光）	1892年6月	相愛社（大阪市東区本町本願寺別院内）

> 女権張らざるべからず、良人をして威張らしめ、父母をして婚姻に干渉せしむるは、旧弊なりといひて、気まゝ勝手を主張せんとするが如きあらば、是我が長をすてゝ、彼の短を取るといふものなり、その此の如きは、余が決して婦人諸姉に望むところに非ざるなり、此ごろ国粋保存の主義を唱出せし論者あり、日本従来の婦人社会には、卑屈無気力の弊もありと雖ども、その粋たる貞操婉柔の婦人らしき風俗は、宜しく保存すべきものにして、何ぞ故らに好みて「おてんば」となり、開化人を気取ることを須ゐんや[53]

ここでも、日本女性の「卑屈無気力」な弊害が指摘されているが、そのあり方を全面的に否定することには異論を唱えている。また国粋主義の提唱にも言及されていることが注目される。

『婦人教会雑誌』の創刊後には、**表1**に見るように、数種の真宗系の婦人雑誌が各地で刊行されるようになった。

しかし、国粋主義的思潮が台頭するなかで、その論調はキリスト教の西洋中心主義・民権主義に対抗して、国粋主義・国権主義への傾斜を急速に強めていった。この結果、仏教主義にもとづく新たな女性教化の理念を追求する方向性は後退してくこととなった[54]。徳富蘇峰は、この頃の仏教世論の論調を次のように評している。

殊に廿一年の下半期に及びては国粋的女学論の勢力侮るべからずなりき。当時泰西的婦人論は基督教徒の口に唱へられしもの多かりしを以て、国粋的婦人論が仏教家の舌に由て反動的音響を発せしも亦可笑しと謂ふべし(55)

六　初期仏教婦人会の性質

『婦人教会雑誌』創刊号巻頭の緒言には、「一　本会雑誌は日本全国、本宗婦人教会（女人講、坊守講、最勝講、等）の気脈を通し、相互に其志を述べ、国家の為め法の為め、同心協力して、全国本会の拡張を謀るを務む」(56)と記されている。実際、その後に雑誌発行の永続資金を寄付して提携する婦人教会が、各地に設立されるようになったことが雑誌に報告されている。こうした状況は他宗派にも波及し、数年間で日本各地にかなりの数の仏教婦人会の設立を見ることになった(57)。

また、仏教婦人会の事業として女学校が付設される場合も多かった。一八八四（明治一七）年五月『奇日新報』の「女子ヲ教育スルノ要ヲ論ス」は、「坊守講女人講等ノ設ケハ処トシテコレアラサルナキニモ拘ハラス弘教奨学ノ為ニハ一モ助ケトナラサル女房達ノミ衆ホクシテ永ク外国ノ女教師ト肩ヲ比スル能ハサルヘシ」(58)と主張している。婦人教会が封建期以来の坊守講や女人講と決定的に相違するのは、こうした教育事業や雑誌発行を通じた啓蒙活動に従事する点にあったと言えよう。欧化全盛の風潮の下でキリスト教主義女学校が一八八九年末までに五〇校以上に達したのに対し(59)、仏教系の女学校も、一八八六年からの四年間で二〇校ほどが設置されている(60)。

しかし、当時の仏教婦人会における女性の主体的参加はかなり限定的であり、その解放要求に対応する側面も希薄であったと考えられる。この点の分析は本書各章に譲るが、多くの仏教婦人会は、巨大結社の解体という状況を受けて、強い護法意識を抱いた僧侶の主導で創設され、地域の保守勢力の経済力に支えられていた。また、その教化・教育方針もキリスト教への対抗から伝統的女性像を内面化し、これを克服するには至らなかった。結局、仏教婦人会と仏教女学校の興隆は、一八八〇代末の時代状況に支えられた一過性のものに終わり、女性信者の組織化の理念構築の課題は次代に持ち越されることになったのである。

註

（1）中西直樹「明治前期西本願寺の教団改革動向」（京都女子大学宗教・文化研究所『研究紀要』第一八・一九号、二〇〇五年三月・二〇〇六年三月）。

（2）中西直樹『明治前期の大谷派教団』（法藏館、二〇一八年）。

（3）大橋俊雄「浄土宗近代百年のあゆみ」（同著『浄土宗近代百年史年表』東洋文化出版、一九八七年）。

（4）竹田智道編『祖道復古』（日蓮宗宗務院、一九三八年）、中西直樹『植民地朝鮮と日本仏教』第二章（三人社、二〇一三年）。

（5）奥村洞麟『宗門秘史曹洞宗政末派運動史』（公正社、一九二九年）、桜井秀雄『開けゆく法城』（昭和仏教全集第二部一二、教育新潮社、一九六七年）、竹内道雄『曹洞宗教団史』（昭和仏教全集第八部六、教育新潮社、一九七一年）。

（6）中西直樹・近藤俊太郎編『令知会と明治仏教』第四・五章（不二出版、二〇一七年）。

（7）隅谷三喜男『近代日本の形成とキリスト教』（新教出版社、一九六一年）、奈良常五郎『日本ＹＭＣＡ史』（日本ＹＭＣＡ同盟出版部、一九五九年）。

（8）「耶蘇教会ノ繁殖」（一八八〇年一〇月二三日付『教海新潮』）。

（9）「投書」桐陰居士（一八八一年七月一九日付『開導新聞』）。

（10）一八八一年四月二四日付『教海新潮』、一八八一年五月三〇日付『教海新潮』。もっとも、聴衆三〇〇〇人の内、五分の一が状況を偵察にきた各宗派の僧侶であったという。

(11) 一八八一年三月二日付『教海新潮』。一八八一年八月五日付『開導新聞』は、本願寺派はキリスト教防禦のため各地に寺務役員を派遣したと報じている。

(12) 一八八一年六月一三日付『開導新聞』。国立国会図書館には、一八八一年一一月に刊行された『破斥釈教正謬』が所蔵されている。

(13) 一八八一年七月七・一三日付『朝日新聞（大阪）』（朝刊）。

(14) 一八八一年七月六日付『教海新潮』。

(15) 「反古籠（二）」文学士　黒谷西畔子（一九〇五年八月一八日付『中外日報』）。顕道学校については、中西直樹『近代西本願寺を支えた在家信者――評伝 松田甚左衛門――』（法藏館、二〇一七年）、中西直樹「近代西本願寺教団における在家信者の系譜――弘教講、顕道学校、そして小川宗――」（福嶋寛隆編『日本思想史における国家と宗教』上巻、永田文昌堂、一九九九年）を参照されたい。

(16) 弘教講社については、前掲中西直樹「近代西本願寺教団における在家信者の系譜」を参照されたい。

(17) 一八八一年七月一六日付『教海新潮』、一八八一年七月一七日付『開導新聞』。『耶蘇教の無道理』は藤島了穏が執筆し、第三編までが刊行された。

(18) 一八八一年九月六・一二日付『教海新潮』。

(19) 一八八一年九月一〇日付『教海新潮』。

(20) 前掲中西直樹『近代西本願寺を支えた在家信者』を参照。

(21) 一八八一年九月六日付『教海新潮』。『騙欺の用心』は北邊俊肇が著したとされるが、筆者は未見である。

(22) 一八八二年五月一三日付『教海新潮』。

(23) 一八八二年六月九日付『教海新潮』。

(24) 一八八二年七月三日付『教海新潮』。

(25) 一八八二年七月二三日付『教海新潮』。なお、『耶蘇教国害論』と題する小冊子は、当時数種類が発行されていたようである。

(26) 一八八一年六月二四～三〇日付『明教新誌』、一八八一年六月二七日付『開導新聞』、一八八一年七月一日付『読売新聞』（朝刊）。教導職以外の説教を禁ずる教部省達書乙第九号（一八七四年四月二八日）を理由に告訴したが、一二月に大阪上等裁判所は訴状を却下した（一八八一年一二月二六日付『明教新誌』）。さらにこの規定自体も、一八八四年八月の教導職廃止により消滅した。

(27) 一八八一年七月二二日付『教海新潮』。太政官布告第一九二号（一八七二年六月二八日）に「近来自葬取行候者モ有之哉ニ相聞候処向後不相成候条葬儀ハ神官僧侶ノ内へ可相頼候事」とされており、七六年五月、東京神田で、ロシア宣教師ニコライに妻の埋葬を依頼した者が懲役・罰金刑を受けて以降、告発されれば処罰される事例は他にもあったようである。教導職廃止直後、この規定は存続しており、『明教新誌』の論説「読太政官第十九号布達」（一八八四年八月一四～二〇日）は、「公黙ニ許の差別はたゝ死者埋葬の一事による」と記している。しかし、一八八四年一〇月の内務卿口達によって自葬が解禁された（社団法人全国墓園協会法令研究会編『逐条解説　墓地、埋葬等に関する法律』改訂版、第一法規、一九八八年）。

(28) 一八八二年八月三日付『教海新潮』。

(29)(30) 「答新潮第三六三四号社説」在京都　楠知浄（一八八二年九月三日付『教海新潮』）。

(31) 「仏教党ノ組織ヲ聞テ意見ヲ述ブ」（一八八二年八月七・九日付『教海新潮』）、「仏教党ハ夫レ各宗混同ノ教社ナル乎」（一八八二年九月一七日付『教海新潮』）。

(32) 前掲「仏教党ノ組織ヲ聞テ意見ヲ述ブ」。

(33) 「日本仏教党組織ノ旨趣ヲ明ニス」在肥後仏教党員　今非逸士（一八八二年九月一九日付『教海新潮』）、「読答新潮第三百六十三四号」在京都　水月道人（一八八二年九月二一日付『教海新潮』）、「仏教党ニ次グ」在東京　足利中条（一八八二年九月二五日付『教海新潮』）。

(34) 「仮講究所の廃止」（一八八二年一一月二五日付『教海新潮』）。

(35) 前掲中西直樹「近代西本願寺教団における在家信者の系譜」、前掲中西直樹『近代西本願寺を支えた在家信者』を参照。

(36) 「本山集会日誌」（一八八二年一〇月二五日付『教海新潮』）。

(37)「本山集会日誌」（一八八二年一一月九日付『教海新潮』）。
(38)「改革請願者ノ挙動」（一八八三年三月一三・一五・一七・一九日付『教海新潮』）、「請願始末抄録」（一八八三年三月一三日付『教海新潮』）、「改革請願者の始末」（一八八三年三月一七・一九日付『教海新潮』）。しかし、この請願運動は運動の基盤となる教社が解体されたこともあって、本山役員の説諭に応じて解散したようである（「改革請願者」〔一八八三年四月一九日付『奇日新報』〕）。
(39)「本山集会日誌」（一八八二年一一月一七日付『教海新潮』）。
(40)「奇日新報ヲ発行スル旨趣」（一八八三年二月三日付『奇日新報』）。
(41) 水渓智応の経歴に関しては、前掲『令知会と明治仏教』第四章のなかでふれた。
(42)『奇日新報』は、一八八九年四月に発行元を京都に移し、同年一一月に『開明新報』と改題され日刊紙となった。
(43)「女子ノ信徒」（一八八四年八月九日付『奇日新報』）。
(44)「弘教ノ方法」在東京　水渓穿石（一八八六年九月二五日付『奇日新報』）。
(45) 中西直樹『日本近代の仏教女子教育』（法藏館、二〇〇〇年）第Ⅱ部第二章を参照。
(46)「婦人教会設立の事に付て」柴堂穿石（「勝友会第六回報告」〔一八九七年一二月二五日付『奇日新報』付録〕）。
(47)『新修築地別院史』一五八頁（本願寺築地別院、一九八五年）。
(48)「本会雑誌創立助成員」（『婦人教会雑誌』一号、一八八八年一月）。
(49) 古林亀治郎編・発行『現代人名辞典』第二版（中央通信社、一九一二年〈『明治人名辞典』［日本図書センター、一九八七年］として復刻〉）よりの引用（一部省略）。また、辻金之助は先代であったと考えられる。
(50)「本誌発行の旨趣」（『婦人教会雑誌』一号、一八八八年一月）。
(51)「婦人の自立を勧め、併せて女子教育の旺盛を望む」（『婦人教会雑誌』三号、一八八八年四月）。
(52) この典型的な事例が、熊本のキリスト教＝九州改進党と仏教＝国権党の対立と言えよう。中西直樹「雑誌『國教』にみる通仏教的結束とその挫折――一八九〇年代初頭九州における真宗の動向を中心に――」（『雑誌『國教』と九州真宗　解題・総目次・索引』、不二出版、二〇一六年）。
(53)「婦人諸姉に望む」桜所居士（干河岸貫一）（『婦人教会雑誌』七号、一八八八年八月）。

(54) この点は、前掲『日本近代の仏教女子教育』第Ⅰ部第二章のなかで、すでに論じた。

(55) 「社会事情一班　其二　近時の婦人及び青年界」(『家庭雑誌』二号、一八九二年一〇月)。

(56) 「緒言」(『婦人教会雑誌』一号、一八八八年二月)。

(57) 千野陽一『近代日本婦人教育史——体制内婦人団体の形成過程を中心に——』(八五〜八六頁)には、一八八八年から一八九〇年にかけて設立された六〇以上の仏教婦人会の名称が列記されている(ドメス出版、一九七九年)。

(58) 秋枝蕭子「「鹿鳴館時代」の女子教育について」(『文芸と思想』二九号、福岡女子大学文学部、一九六六年)。

(59) 前掲中西直樹『日本近代の仏教女子教育』第Ⅰ部第一章を参照。

(60) 「女子ヲ教育スルノ要ヲ論ス」(一八八四年五月二七日付『奇日新報』)。

第二章　東京貴婦人会から婦人法話会へ

碧海寿広

一　二つの婦人法話会

明治期の真宗大谷派には、二つの「婦人法話会」が存在した。一つは、一八九〇（明治二三）年九月二〇日に、京都の東本願寺に創立された組織である。一九〇七年五月に機関誌『婦徳』を創刊し（初号の名称は『婦人法話会』）、この時点で全国に二万五〇〇〇人の会員を擁していた（1）。毎月の定例法話会を基盤として出発したが、その後、日清・日露戦争時の銃後支援を契機として、社会福祉的な団体としても発展し、特に自然災害時の被災地支援などに貢献した（2）。

もう一つは、一八八六年七月、東京の浅草本願寺別院に開かれた「貴婦人会」に始まる組織であり、これが一九〇一年二月一四日、「婦人法話会」に改称した。機関誌として『婦人法話会報』（後に『月影』に改題）を発行し、さらに一九二三（大正一二）年に青年婦人会の「玉曜会」と合併して、「東京大谷婦人会」と改称している（3）。

どちらも、現如（大谷光瑩）の意向のもとに立ち上がった組織だが、京都と東京という地域性のみならず、結成の由来もメンバーの素性も、微妙に異なる。京都の法話会は、近世以来の寄講や女房講を母体とし、そこに本山役員や旧家臣の家族等も加わり組織された。これに対し、東京の法話会（貴婦人会）は、新たに勧誘された会員を中心に組織された。そのため、前者のメンバーは、すべて宗派の寺院関係者や門徒であったのに対し、後者の場合は、真宗門徒に限られなかった。また、会員の会費も、前者が月額五銭に対し、後者が月額三〇銭と、会員の階層にも格差があったと示唆される(4)。

このうち本章が取り上げるのは、後者の東京の婦人法話会である。特に、この法話会がもともと「貴婦人」を対象とする教化団体として発足しながら、十数年後にその看板を変更して、名目上は「婦人」一般にアピールする団体へと、目的や自己認識を変化させていった点に注目したい。そこから、この時期の「婦人」教化をめぐる真宗教団の考え方の推移や、その幾重もの差別的な思想の構造を読み解いていく。

二　「貴婦人」のための仏教

貴婦人会は、小栗栖香頂や寺田福寿をおもな担い手として、既述のとおり一八八六（明治一九）年に開始され、浅草本願寺での法話会を継続してきた。一八八九年には、全国各地で貴婦人会の開会の機運が高まり、愛知県名古屋、長野県信州、新潟県長岡、宮城県仙台など、全国に八〇余りの同様の会が結成された(5)。

貴婦人会の名乗りのとおり、おもなターゲットとしていたのは華族や富裕層の妻や娘であり、列席者の代表は「～公爵（伯爵、子爵）夫人」や、その「令嬢」たちであった。裏を返せば、一定の地位や財産を持たない女性たちは、この真宗の教えが説かれるはずの場から排除されていた。法話会での現如の「御親言」でも、こうした前提は自明視されており、参加者たちの選民意識をあおるような内容となっている。

　上ノ好ム所下必ス之ニ倣フ道理ナレハ上タル貴婦人ノ方々カ婦徳ヲ養成シテ行状カ正シクナリマスレハ自ラ下等ノ人民マテカ之ニ見習ヒマシテ風俗モ正シクナル道理テアリマスユヘ御一分ノ御為メ計リテハナク御自身ノ正シクナリマスカ即チ一国ノ御為デゴザリマスレハ益々大切ニ法義ヲ御相続相成ル様致シタク存シマス(6)
（傍点は引用者、以下同）

「貴婦人」と「下等ノ人民」を対比しながら教化にあたる姿勢は、この会を推進した真宗僧侶たちのあいだでは、おそらく一般的であったようである。それは、たとえば渥美契縁による法話によく表現されており、次のように述べられている。

　仏教と申すは只下等人民の信するものとなりて中等以上に於ては教法の何に物たるを御存しの御方も少く但た宗門と云は葬祭のときにのみ用ゐることの様になりまして宗教を以て安心立命すると云事絶て無き有様斯く下等人民のみ相ひ集る様に成り来りた故適々高貴の方に聞きたいと云御志はありても尋常の説教聴聞の場所へ御参集なさるゝ事は御厭ひなさるゝ方々もありましようし（中略）殊更に貴婦人方斗りの為に法話の筵を開きまして真宗の法義を御聴聞に預り存する(7)

この当時、「貴婦人」の糾合に成功していた宗教は、もっぱらキリスト教系の団体であった。先進的な西洋への憧れを喚起すると同時に、旧来の武士道的女徳とも相性がよかったからである(8)。それに対し、仏教の法話を聴きに来る者の多くは、「下等人民」であった。貴婦人会の組織は、こうした状況の打開を目指して、「貴婦人」に特化した教化の場として創造された。

その「貴婦人」たちに対しては、男女同権の理念のもと、男性に引けをとらない積極的な国家貢献の意義が説かれた。小栗栖の説法から引く。

この男女同権をよく用いますと御国体維持の結構なる道具になりますその故は兎角御夫人方は自治の道にうときものでありまたそこで夫がおかくれるとか若旦那がをかくれるとか後家や未亡人にならせらるゝと貧乏にならせられて先祖の家もやしきもなひやうになりますものが世間にはまゝあります（中略）先づ男子同様に自活の道をとくと御心得になりませうなればまことに富国の根本となりませう（中略）御婦人方もなにとぞ皇国維持と申す宗旨を心の中に御入れなされたならばそれがすなわち浄土真宗の開山の精神の貫徹してと申すものであります(9)

ここでは、男女同権の理念のもと、女性の活動や信仰の主体性が強調されている。ただし、それはあくまでも「国体」「皇国」を支える民としての主体性であり、それ以上でもそれ以下でもなかった。

三　東西両派の共通認識

大谷派の貴婦人会が明確に示していた「貴婦人」教化をめぐる意識は、西本願寺でも一定程度は共有されていたものと思われる。令女教会の例を見てみよう。同会は、貴婦人会と同じく、東京の築地本願寺別院を拠点にして形成され、本願寺派の婦人教会のモデルを示したとされる[10]。一八八八（明治二一）年一〇月六日に開かれた、その第一回目の会合で、島地黙雷は同会を開設するねらいを説明して、次のように演説する。

> 世には婦人教育会、婦人慈善会、或は交際会、衛生会、舞踏会など、種々の会同あることなれども、大抵形以下の事に属して、未だ無形の心上、すなわち心に属する事柄にての会同は、甚だ少なければ、表面は頗ぶる開明の形あるも、内心は却て大ひに冥闇なるやも計れませぬ、夫故に此令女教会を設けまして、令嬢令夫人の会同を乞ひ、道義徳行の講筵を開き、現当二世の幸福を全ふじたまはんことの、御相談を致されたく希望致します、（中略）会員の貴婦人方は、独り御自身のみならず、親類知友の御方をも御誘引に相成り、何卒此の教会の益〳〵成大に相成うやう、御尽力下されたく希望致します[11]

既に各種の近代的な組織に参加している「令女」「貴婦人」のために、「形」だけではなく、「心」を「開明」するための会をつくる。それが令女教会を設立する目的であった。やはり、上層階級の女性たちを教団に取り込むための組織という意図が、強く見て取れる。

それは、実際の説法の内容にもあらわれている。たとえば大洲鉄然による講話は、なかなかに露骨である。

> 総じて世界の人の中で、上々等の人は、此世も善く、未来も善い、次は未来が善くて今世が悪い、其次は今世が善くて未来が悪い、其次は此世も悪く、未来も悪いので、是は下々の下であります、／借今日令女教会に、お集まりに相成りし方々は申す迄もなく、此世は上等の人にて、真に結構なるお暮し、目出度事であるが、是に加へて、来世が善くなれば、実に世の中で上々等の幸福を受らるゝ人であります(12)

ここでは、仏教の三世を貫く善悪の問題が、卑俗的に現在の「暮らし」の善し悪しの問題に翻訳されてしまっている。目の前にいる教化の相手が、実際に「上等」で「結構なるお暮し」をしているのだから、これは単なる方便であったとも言える。だが、いずれにせよ、階層の高低によって人間性の上下を測る、きわめて世俗的な差別思想が、ここに無自覚的にではあれ表明されているのは確かだろう。

四　「貴賤」を問わない「婦人」教化へ

こうした真宗教団の「貴婦人」志向に対して、苛烈な批判の論説を突き付けたのが、境野黄洋（哲）であった。境野は一八九六（明治二九）年一月発行の『仏教』に掲載の「貴婦人会を論ず」で、寺田福寿をおもに念頭に置きながら、彼が組織した貴婦人会の活動を、徹底的に批判した。

境野いわく、仏教は、そもそもインドのバラモン教の「四姓の階級を打破し、一視同仁を説」いた宗教である。

真宗もまた、比叡山に代表される「貴族仏教を打破せんかために」こそ、親鸞によって開かれたはずだ。にもかかわらず、真宗の僧侶が、華族等の特権階級を「神の如く、之を礼し之を敬して措かざるものは果して何の心ぞや」。

> 余輩は必ずしも人類の階級を打破滅却せよといふものにはあらず、賢愚貴賤の差別は自然の上に生し来る固より已むを得ざる所、人為の階級も或る意味の必要よりは、或は維持すべきものたるやも知るべからず、然れどもそは俗世間の俗事苟くも心霊界の国土、精神上の教国に於て如何ぞ此の無用の差別を容るべけんや、況んや宗教家なるものは、若し夫れ俗に順せば寧ろ貧者賤痴者の安慰者、救助者たらざるべからず、凡そ世に此の如く可憐なるものはあらじ(13)

このような僧侶の側の不適当な差別思想に加え、会の活動が「貴婦人」の側の特権的な自意識を助長してしまう危険性も、境野は問題視している。この点もまた、仏教の本来の趣旨から大きく乖離しているのだと。

> 世人は貴婦人会の説教なるものを聞きしことあらざるか、これ独り仏教の本旨に違ふのみにあらず、彼等は徒らに此の自ら上流と誇る婦女子輩をオダテヽ、益其の念慮を増長せしめ、終には我は貴婦人会会員なりといふを以て、仏教信徒中に誇らしめ、貴婦人なるものは貴族たるを以ての故に、極楽の近處に生活するかの如くに思惟せしむ、これ仏教を弘通するにあらずして、仏教の恥辱を披露するなり(14)

境野からのクレームに応えたわけでもないだろうが、一九〇一年二月、貴婦人会は婦人法話会に改称された。

「貴婦人」を特別扱いする教化方針が、もはや時流に即さなくなっているという認識は、教団内でも次第に高まっていたのだろう。新たな法話会規則には、第五条に「本会々員は出席の際成るべく質素を旨とし華美に流れざる様注意すべし」とし[15]、会に参加する女性の服装の面でも、「貴婦人」性の抑制が試みられている。

　変化の背景としては、一つには、明治三〇年代までに仏教の「信仰」の受容層が、「下等人民」のみならず知識層などにも拡大したことがあっただろう[16]。仏教の社会的地位が向上したので、ことさら「貴婦人」教化に注力する動機が弱まったのである。加えて、真宗教団が組織的に推進すべき布教の対象が、かつてよりも広がり、「婦人」の内部を細かく分けた教化を行う意欲も薄れていたものと思われる。

　この点、大谷派の宗務所が発行する機関誌『常葉』に掲載された、無署名の論説「各種の布教」（一八九七年）が参考になる。同論にいわく、真宗の教えは普遍的なので、布教対象の差別もありえない。しかし、「今代社会の進運と共に布教の範囲愈々広く其方法に至りても亦自ら分業の法に従ふもの」がある。特に、「青年の布教」「婦人の布教」「軍隊の布教」「監獄の布教」の四つは、区別して対応すべきだ。このうち、「青年の布教」は「立志成徳」が、「婦人の布教」は「治家養児」が、「軍隊の布教」は「盡忠報国」が、「監獄の布教」は「洗心自新」が、それぞれ基本的な目的と規定できる。そして、「婦人の布教」については、さらに次のように説明される。

> 婦人の布教は貴賤貧富の差別なく概して治家養児の精神を與へざる可らず、婦人が内に居て家事を経紀し家道を繁昌せしめ、夫を助け児を育するは是れ本来の義務職分にして、此義務職分を盡くすは豈に念仏行者仏恩報謝の最も重要なる者に非ずや、左れば念仏行者の婦人として内に居て家事を経紀し家道を繁昌せしめ、善く其夫を助け善く其児を育し以て真正なる婦人の標準を世間に示めし、真宗信奉の婦人は此の如く世に賛歎せしむ

るは是れ亦浄土真宗を弘通するの一大方便にあらずや[17]

真宗教団の布教体制がシステム化されたのにともない、「婦人」という一つのカテゴリーについては、いたずらに階層差を設けるよりも、一括した方針を示して教化に望んだほうが合理的だとする判断が、優勢になったものと考えられる。ここで一括した方針とは、いわゆる良妻賢母思想に基づき、「婦人」を「貴賤貧富の差別なく」家庭のなかに押し込める教化のスタイルである。こうして、「婦人」教化をめぐる階層的な差別認識は、少なくとも表向きは消失した。だが他方で、かつて特権的な「貴婦人」を念頭に置いて語られていた、「皇国」の民としての男女平等の理念や、女性の主体性への期待も、明らかに減退した。

五　改組の帰結

以上、明治二〇年代から三〇年代初頭にかけての、真宗大谷派の「婦人」教化をめぐる組織や議論の変遷について、甚だ簡単ながら検討を行ってみた。結論として、「貴婦人会」から「婦人法話会」への改組は、近代社会における仏教の評価や、教団の布教体制の転換などを背景とした、会の関係者による対応だったという事情がわかった。かくして、教団が教化活動を通して「婦人」を階層別に把握する傾向は、少なくとも組織上は弱まった。それに代わり、「婦人」の立場ごとの差異性に対して無頓着で、個々の女性の主体性もあまり重んじない、近代の真宗教団による「婦人」教化の方向性が定まった。

註

（1）佐賀枝夏文「大谷派婦人法話会編『婦徳』総目次」（『真宗総合研究所紀要』二〇号、二〇〇一年）。

（2）真宗大谷派婦人法話会『真宗大谷派婦人法話会五十年史要』（真宗大谷派婦人法話会、一九四一年）。

（3）本多良謙「東京本願寺史（五八）――小笠原義雄師の「浅草本願寺史」から――」（『東京本願寺報』二二〇号、一九七九年一〇月一〇日）。

（4）以上、佐賀枝、真宗大谷派婦人法話会の前掲を参照。

（5）小栗栖香頂「貴婦人会法話――明治廿三年一月廿八日浅草本願寺別院に於て――」（『法話』一八号、一八九〇年二月一九日）。

（6）「雑記」（『本山報告』五七号、一八九〇年三月一五日）。

（7）渥美契縁「貴婦人会法話」（寺田福寿編『貴婦人法話会』私家版、一八八八年、一・二頁）。

（8）岡田章子『『女学雑誌』と欧化――キリスト教知識人と女学生のメディア空間――』（森話社、二〇一三年）。

（9）小栗栖香頂「貴婦人会法話」（前掲『貴婦人法話会』、一九・二三頁）。

（10）千野陽一「仏教婦人会の組織化と婦人教化活動」（『近代日本婦人教育史――体制内婦人団体の形成過程を中心に――』ドメス出版、一九七九年）。

（11）「説話」（『婦人教会雑誌』九号、一八八八年一〇月二四日）。

（12）「講話」（『婦人教会雑誌』四九号、一八九二年二月三日）。

（13）境野哲海「貴婦人会を論ず」（『仏教』一一〇号、一八九六年一月）。

（14）同前。

（15）『宗報』三一号（一九〇一年二月二五日）。

（16）星野靖二「清沢満之の「信」――同時代的視点から――」（山本伸裕・碧海寿広編『清沢満之と近代日本』法藏館、二〇一六年）。

（17）無署名「各種の布教」（『常葉』五号、一八九七年一一月二五日）。

第三章　京都における真宗婦人諸団体の動向

——令徳会（『婦人世界』）の前夜から——

吉岡　諒

一　研究の課題

京都における真宗婦人諸団体に関する研究は、これまで一八八九（明治二二）年八月に設立された令徳会[1]、およびその機関誌である『婦人世界』（同年一〇月創刊）を主たる素材として行われてきた。研究の先駆者である入江寿賀子は『婦人世界』の特徴を、「宗教的感化よりは啓蒙的色彩が強く出ており、その内容は『婦人教会雑誌』の亜流の域を出ない[2]」と指摘している。『婦人教会雑誌』とは、一八八八（明治二一）年一月に東京日本橋で発足した婦人教会が同年二月に創刊した仏教系婦人会初の機関誌である。入江はこの婦人教会を中心に据えて、全国に形成された他の仏教婦人会の特徴を説明した。ただし、その考察は婦人会の「役割」にまでには及んでいない。おそらくその要因のひとつには、「令徳会の活動状況についての資料は大変少ない[3]」と入江が吐露した史料不足の問題がある。しかし今回、本プロジェクトのリーダーである中西直樹による本格的な史料蒐集により、黎明期の京都真宗婦人諸団体を考察するための準備が整うこととなった。

令徳会が登場する以前の京都には、一八八一（明治一四）年六月二五日以前に発足した同盟社があった[4]。同盟社は、令徳会が結成されるまでの約二年のあいだに、順承女学会→関西女学会→文学寮附属女学会と改称しつつ活動を展開した[5]。つまり、機関誌の創刊順でこそ『婦人教会雑誌』、『婦人教育雑誌』（上毛婦人教育会本部機関誌／一八八八年二月創刊）、『防長婦人相愛会誌』（一八八八年五月創刊）に遅れを取るものの、女学会（校）活動を含めれば、東京の婦人教会と同時期には京都のそれも開始されていたことがわかる。さらに、黎明期の真宗系女学校と婦人会は、密接に関わりながら活動を展開してもいた。となれば、京都における真宗婦人諸団体の活動を東京婦人教会の「亜流」と捉える評価は、一度検討し直しても良いと思われる。その際に注視したいのは、『婦人世界』第七号に記載された次の一文である。

> 京都は実に婦人教会の起らざるべからざるの土地なり而して従来起らざりしものは亦起り難きの事情ありてこの事に及ばざりしものなり[6]

京都の仏教婦人会と他県のそれとを比較する場合、「本山」との距離がはらんだ問題に注意を払うことは決定的に重要となる。そしてこの「事情」こそが、京都の真宗婦人会の独自性ともいい得るだろう。京都で婦人会が起こりにくかった事情とは一体何であったのか。またそうした事情があるなかで、どのようにして会は誕生し、活動を展開させたのか。本章ではこれらの検討を通して、明治二〇年代の京都の真宗婦人諸団体の実態を考察する。

二　令徳会の発会前夜——京都真宗系女学校の誕生と展開

（一）順承女学会の設立とその背景

京都における真宗婦人会の夜明けは、一八八五（明治一八）年四月の普通教校開校に併せた本願寺女学校創立計画に端を発する。同年一〇月八日の『明教新誌』は、大谷公尊（明如）の生母である蓮界院（玉櫛）[7]に女学校創立計画があると報じた[8]。この動きは、他紙誌を通じても広く世間に伝えられたが[9]、あくまでもそれは蓮界院の希望であり、この段階で本願寺に具体的な動きがあったわけではなかった。

そうしているあいだにも、京都では同志社（一八七五年創立／生徒六二二名）・同志社女学校（一八七六年創立／生徒八八名）・看病婦学校（一八八六年創立／生徒二〇名）によるキリスト教教育が展開され[10]、それが「仏教信徒の女子」にも多大な影響を与えていた。たとえば、一八八七年二月一日付の『奇日新報』は、山口県の真宗信徒の娘二名が、京都に仏教系女学校がないために同志社へ入学したことを報じている[11]。同志社を中心とした「敵」を間近に持つ京都では、こうした事態が現在進行形で進展していたのである[12]。しかしこの頃の本願寺は、それらへの具体的な対抗策を持ち合わせていなかった。また在野もこれと同様で、一八八六年末頃に京都女学校の有志学生が「京都婦人会法話会」を立ち上げたものの[13]、その勢力はわずか「四十余名」の会員を集める程度であった。

そうしたなかで、真宗系女学校設立に向けて本格的な行動を起こしたのが佐竹潭瑞（?～一八九四年一月二日）である。佐竹は、山口県周防国熊毛郡佐賀村極楽寺[14]、第一四代住職の佐竹雷振の兄弟である（長次不詳）[15]。京都の寄留先は、「西洞院花屋町上ル東側町十六番戸」[16]だった。唯一の編著には『存覚法語鈔』（顕道書院、一八九一年八月六日）があり、発行人は後述する松田甚左衛門（一八三七～一九二七）が務めている。松田の住所は「油小路花屋町上ル西若松町三十四番戸」であるため、両者の家は縦の通り一本分しか離れていなかった。また、本書の題辞は島地黙雷が書いており、山口県出身者同士の交流があったこともわかる。この佐竹が同盟社を母体として(17)、一八八七年七月一日に順承女学会を創立した。

順承女学会の所在地は、下京区本願寺門前町の旧境内跡である。この地は、「法蔵篤信の人」「堀田某」（醒ヶ井御前通リ上ル在住）という人物が「女子教育の急務なるを感し」「買ひ求め」たもので、ここに「賛成者十名と共に発起し共に相議し浄財を投ち」校舎を創立した(18)。佐竹はこの賛成者の中心人物であったのだろう。そして、六月一五日に仮開校式、七月一日に本開校式が行われ、そこには数十名の生徒が集まった(19)。初めのうち教師は、普通教校や顕道学校などから招聘され、科目は修身・読書・算術・作文・習字・英語・和洋裁縫・編物・家政・唱歌が置かれた(20)。こうして、「真俗ノ教義ヲ実践スルヿヲ約ス且我輩信徒ノ当ニ尽スベキ愛国護法ノ務資ニ充ン」とする順承女学会の運営が開始された(21)。創立翌月の八月には、「暑中休業もせざる」なかで「忍辱慈悲の心」を持つ「婦徳を養生」するための教育が行われている(22)。

この順承女学会の創立について『反省会雑誌』は、毎週土曜夜に法話会が開催された様子などを伝え、その盛況ぶりを祝している(23)。一方で『奇日新報』は、生徒四〇名程度ではまだまだ「遺憾」だとし、その後の文で「嗚呼佐竹氏の精神にして此会に従事せば将来の盛大期して待つべし」と佐竹の「尽力」を労った(24)。また、『奇日新報』一八八七年七月一五日付の記事は、女学校設立に「躊躇」する「本山」本願寺の様子を伝え、資金不足は女学校の設立によってむしろ解消されると報じている(25)。さらにその後の記事では、同年九月開催の「集会の原案」に「女学校設立」を促す意見が挙がることを望む文が続けられたが、実際にそれがあった形跡はない。いずれにしても順承女学会の創立は、佐竹を中心とした同盟社有志が「先社財ヲ傾ケ[26]」たことで成し遂げられたものであった。

（二）関西女学会

この順承女学会は、一八八八年五月一五日の少し前頃に関西女学会に改名した。その際に佐竹は、「修省教校に寄宿」する「大教校予備門の付属校生徒」を「移転」させ、修省教校寄宿跡に「関西女学校」を設立する計画を立てている[27]。ここでも佐竹は、「俸給」を出さない本願寺に代わり、私財をなげうって事業費を捻出しようとした。ただし、関西女学会に新設された科目の唱歌が、顕道学校で行われた宗祖降誕会において琴とともに披露されたように[28]、この頃になると本願寺周辺で行われた他の教育事業との交渉を少しずつ深めてもいく。

そして、一八八八年七月二四日付の『婦人教会雑誌』には仏教系女学校の一覧が掲載され、そこに「関西女学校」の名前も加えられた[29]。ここにおいて関西女学会は、他県の仏教系女学校と同じ扱いで周知されることとなった。同記事に所在地として記される「京都西六条」は、『反省会雑誌』に「関西女学会　醒井七条下る所に移転す[30]」という記事があるため、現在の堀川塩小路交差点を下った北不動堂町周辺であると思われる。当該期この土地は、本願寺執行長小田尊順（?〜一九二三。執行長在任、一九〇二年一一月一二日〜一九〇三年五月二七日）の所有地であった。つまり、関西女学会に改称する段階で、小田のような本願寺要職者の協力があったことがわかる。しかしそれは、修省教校寄宿跡に「関西女学校」を設立するという先の計画が実行されなかった裏返しでもある。そのためか、『反省会雑誌』一八八八年一〇月付の記事は、「わが真宗門内に於て女子教育の本場と云はゞ、唯一の関西女学会あるのみ是れとて、全く佐竹潭瑞氏等の独力に成り本山の関係あるにもあらず[31]」と、やはりここでも佐竹の「独力」を強調している。同記事には、女学生自ら女教員講習所の設立を哀願する様子などが記され、「男子の発企」を促してもいる[32]。また、関西女学会の設立からわずか半年後には、普通教校新築の敷地に真宗各派合同で女学校を設立する計画が持ち上がるが（起案者不明[33]）、肝心の西本願寺が動くことはやはりなかったようである[34]。

（三）文学寮附属女学会

そうしたなかで、一八八九年一月付の『反省会雑誌』は、関西女学会が文学寮附属女学会に改称すると報じた[35]。これ以後、大学林が文学寮附属女学会の「看督拡張」権を持つに至った[36]。ここにおいて、「文学寮附属女学会は本派本願寺教育事業中の一[37]」となり、私的な婦人会（学校）が本願寺の後ろ盾を持つ女子校へと転身したのである。たとえばそこには、大学林統理日野澤依の令嬢、日野筒子も入学している[38]。

校舎は、「下京第二十三組油小路花屋町上る旧同寺大教校予備門」に「修繕」を加えたものを充て[39]、将来的には「僧俗を問はず一般女子の志願者を入院せしめ普通学科を教授[40]」し、「完全なる学校[41]」を目指す計画であった。一八八九年一〇月三日付の『奇日新報』は、入学基準や科目、講師の名前を再度掲載し、寺族と信徒に改めて入学を勧めている[42]。入学基準は尋常小学校以上の学力を持つ者で、講師名には宗像逸郎と人見忠二郎といった『婦人世界』にたびたび寄稿した人物の名前も見える。

ただし、教員は文学寮と兼務で、担当科目も英語講師が料理も教えるような状況だった[43]。また実際に集まった生徒数も、「本科別科とともに僅々数十名[44]」に過ぎなかった。たとえば、『婦人世界』による同年九月二日付の調査では、同じ京都にある高等女学校本科の生徒数は二七三名、和服科九二名洋服科六〇名の計四二五名で、京都私立女学校は一二〇名だった[45]。ようやく本願寺の教育事業の一環に加えられたとはいえ、文学寮附属女学会のスタートは決して華々しいものではなかったといえる。

三　令徳会の発会以後

（一）令徳会の誕生と『婦人世界』の創刊

文学寮附属女学会が誕生して約七カ月後の一八八九（明治二二）年八月、令徳会が発会した。さらにその二カ月後の一〇月一日には、月刊誌『婦人世界』（THE LADY'S WORLD）が令徳会雑誌部（京都油小路北小路上ル玉本町六番戸）より創刊された[46]。発行兼印刷人は、若宮町通六条で仏表具屋を営み、下京区第二三組学務委員ならびに京都市・府会議員を務めた神田達太郎[47]、編輯人は池野三郎[48]である。

雑誌創刊の目的は、「阿母、妻君、令嬢方の、よく其子弟を養育し又其良人を助けて家内を立派におさめ得るやうに導くものにして、つまり婦女子の淑徳を養ひ、其本分を全ふせしめん事[49]」である。同年九月二三日発行の『令知会雑誌』（第六六号）雑報欄には、「本山境内に於て、近来「婦人の世界」てふ雑誌を発行せんとの企ありと聞く、是亦慶して可なり」とあるため、この動きは西本願寺の了解するところであった[50]。

雑誌の定価は五銭である[51]。『婦人教会雑誌』は三銭であり、内容もそちらのほうが充実していることを考えると、『婦人世界』の定価は高かったといえる。おそらくそれは、印刷部数が少なかったためだろう。というのも、一八九〇年三月一〇日に文学寮附属女学会において開かれた第一回「令徳会法話」の「出席員」は、主に「各教員の令閨令嬢」で「五十余名[52]」しかいなかった。たとえば、同時期の京都婦人唱歌会の会員数は百四十余名（『婦人世界』第二号）、上毛婦人教会の会員数は七百五十余名（同、第四号）である。『婦人世界』第七号は、「意外にも江湖諸姉の賛助を得その発行の日浅きにも拘わらず、毎号部数の増加を見るに至り、我々の喜び何事か之れに如かん[53]」と手応えを記してはいるが、他の仏教婦人会に比べるとその規模はまだまだ小さなものだった。

次に、『婦人世界』の論調を確認すると、その基本線は「家内」において夫を助け、子を「養育」するために「婦女子の淑徳を養ひ、其本分を全ふせしめん事を目的[54]」とするものであった。たとえば、農学士菊地熊太郎の論説「婦人世界の発刊を祝して令徳会員に望む所あり[55]」には、次のような女性観が説かれている。まず菊地は、日本における欧米化教育は「大に物理的智識の進歩を促した」ものの、「感情性を卑俗にし、在来の女徳を損傷」したと説明し、「温柔優雅なる天性」と「静淑幽邃なる女徳」を回復するように促す。そして、「進動性」を天性とする「外」で働く男性を、女性が家庭の整理と財の蓄積によって支えるように説く。菊地は、「この分業を守りてこそ、男子は男子たり、女子は女子たるの本文を尽し、国家真正の進歩を誘導し得る」、「直接男子と競争せんと欲すればとて、果して何等の効益かある」と、婦人が社会的に活動することを戒め、むしろそれでこそ国家が進歩すると述べた。ここでは、女性の「天性」なるものを実体化し、それを発揮しうる女性にこそ「功労」と「尊敬」を認めている。そして文末では、こうした婦人の涵養には京都の地こそが適すと記している。

これらの内容は、いわゆる「良妻賢母」思想のひとつとして理解できるだろうが、その特徴は、教育する母の創出を欧米のように目指すのではなく、復古的な女性の再建を促す点である。そこで期待される「賢さ」とは、「理的智識」ではなく家庭とその延長線上に位置づけた国家を道徳的に支える「女徳」を意味していた。たとえば、『婦人世界』創刊号に掲載された本願寺派文学寮長、武田篤初の論説「女子道義学の講義総論（第一）」でも、女子修学は「メシタキ（飯炊き）」などの「家事整理」のためにするものだと述べ、それを疎かにして裁縫・礼儀・宗教ばかりを「偏学」させる親を批判している[56]。そして菊地は、国粋主義団体「政教社」の同人でもあった。したがって、当該期の国粋主義者と『婦人世界』は、欧米化教育への批判と、復古的女性像の再建という両点において共鳴し合っていたといえる。

また『婦人世界』は、時に社会的な事件についても論及した。「婦人の一揆」という論説では、越後柏崎・佐渡で起きた「貧民五百余人暴動」を取り上げている。この一揆は、一八九〇年六月二九日に佐渡で起きた相川暴動[57]を指すと思われるが、ちょうど七月一日は第一回衆議院選挙の投票日であり、暴動には制限選挙と米価の値上がりに対する抗議が含まれていた。しかし、この論説は暴動の原因を貧困に還元し、それに同情することで、女性労働者の抵抗という側面を捨象している[58]。女性の暴動は、むしろ「憎むべき」「憫れむべき」こととして論じている。この一揆は『婦人教会雑誌』第三一号でも取り上げられ、そこでも女性による暴動は抗議行動ではなく、「何は兎もあれ恐ろしいこと」と批判視されている。

そして何といっても、『婦人世界』の最たる特徴は、これらの記事のほぼ全てが男性によって執筆されていた点である。女性による「論説」記事は、『婦人世界』全一五号のなかで跡見花蹊が第三号に執筆した「婦人世界に寄す」のみで、それさえも寄稿の扱いであった。これ以外の女性の名前は、「雑録」「寄書」「詞藻」欄にいくつか見える程度である。また、『婦人教会雑誌』の末尾にあったような会員一覧も『婦人世界』には設けられていない。『婦人世界』と題しつつも、実際に活動を主導したのはこのように男性であり、女性会員の獲得にも決して積極的ではなかったようである。この点は『婦人世界』（令徳会）の大きな特徴であろう。

（二）「東京連合京都婦人教会」の発会

令徳会の活動がこうして展開されるなかで、一八九〇（明治二三）年三月に「東京連合京都婦人教会」が発足した。すでにその予兆は、一八八九年五月三日に発行された『婦人教会雑誌』第一六号の会告欄に見える。すなわち、五月二日から始まった本山法会に際し、『婦人教会雑誌』数千冊を東京から京都に売り込む活動が行われていたのである。同誌一六号の印刷数は、他号が五〇〇冊から六〇〇〇冊であるのに対し、一万冊であった[59]。おそらくこの号は、婦人教会の全国展開を目的に発刊されたと考えられる。そして、売り込みの担当を務めたのは、「京都支局担当人」の松田甚左衛門であった。

松田は本願寺派の熱心な在家信者で、当該期は本願寺門前で仏教書専門出版社「顕道書院」を営みながら、護法活動を展開した人物である。一八九九年三月五日には顕道女学校を創立するなど、地域の「真宗教育」事業に奔走した[60]。松田の同会への勧誘力は強く、前年一二月には全国でもっとも多い一〇名の勧誘を成功させている（東京の「丸東」なる人物が七名、他県はいずれも一名の成功[61]）。この松田と、『婦人教会雑誌』の編集を務めた長岡乗薫が中心となって[62]、東京婦人教会の京都進出は展開した。もうひとりの編集人である水溪智応には、一八八七年一二月の段階で京都に婦人教会本部を設置する構想があったが[63]、その計画はこの時点で着実に進められていたといえる。特に、すでに東京で規模を拡大していた婦人教会をもってしても、女学会本部は「本山の所在地」に設立されなければならないと考えられていた点は重要だろう。

そして、東京婦人教会を「本部」に据えた京都婦人教会は、一八九〇年二月に大谷派（渥美契縁・江村秀山）と本派（武田篤初・赤松連城）の双方の正式バックアップを得ることとなった[64]。『婦人教会雑誌』には、この月の号から「婦人教会々日」一覧に京都婦人教会の名が見えるようになる。さらに、翌月の三月に行われた会の発会式には、下京区長の竹村藤兵衛も参加し、「近来未曾有の盛会」のなかで「祝辞」が述べられた[65]。このように東京連合京都婦人教会は、東西両本願寺と下京区長という強力な後ろ盾を持つなかで発会したのである。

発会時の構成員数は、創立員一〇名、特別賛成会員二一名、母話係九名、主催者一名、主任者一名、発起人一九

名（全女性）、会員一四六名（全女性）、賛成員五三名（男性込み）の合計二六〇名である。[66] このあと構成員は増えていき、一八九〇年一一月三日の時点で、総会員数は五九〇名となった。[67] また、同年六月三日には、富小路二条願照寺に上京支部も創設され（『婦人教会雑誌』第二九号）、婦人教会設立一周年の際には盛大な祝宴が催されている（『婦人教会雑誌』第三八号）。その結果、京都支部の立ち上げから約一〇カ月で、京都婦人教会の積立金は六三六円九四銭となった（『婦人教会雑誌』第三六号）。当時の八円を現在の二〇万円で換算すると、約一六〇〇万円になる。会員が増加した理由のひとつには、「出張演説」などの活動があったと思われる。たとえば、京都製糸会社（所在：鴨川東辺今出川下る）で行った「出張演説」によって、一二〇名の女工が集団入会している。[68] 女性会員の獲得に積極的なこうした姿勢も、令徳会とは対照的であった。

また、本願寺要職者の周辺にいた女性の存在も、会の拡大に大きな影響をもたらしていた。京都婦人教会には主任・主催とは別に、会長松園満子（従一位公爵九条道孝の舎弟松園尚嘉男爵の夫人）、幹事大谷派の大谷旭子（大谷勝尊の夫人）が就いた。大谷旭子は、一八九〇年七月七日に開催された第六回京都婦人教会において、女性の「性質」は「やさしさ」にあるとし、修学による「道徳」の具備よりも「家庭教育家事の整理」こそが肝要であると述べた。[69] さらには、「お互にあさましき女人の身なれは、はやく後生の一大事を心にかけ、その上は命あらん限り、女の道をかたく守り、御法義相続致」すとも演説している。ここでは、蓮如「白骨の御文」の「念仏申す」という文言を、「女の道」に読み替えて婦人の心得を説いている。つまり旭子は、父に第二一代法主（大谷光勝）を持つ勝尊の妻の立場から、真宗の教えを巧みに織り交ぜた演説を行うことで、婦人会の活動が女性による主体的な真宗実践であると印象づけたのである。女性自身の口からこうした発言がなされた効果は極めて大きかっただろう。また本山裏方大谷恒子も、同年九月二一日に大谷派本山寝殿で開催された婦人法話会においても、やはり「やさしさ」

と「貞淑」を婦徳と表し、その養育こそが「女の本意」であると訓辞している(70)。

四　結　論

以上のように、明治二〇年代の京都における真宗系女学校および婦人会の展開は、①〈同盟社・順承女学会・関西女学会・文学寮附属女学会の創設〉→②〈令徳会発会―『婦人世界』発刊〉→〈③婦人教会の京都進出〉の三段階で進んでいった。

①同盟社から関西女学会に改称するまでは、佐竹潭瑞の尽力が大きかった。佐竹は私財を投じて女学会（校）の創立を目指し、関西女学会の創設を実現させた。これにより、仏教系婦人会による教育活動が京都でも開始され、同志社を中心としたキリスト教に対抗しうる実体的拠点が誕生するに至った。本願寺は最終的に、この佐竹らの具体的な活動に便乗するかたちで関西女学会を文学寮附属女学会として吸収した。そして、これらの活動を熱心に報じたのは、東京に本部を置く『奇日新報』だった。当該期の京都における女学会（校）活動は、主にこの東京からの遠方射撃によって後押しされていたのである。

②そうしたなかで、一八八九（明治二二）年の八月頃に令徳会が発会し、同年一〇月に『婦人世界』が創刊された。会の賛同人には、東西両本願寺の関係者とそれ以外の有力学士が名を連ねたが、各人の所属宗派を見てみると、渥美契縁と徳永（清沢）満之以外は、全員本願寺派の僧侶であった。したがって、令徳会は本願寺派の僧侶によって運営された婦人会であったといえる。また、『婦人世界』の誌面には佐竹潭瑞の名前が一切出てこないため、佐竹と令徳会は同時期に同じ京都にいながら別に活動していたと考えられる。

③そして一八八九年五月頃から、『婦人教会雑誌』の販売に端を発する東京婦人教会の京都進出が始まった。同会はわずか一〇カ月のあいだに、約六〇〇名の会員を抱える婦人教会へと成長した。このことにより、京都における真宗婦人会活動の主線は令徳会から婦人教会へ移ったといえる。そこで先導者となったのは、大谷派との人脈を多く持った松田甚左衛門だった。一八九一年の時点で松田と佐竹のあいだに交流が認められた点を考慮すれば（顕道書院から佐竹の著書を出版）、佐竹がそれまで築いてきた婦人学校設立運動の地盤は、スムーズに松田へと引き継がれたと予想できる。『婦人教会雑誌』に佐竹の活動が見えないのは、年上の佐竹が、松田の本格的な京都進出に合わせて活動の中心からフェードアウトしていったからではないだろうか。また、この婦人教会の京都進出以後、『婦人教会雑誌』の月報欄から『婦人世界』に関する記事が消える。対する『婦人世界』の方も、京都婦人教会が発会した際、その知らせを誌面には掲載していない。同じ京都にいながら、発会を知らなかったはずはないだろう。となれば、双方はあきらかに意識し合っており、水面下では京都における真宗系婦人会の主導権争いが行われていたと考えられる。このことも、令徳会の活動が佐竹・松田らとは別系統でなされていたことを示すだろう。したがって、令徳会（『婦人世界』）はその内容に独自性が希薄であった、という意味では、確かに婦人教会（『婦人教会雑誌』）の「亜流」（入江寿賀子）といえるかもしれないが、団体系統でいえば両者は全く別と捉えたほうが実態に即していると思われる。

そして、令徳会が婦人教会の京都進出に対抗することができなかった要因としては、婦人教会の後ろ盾が下京区長の竹村藤兵衛であったのに対し、令徳会のほうは仏具屋兼下京区第一三組学務委員の神田達太郎であったこと。また令徳会の活動が、男性主導で行われていたため、婦人会員の獲得に失敗していたこと。これに加え、令徳会側が独自の思想を保持していなかったこと、などが挙げられる。たとえば、『婦人世界』第七号は、東京の婦人教会が全国婦人会の「礎」だと主張した大洲鉄然の講演を掲載している。令徳会は、こうした記事を掲載するほど独自性を失い、婦人教会の二番煎じの立場を受け容れる状況を自ら作り上げてしまったといえないだろうか。そのため、結果的に東西両本願寺とのパイプがより太かった婦人教会の教線が京都で拡大されるようになり、令徳会自身も『婦人世界』の発刊を一五号（一八九〇年一二月三日）で止めてしまったものと思われる。第二号（一八九〇年八月二五日）以降、それまで他婦人教会の活動を伝えてきた「雑報」欄がなくなるのも、会の勢いが先細りとなっていたことの証左であったかもしれない。対する『婦人教会雑誌』のほうは、一八九一年三月三日に第五〇号を発刊し、それ以後も『婦人雑誌』に改称して一九一五（大正四）年まで活動を続けた。

そしてこれらの経緯を踏まえると、京都で仏教婦人会が起こり難かった「事情」についても推察が可能となる。すなわち、そうした事情など、実際には令徳会が主張するほど明確には存在しなかったのではないか。令徳会側から見れば、「本山」は婦人会活動に腰が重いように見えていても、主導権が婦人教会に移ってからは急速にそれは展開した。つまり、本山とのパイプを強く持つ人物がそれを主導しさえすれば、京都においても婦人会活動はそれなりの成果を挙げられる状況にあったのではないか。令徳会が嘆いた事情を強いて挙げるとするならば、それは本山関係者とのつながりの弱さに結実するとはいえまいか。

また両本願寺からすれば、すでに全国な広がりを持つ婦人教会が京都の婦人会活動を牽引してくれたほうが、煩瑣な実務を省く意味でも、教団の勢力を誇示するうえでも好都合だったはずである。おそらく、下京区長を列席させた盛大な発会式は、それを世間に印象づけるためのセレモニーとしての役割を期待したものだったのだろう。本願寺は既成の活動を取り込むことで、常に婦人会活動に積極的で、その中心に居続けてきたというイメージを創出することに成功したのである。またそれに対して、「本山」という〈中心・聖域〉を必要とする婦人会運営者たちの意識も、そうした本願寺の振る舞いを可能とする基盤となっていたと考えられる。

註

（1）『反省会雑誌』第二一号（一八八九年八月）。
（2）入江寿賀子「仏教系婦人雑誌——二つの系譜——」（近代女性文化史研究会編『婦人雑誌の夜明け』大空社、一九八九年、一五二頁）。
（3）同右、一五〇頁。
（4）『奇日新報』一八八七年六月二五日付。
（5）中西直樹「鹿鳴館時代にはじまる仏教女子教育」（同『日本近代の仏教女子教育』第一章、法藏館、二〇〇〇年、二七〜二八頁。初出一九九六年）には、三校の大まかな沿革が紹介されている。
（6）『婦人世界』第七号（一八九〇三年四月二五日）。
（7）蓮界院については、森岡清美「明治初期の華族社会における妾」（『淑徳大学社会学部研究紀要』第三三巻、同学部、一九九九年）参照。
（8）『明教新誌』第一九一八号（一八八五年一〇月八日）。
（9）『日出新聞』（一八八七年一月二一日付）、『奇日新報』（一八八七年二月一五日付）、『日蓮宗教報』（一八八七年一月二八日付）、『報知新聞』。『奇日新報』以外は、本願寺が浄財の試算をしていると批判する。
（10）「耶蘇教女学校」『婦人雑誌』第五八号（一八九二年一一月三日）。
（11）『奇日新報』一八八七年二月一日付。
（12）この他の京都におけるキリスト教の活動については、本書、中西総論を参照されたい。
（13）『反省会雑誌』第三号（一八八八年三月）。同法話会が主催した初回の講演会講師は赤松連城が務めた。
（14）菅龍貫編纂『現行類聚西本願寺末派寺院明細録大全　附録両山書式文例本願寺派之部』（共益義会、一八九二年版、二八七頁）。

(15)佐竹の没年と家系譜については、現極楽寺御住職の佐竹秀道氏の御厚意により、過去帳で直接確認して頂いた。一六代住職の佐竹霊瑞は雷振の息である。
(16)『存覚法語鈔』(顕道書院、一八九一年八月六日)奥書に記載。松田の住所も同じ。
(17)同盟社もおそらく佐竹が創立したと思われるが確証はない。
(18)『換展誌』第一号(一八八七年六月三〇日)。
(19)『奇日新報』一八八七年六月二五日付。
(20)『日出新聞』(一八八七年六月二八日付)。『奇日新報』(一八八七年六月二九日付)も同内容を掲載している。
(21)同右。
(22)『奇日新報』一八八七年八月五日付。
(23)『反省会雑誌』第二号(一八八八年一月)。
(24)『奇日新報』一八八八年四月二三日付。
(25)在京都一志子「何ぞ速に女学校を設立せさる」(『奇日新報』一八八七年七月一五日付)。
(26)同右。
(27)『奇日新報』一八八八年五月一五日付。『反省会雑誌』第八号(一八八八年七月)も同内容を記し、月に一度、赤松連城の講義が開催されたことなどを伝える。
(28)『婦人教会雑誌』第五号(一八八八年六月二四日)。顕道学校については、中西直樹「近代西本願寺教団における在家信者の系譜――弘教講、顕道学校、そして小川宗――」(福嶋寛隆編『日本思想史における国家と宗教』上巻、永田文昌堂、一九九九年)参照。
(29)『婦人教会雑誌』第六号(一八八八年七月二四日)。
(30)『反省会雑誌』第九号(一八八八年八月)。
(31)『反省会雑誌』第一一号(一八八八年一〇月)。関西女学校設立以降は、報道主体も東京の『奇日新報』から『反省会雑誌』へと移ったようである。
(32)同じ内容の記事は同誌前号にも見える(『反省会雑誌』第一〇号、一八八八年九月)。

(33)『法道会雑誌』第六号（一八八八年一一月二一日）。本記事はこの動きを「美挙」と報じた。

(34) このあと、一八九二年一〇月二六日に行われた第一五回定期会において、岡崎ケイなる人物が「女学校設置ノ建白」を提出した（浄土真宗本願寺派宗会編『本願寺宗会百年史』資料編下巻、浄土真宗本願寺派宗会、一九八〇年、一六〇頁）。岡崎の詳細はわからないが、本願寺に経費支出を求めるこの建白書は不採択となった。『京都市姓氏歴史人物大辞典』（角川日本姓氏歴史人物大辞典二六、角川書店、一九九七年、一九九頁）には、西洞院通椹木町に「銭幸」を営む岡崎家と麩屋町姉小路に「俵屋旅館」を営む岡崎家が記載されているが、このどちらかだろうか。

(35)『反省会雑誌』第一四号（一八八九年一月）。

(36)『婦人教会雑誌』第一三号（一八八九年二月三日）。

(37)『婦人世界』創刊号（一八八九年一〇月一日）。

(38)『奇日新報』一八八九年一〇月九日付。日野澤依は大谷光尊の弟、大阪富寿栄山本照寺住職であり、行信教校設立に尽力した人物である（初代校長）。

(39)『明教新誌』第二五〇五号（一八八九年二月二八日）。

(40)『奇日新報』一八八九年四月一日付。

(41)『婦人教会雑誌』第一六号（一八八九年五月三日）。

(42)『奇日新報』一八八九年一〇月三日付。『婦人世界』創刊号にも同内容の記事がある。

(43)『反省会雑誌』第一四号（一八八九年一月）にも、「料理及ひ英語は文学寮英語女教師、ミセス、セパード氏が引受けられ益拡張せらる、由」とある。

(44)『婦人世界』創刊号。以下本文、同史料。

(45)「京都高等女学校と京都私立女学校」（『婦人世界』創刊号、雑報）。

(46) 現在確認できているのは、一八九〇年一二月二〇日発行の第一五号までである。

(47) 一八五七～一九三四年。若宮町通六条で刀脇差小道具商「西村屋」を営む宮津平兵衛の次男で、京都市・府会議員を務めた（市議：一九〇一年～一九一七年／府議：一九〇四年～一九〇七年）。神田家の養子となるも、実家に同居したまま仏表具屋を営んだ。「一八九一（明治二四）年下京区第二三組学務委員となり、二〇余年勤続」したようである。議員としては「議論家」と評された（『京都市姓氏歴史人物大辞典』二六〇頁）。

(48) 池野の詳細は不詳。編集・発行人の記載は、『婦人世界』第一五号（一八九〇年一二月二〇日）参照。

(49) 『反省会雑誌』第二一号（一八八九年八月）。

(50) ちなみに、『婦人世界』が創刊された一〇月の『令知会雑誌』と『明教新誌』には、これに関する記事はない。また同月は、築地令女教会の一周年月であった。

(51) 『婦人教会雑誌』第二一号（一八八九年一〇月一日）。

(52) 『婦人世界』第七号（一八九〇年四月二五日）。

(53) 「令徳会の旨趣を述べて諸姉に望む所あり」『婦人世界』第七号（一八九〇年四月二五日）。

(54) 『反省会雑誌』第二一号（一八八九年八月）。

(55) 『婦人世界』第二・三号（一八八九年一一月・一二月）。

(56) 『婦人世界』創刊号（一八八九年一〇月一日）。

(57) 相川暴動については、山本修之助『佐渡の百年』（佐渡の百年刊行会、一九七二年）参照。実際の暴動参加者は二〇〇〇人を超えたといわれる。

(58) 『婦人世界』第一〇号（一八九〇年七月二五日）。

(59) 『婦人教会雑誌』第二三号に印刷部数一覧あり。総印刷数一二万冊、うち三万部が余りとある。

(60) 松田については、中西直樹『近代西本願寺を支えた在家信者――評伝 松田甚左衛門――』（法藏館、二〇一七年）参照。

(61) 『婦人教会雑誌』第二四号（一八九〇年一月三日）。

(62) 『婦人教会雑誌』第一九号（一八八九年八月三日）。長岡は京都に出張する際は、下京区二三組柳町七番地（京都市下京区東中筋花屋町下ル）所在の藤里順乗の宅を拠点としたようである。藤里は「本願寺派　大津百石町慶善寺」の人物ではあるが（『婦人教会雑誌』第二四号）、「在京都」と同号に出てくるため、普段は京都に住んでいたのであろうか。

(63) 一八八八年七月二四日に発刊された『婦人教会雑誌』第六号の「普く女学校の設立を望む」と題する文章に、

「第一本山の所在地に、一の女子大教校を設立し、次で各地の都会〳〵にある別院内には尋常女子師範学校の如きを設け……」とある。

(64)『婦人教会雑誌』第二六号（一八九〇年三月二日）。

(65) 同右。

(66) 同右。

(67)『婦人教会雑誌』第三四号（一八九〇年一一月三日）。この数は、報恩講を兼ねて行われた第八回の教会に参詣した人数である。初日は雨天にもかかわらず、これに六七名を加えた人々が集まったという。

(68) 同右。同記事によれば、大谷派江村秀山、大草慧実の二氏が社長主催のもとに出張演説をしている。以後、出張演説は毎月行われたという。

(69)『婦人教会雑誌』第三二号（一八九〇年九月三日）。ちなみに同号には、「大坂相愛、生徒二百余名」とある。

(70)『婦人教会雑誌』第三三号（一八九〇年一〇月三日）。

〔付記〕佐竹潭瑞の略歴は、従来の研究では全く触れられてこなかった。しかし今回、現極楽寺御住職である佐竹秀道氏の御教示により、没年や家系譜があきらかとなった。佐竹氏にはこの場を借りて改めて御礼申し上げる。また、本内容を報告した仏教文化セミナー（二〇一八年一月三〇日、於龍谷大学大宮学舎）においても、多くの方から貴重な御意見を頂戴した。重ねて御礼申し上げたい。

第四章　近代大阪における仏教と女子教育

――相愛女学校設立をめぐって――

近藤俊太郎

一　本章の視角

一八八八年（明治二一）七月、『婦人教会雑誌』に「仏教徒設立の女学校」と題する記事が掲載された。

●仏教徒設立の女学校　我が仏教家有志の設立に成るところの女学校の数ハ目下左の如し

清揚女学校　上州前橋　小野島行薫氏等発起
親和女学校　摂津神戸　善照寺等有志発起
白蓮女学校　周防徳山　赤松照瞳（ママ）氏等発起
関西女学校　京都西六条　佐行《竹カ》潭瑞氏等発起
相愛女学校　大坂西別院　松原深諦氏等発起
高田女学校　越後高田　各宗有志発起

綜芸種智院　大坂真言宗　佐伯覺燈氏等発起

以上ハ予輩が聞き得たるところの仏教々育主義の女学校なり其他漏れたるもの及び後来新たに設立あるものハ速に其報道をたまへ予輩ハ喜んで之れを本誌に掲げ陸続我が仏教徒の手にて女学校の設立あらんことを欲す(1)

キリスト教による女子教育の後を追うようにして、一八八八年頃より仏教徒による女学校設立が始まった。上の記事は、そうした仏教界の動向をいち早く伝えるもので、仏教徒によるさらなる女学校設立を期待する内容となっている。ただし、結果的には、キリスト教が男子教育よりも女子教育に力を入れたのに対し、仏教関係では、明治末期に至ってもなお、女学校の数は男子中学校の約半数に止まった(2)。

近代日本の仏教女子教育については、一八八〇年代後半にキリスト教の動向に刺激されて着手され始めたことや、文部省訓令十二号による宗派的宗教教育の徹底的排除が行われたことが、これまで論じられてきた。あわせて、そこに仏教の本来的立場の放棄と「通宗教的情操教育」を通した天皇制イデオロギーの注入とが存したことについても指摘されてきた(3)。

先行研究による上の指摘に、筆者は特に付け加えるべき論点を持っていない。女子教育における女性像が良妻賢母思想を突破することができず、大枠として天皇制国家を支える役割を担ったことは、今後もこの領域の研究では大前提として考えられるべきであり、問題の諸側面はその前提との関係のなかで捉えられる必要があるだろう。

そうした先行研究の成果を踏まえて、より踏み込んで追究すべき課題を、ここでは三点だけ提示しておきたい。

第一に、放棄した仏教の本来的立場に代わって仏教女子教育を支えた思想の内実を、丁寧に解きほぐしていくことが必要である。とりわけ、それが仏教教育という形態をとったのなら、現場での教育実践をどのような仏教理解が支えていたのかを考えてみなくてはならない。

第二に、女子教育が良妻賢母思想を土台として天皇制国家への奉仕に帰結するにしても、それを天皇制国家からの一方的な抑圧のみに起因すると考えるのは妥当でない。つまり天皇制国家による抑圧性のみならず、仏教界からの自発性という視角を導入し、それらの具体的な絡まり合いを動態的に捉えることが重要である。

第三に、各学校や婦人会の活動が、それぞれの地域的特性とどういった関係を持ち成立してくるのかについて、立ち入った考察が求められる。近代の生活世界にとって、国家がほとんど決定的な規定力を及ぼしたとはいえ、地域的な特性を考慮せずして、各地域の婦人会の性格をあきらかにすることはできないだろう。各地域の仏教婦人会の動向を取り上げようとする本共同研究は、おそらくこの点に目的の一つがある。

本章は、上のような関心から、筆者に与えられたテーマについて検討した中間報告である。上に示した課題のうち、第一と第二の課題については、史料的制約ゆえにアプローチが困難であるため、史料発掘も含めて今後の課題としたい。本章では特に第三の課題を重視し、具体的には、相愛女学校設立を取り上げ、一八八〇～一八九〇年代の大阪における真宗本願寺派の女子教育について検討する。

以下、まずは、当該期の大阪の諸状況を概観し、欧化主義から国粋主義への思想的転換、企業勃興の時代への突入、婦人活動の活発化と女子教育の制度化など、相愛女学校設立の歴史的前提を確認したうえで、相愛女学校設立の事情を跡づけ、その設立の意味について考えてみたい。

二　大阪の婦人と教育

政治の動向から確認しよう。一八八〇年代後半から一八九〇年代にかけては、帝国憲法・教育勅語が出され、天皇制国家の統治システムが確立していく時期に当たるとともに、思想潮流が欧化主義から国粋主義へと大きく転じた時期でもある。また、一八八八（明治二一）年四月公布の市制及町村制や一八八九年二月公布の衆議院議員選挙法では、婦人の選挙権・被選挙権が否定され、一八九〇年七月公布の集会及政社法では、女子の政談集会への参加や政社（政党）加入が禁止された。つまり、婦人の政治的発言・行動は大きく制約された状況にあった。

他方、経済状況にも大きな変化が見られる。一八八〇年代にはいわゆる企業勃興の動きが顕著となり、大阪でも摂河泉（摂津・河内・和泉）地域で紡績業が一挙に展開した。一八八二年五月の大阪紡績会社設立以降、一八八〇年代後半にはいくつもの大規模紡績工場が設立されていった。こうした紡績工場はアジア市場に大量の輸出をするようになっていくが、国際市場で通用する安価な製品価格の背景には、女子労働者の過酷な労働条件があった[4]。

地域経済の変動とともに注意すべきは、一八八七年前後から不平等条約の改正運動が盛んになると同時に、外国商人の優位な立場に対する商権回復運動が民間商人から湧き上がっていたことである。対外的な危機感は、思想潮流の転回のみならず、それと連動するようにして経済的次元での諸要求とも結びついていった。大阪の場合、一八九二年一一月の日本綿花株式会社の創立が大きな契機となり、商権回復運動が展開していった。

教育関係ではどうだろうか。一八七三年、東本願寺掛所内に欧学校が設置されているが（翌年五月に集成学校と改称）、これは大阪府が設けた最初の中等教育機関であった。寺院を活用した教育は、広く見られた現象で、大阪

表１　明治期大阪におけるキリスト教女学校創立

創立年	学校名	創立地
1875（明治８）	「エディの学校」開校。1880年、照暗女学校に改称 1895年、平安女学院に改称、京都移転	川口外国人居留地
1878（明治11）	梅花女学校（現、梅花学院）創立 外国人教師による英語教育	大阪市土佐堀裏町10番地
1879（明治12）	永生女学校（現、プール学院）創立	川口外国人居留地
1884（明治17）	ウキルミナ女学校（現、大阪女学院）創立	川口外国人居留地
1884（明治17）	信愛女学校（現、大阪信愛女学院）	川口外国人居留地
1886（明治19）	大阪府女学校（現、大阪府立大手前高等学校）創立	大阪市北区中之島

大阪府立大学観光産業戦略研究所ほか編『「大阪の学校」草創期を読む』（ブレーンセンター、2015年）参照

の真宗関係寺院に限ったことではない。相愛女学校に関係した本願寺派寺院が多く存在する大阪市西区では教育への関心が高く、私塾が数多く存在しており、そのなかには寺院を会場にした私塾もあった[5]。

特に注目しておきたいのは、大阪市西区におけるキリスト教関係の教育活動である。**表1**で示したように、キリスト教関係では、川口外国人居留地を中心に、精力的に女学校設立が進められていた。川口外国人居留地は、津村別院から直線距離で二キロメートル弱の距離にある。文明国の宗教たるキリスト教による積極的な女学校設立の動向は、地理的要因も加わったことで、大阪の本願寺派寺院の関係者には切迫した問題として映じたかもしれない。

また、一八九五年一月二九日には、女学校に関する規定としては最初のものとなる、高等女学校規定が定められた。つまり、それまでは規定が存在しないなかで、各学校が独自に女学校教育を行っていたことになる。さらに一八九九年二月には高等女学校令が公布され、女学校が制度的に位置づけられていった。

真宗教団の動きに目を転じよう。一八七六年四月の宗規綱領の提出以降、真宗本願寺派は教団の組織的再編を急激に進めた。それまでの坊舎が別院として位置づけられ、津村別院が誕生することとなるのも、同年

六月のことである。一八八六年一月には宗制・寺法が出され、そこで正統教義として位置づけられた「真俗二諦」は、これ以降、教団の世俗権力への従属の教学的根拠として、積極的に持ち出されていく。また、一八八四年八月の教導職廃止を機に、各宗派は管長のもとでの教団運営にあたることとなり、。住職任免・教師の等級進退などは管長に委任された。本願寺派では法主が管長を務めた。

一八八三年七月に鹿鳴館が完成して欧化主義に加速がかかると、仏教界にとってキリスト教の活動は脅威の度を増していった。通仏教的結束を背景とした新たな結社が全国各地に誕生し、仏教雑誌の創刊が相次ぐのもこの時期に集中している（6）。こうした事態の現出は、同時期の教団の動向はもとより、社会運動の展開や出版・印刷技術の発達に加え、キリスト教の活性化を考慮しなければ、理解することが難しいだろう。大阪でもキリスト教の活動が活発化し、前述の女学校創立が相次ぐと、仏教界にも対抗的な動きが顕著となってくるのである。

一八八〇年代後半から一八九〇年代にかけて、大阪の津村別院で取締・知堂を務めたのが、松原深諦と橘覚生であった。一八八六年一〇月から一八八九年七月まで松原が、同年九月から一八九八年一二月まで橘が、それぞれ知堂を務めた（7）。両者は相愛女学校の運営にも深く関与した。松原は相愛女学校設立時となる一八八七年七月から一八八九年一二月まで校主に就任し、橘は一八八九年一二月から一九〇五年五月にかけて理事に就任した。

こうした真宗教団の動きとともに、大阪での真宗の婦人会にも注意を向けておきたい。大阪における仏教婦人会の活動については未だ不明な点が多いものの、『新修大阪市史』では、大阪における最初の婦人団体創立が一八八六年の大阪婦人妙好会であったことを報告している。同会は、大阪市西区京町堀通四丁目の真宗順生寺に置かれ、「真宗の教旨に信遵して、慈善救済の事業に尽くす」ことを目的とし、濃尾震災や十津川水害、大阪市北区の大火などの災害時には義捐金を募集し、罹災者に対する慈善活動を行った（8）。他にも、一八八九年に真宗大谷派婦人法話会大阪支部が、慈善事業を目的として設立された。

先行研究が指摘しているように、一八八七年以降の国粋主義台頭のなかで、「教勢拡張運動においてとくに婦人層を重視したのが真宗教団(9)」であり、真宗は、他の仏教教団に比して婦人会運動に積極的であった。本願寺派の場合、一八八八年あたりから婦人教会の結成運動が起こり、日露戦争期に婦人会の組織化が一挙に進められた(10)。一九〇八年段階で、本願寺派の仏教婦人連合本部に届け出た婦人会の数は一二一で、そのうち活動状況を報告した会が四三であった。真宗大阪婦人会の報告には、会員数一六五五人、年間聴衆六〇五〇人、積立金二六〇〇円とある。真宗大阪婦人会は、活動状況を報告した他の組織に比べ、積立金の金額が非常に多い。積立金で真宗大阪婦人会を上回るのはわずかに安芸婦人会のみで、その額は五一三二円五〇銭と報告されているが、同組織の会員数は九四七八人で真宗大阪婦人会の五倍以上である(11)。こうした実績は、大阪における本願寺派の婦人会が、大きな経済的基盤を有していたことを示唆している。

以上を踏まえ、次に相愛女学校の設立について考えてみたい。

三　相愛女学校の設立

一八八八（明治二一）年、相愛女学校が設立された。『婦人教会雑誌』では、同年四月に次の記事を掲載し、相愛女学校の設立について報じている。

今度大阪津村別院知堂松原深諦氏等の首唱にて、同別院内に相愛女学校と名くる学校を開設の美挙ある由にて、既に其規則方法書等より教員の人々も夫々聘に応ずるの承諾まで定りし由、実に斯の如く全国の別院を初め四方の寺院内に速に続々、女学校の設立あらんこと切望に堪へず、(12)

ここには、津村別院の知堂である松原深諦らが中心となり、別院内に女学校を開設すべく準備を進めているとある。『婦人教会雑誌』が相愛女学校設立を「美挙」と評するのは、女子教育への着手が、仏教界にとっていかに重大事案であったかを物語っている。この記事からは、真宗が地域の人脈のみならず、寺院の土地・建物の積極的活用を企図していたことが読み取れよう。当時、まだ女学校設立は本格的に着手され始めたばかりであったから、学校設立に対する期待は大きかったはずである。

翌五月には、真宗本願寺派の法主明如が相愛女学校設立にあたり金三〇〇円を交付した。後年、明如の二十五回忌にあわせて刊行された『楳牕余芳』には、相愛女学校設立時の経緯が、次のように記されている。

大阪に女学校を興すもの概ね外教徒なりしかば、有志相謀り、津村別院の書院を借りて私塾に類するものを開けり。其の後緇素の尽力にて漸次に規模も備はりければ、請を容れて実妹朴子を名誉校長となし、幾年かの間手許金を以て其の費を補はれたり。これ、今の相愛高等女学校の濫觴なりけり。(13)

ここからは、大阪における女学校設立の背景に、一八八〇年代後半の大阪におけるキリスト教による活発な女学校設立が存していたことを読み取れる。大阪の真宗関係者にとっては、そうしたキリスト教の動向に対抗的な意味合いを持つものとして、相愛女学校の設立が考えられていたのであろう。

六月一日に相愛女学校は設立認可を得て、七月三日に仮開校式を行い、予備科三年、本科二年のカリキュラムで出発した。初代校長を務めたのは明如の妹の大谷朴子で、校主は松原深諦が務めた。生徒十数名で、校舎は津村別院対面所鞘の間が使用された。

設立にあたって一八八八年三月に用意された『相愛女学校設置方法書』と『相愛女学校規則』には、相愛女学校設立時の教育理念や教育方法が明示されている。『相愛女学校設置方法書』の「緒言」には、次のようにある。

> 貧富ヲ問ハス男女ヲ論セス文学ノ必用ヲ感シ技芸ノ練達ヲ期ス此レ今日社会ノ情況ニシテ亦喋々ヲ要セサルナリ今ヤ公立私立学校林ノ如ク日一日ヨリモ盛ナリト雖婦女ト貧民トニ至リテハ教育未タ遍カラス慨然ニ堪ヘサルナリ況ンヤ婦女ノ性タル感情ニ深シ是以貴フ所自ラ徳行ニ在リ苟モ教育ヲシテ婦女ニ遍カヲ（ママ）シメハ天下ノ美風良俗ヲ養成スルノ母タルコト疑フヘカラス然ラハ則同志ヲ勧奨シ婦女ノ教育ニ従事スルハ吾輩宗教者ノ本分ニシテ毫モ躊躇スル所ニ非ス因テ将ニ一教場ヲ津村本願寺別院内ニ設ケ当務ノ急タル文学技芸ヲ授ケ併テ安心立命ノ真理ヲ教ヘ真俗二諦ノ宗軌ヲ守リ現当二世ノ幸福ヲ全セシメントス茲ニ当相敬愛ノ金言ニ取リ名テ相愛女学校ト云希クハ宗教有志ノ諸君吾輩護国扶宗ノ微志ヲ諒察シ陸続随喜賛成シタマハンコトヲ／明治廿一年三月[14]

ここでは、現状の教育が、婦女と貧民に対してはいまだ十分でないと指摘し、女子教育を充実させることが「天下ノ美風良俗ヲ養成スル」と説いている。文学・技芸を軸とした女子教育の実践とともに、「安心立命ノ真理」と「真俗二諦ノ宗軌」を伝えることも目指しているとある。また、校名の由来を『大無量寿経』の「当相敬愛、無相憎嫉（まさにあい敬愛して、憎嫉することなかるべし）」と説明している。相愛女学校の設立は、国家を護り真宗を扶けんとする立場からなされているともあるように、設立主体にとっては、護法・護国意識の表出にほかならなかった。

また、『相愛女学校規則』には、以下のように、教育方法に関する規定が列挙されている。

> 第一条　綱領／本校ハ婦人ニ適当ナル文学技芸ヲ授ケ他日国家ノ美風良俗ヲ養成スルノ母タルヘキ者ヲ教育スルヲ以テ目的トス／第二条／学年ハ一月八日ニ始リ十二月十五日ニ終ル／第三条／学年ヲ分テ三学期トシ第一期ハ一月八日ニ始リ三月卅一日ニ終リ第二期ハ四月八日ニ始リ七月十五日ニ終リ第三期ハ九月八日ニ始リ十二月十五日ニ終ル（中略）第五条　学科／本校ノ学科ヲ分テ予備科本科ノ二類トス／第六条／本科ハ三年ヲ以テ卒業セシメ予備科ハ二年ヲ以テ卒業セシム（中略）第十七条　生徒心得／裁縫用具ハ本校ニ備置クト雖課業書及衣服材料等ハ学生ノ自弁タルヘシ（中略）第十九条／学生ノ衣服ハ木綿及糸入縞ニ限／但洋服ト雖華美ニ亘ラサル様注意スヘシ（中略）第二十七条／束脩　金五十銭／月謝／予備科生　金二十五銭／本科生　金四十銭／科外生　一科金二十五銭／第三十八条／束脩ハ入学ノ際之ヲ納ムヘシ[15]

ここでは、相愛女学校の目的を、「婦人ニ適当ナル文学技芸ヲ授ケ」ることで「他日国家ノ美風良俗ヲ養成スルノ母タルヘキ者ヲ教育スル」ことだと説明している。そのためには、単なる旧来型の教育方針だけでは不十分だと考えられたようだ。設立から五年後の校舎新築に際して示された「相愛女学校新築幷火防工事趣意書」によれば、女庭訓・女大学・百人一首・手習い・裁縫、それに管弦・歌舞といった「簡略なる教育と技芸のみにては文化の世に立ちて賢婦良妻となり内助の功を奏するにたらず[16]」と具体的に論じられているし、カリキュラムからは裁縫（旧来型教育の中心）も用意しながらも、他方で普通教育を重視していた様子がうかがえる。

設立時のカリキュラムを示した「相愛女学校科程表」によると、設立当初、学科には修身・和漢読書・作文・英学・数学・歴史・地理・図学・和裁縫・洋裁縫・生理衛生・経済・動物植物・習字・音楽体操が設けられていた。本科の英学では、パーレー『万国史』、クアッケンボス『合衆国史』、グードリッチ『英国史』、スウィントン『万国史』などが教材として指定されており[17]、欧米の歴史を材料にした英語教育が進められた。また、服装は、絹服着用が禁じられた一方で洋服は許可されていた。

四　相愛女学校の設立主体

一八八八（明治二一）年七月三日の相愛女学校開校式における大谷朴子校長の祝文が、『奇日新報』に掲載されている。

> 人の教育を要するは猶草木の培養を待つか如し今や吾邦文化日に盛なるも女子の教育に至りては其乏しきを覚ゆ之を盛にするは実に急要なり之に従事するは亦吾仏教徒の世を益し民を利するの務といふべし茲に大阪本宗有志の諸君大に奮起せらるゝ所あり此別院内に一校を設け名けて相愛女学校といふ今日方に其業を始む冀くは励精怠ることなく女子の智徳並び進み相愛の実其名に契はんことを／明治廿一年七月三日／校長　大谷樸（ママ）子敬白[18]

ここで大谷朴子は、相愛女学校が大阪の真宗関係者の尽力によって開校に至ったことに言及している。相愛女学校設立に関与した真宗関係者とは、直接には『相愛女学校設置方法書』に「本校発起員」として名を連ねた以下の人々になる。

梅上沢融　小田仏乗　橘　覚生　中村善勝
楠　覚証　靫　普耀　尾木原勝祐　源　敦春
雄卿覚玄　藤　教観　田川智仙　松江誓乗
寸土暁厳　蕚　諦音　薗　宝海　沢　円諦
松原深諦　鷺池平九郎　高木善兵衛　内海作兵衛
小西新右衛門　田村邦太郎　広岡信五郎　新宮和吉
田中市兵衛　泉　由次郎　米谷新兵衛　生島嘉蔵
矢辺清兵衛　志方勢七　亀岡徳太郎　広岡久右衛門
木原忠兵衛　那須善兵衛　道元松之助　新井久兵衛
安田源三朗　中村庄太郎　中島清七　原弥兵衛
和田保次郎　乾　利兵衛　村上嘉兵衛　楠　喜助
佐藤弥兵衛　徳光伊八　小寺仁蔵　上田弥兵衛
原　弥蔵　根来為助　福島源七(19)

発起員の顔ぶれからは、真宗の女子教育がどのような地域的特性を背景に成立してきたのかを読み取ることができると思われるので、以下で少しく考えてみたい。前述したように、松原深諦と橘覚生は、相愛女学校設立と同時期に津村別院の取締・知堂を務めた人物であり、列挙された先頭の梅上から松原までの一七名が大阪市にある本願寺派寺院の住職である。これらの寺院は、多くは上座二等、本座一・二等といった堂班で、他の寺院に比して、経済的にも優位にあったと考えられる(20)。

そして、鷺池以降は、大阪経済界で活躍した実業家が並んでいる。なかには、田中市兵衛や広岡信五郎・久右衛門、木原忠兵衛など、経済界の重鎮の名も見える。これら実業家は、おそらく真宗門徒で、発起員として名を連ねている大阪の本願寺派寺院の檀家だったと思われる。

小西新右衛門と田中市兵衛は、一八八六年に設立された本願寺派の護持会で監督、副監督をそれぞれ務めており、相愛女学校設立以前から本願寺派の事業に積極的に関与していた(21)。また、少し時代は下がるが、小西新右衛門と高木善兵衛は、一八九五年四月の真宗信徒生命保険設立に発起人として名を連ね、設立当初に小西は社長、高木は取締役に就いた。両者は、一八九六年の起業銀行設立にも関与し、役員となってもいる(22)。さらに、小西新右衛門、生島嘉蔵、亀岡徳太郎らは、一九一二年（大正元）に法主鏡如の負債問題に関して全国勘定会議の開催を呼びかけた発起人にもなっている。つまり、相愛女学校の設立には、近代の本願寺派の諸事業を経済的次元から支えた有力門徒、特に大阪実業界で活躍する有力門徒が関与していたのである。

大阪実業家の動向と関連づけてみるなら、一八七八年に設立された大阪商法会議所は、第二代、第五代の会頭を田中市兵衛が務めている。一八九一年に大阪商法会議所は大阪商業会議所に改組するが、そのとき発起人となった大阪の有力商人五〇名のうちに、広岡久右衛門、木原忠兵衛、田中市兵衛、亀岡徳太郎など、相愛女学校設立発起員の名が確認できる。

また、広岡信五郎、田中市兵衛、亀岡徳太郎、木原忠兵衛は、一八九二年に創設された日本綿花株式会社の発起人であった（発起人は全部で一五人）。外国商人優位の現状に危機感を抱いた在阪綿花商の組織化は、「経済的利益にその動機があったことはいうまでもないが、その背後には外国商人のつけこむ機会をしりぞけ、国益を守ろうとするナショナリズムが強く働いていたことも見逃すことはできない」[23]と指摘されている。そこには、川口外国人居留地と外国商人とキリスト教というトライアングルに、大阪市西区から津村別院周辺までの地域と大阪実業界と仏教（真宗）という対抗軸を考えることもできそうである。

いずれにしても、女学校設立の発起員についてさらなる調査を進めることで、相愛女学校設立の背景がより明確にできるのではないだろうか。忘れてはならないのは、発起員がすべて男性であることだろう。この点は、相愛女学校が女性の主体性・自発性をどこまで重視していたのかに疑問符を付けざるをえない要因といえる。相愛女学校に限らず、当時の女子教育が良妻賢母思想に収斂していくのは、当時のジェンダーを仏教界が共有していたことと連動する問題であろう。それはまた、女子教育の担い手たちの問題意識から、仏教の人間像が欠落していたことを示唆する問題でもある。

五　相愛女学校の女性像

『婦人教会雑誌』は、しばしば相愛女学校の動向を報じている。一八九〇年（明治二三）には、経済恐慌が起こり、多くの企業が倒産に追い込まれた。同年の記事に次のものがある。

> 大坂津村別院内に設置ある相愛女学校は仏教中尤も隆盛なる学校にて目下生徒は二百余名にて大坂の豪商住友家その他何れも紳商連中の令嬢多きことなれば他の学校の如く不景気の為めに影響を受けて人員の減ずることなく一時教員中には外教徒あるなどの評判ありしも右は全くの虚説にて清水亨氏の如きは熱信なる仏教徒なる上理事橘覚生氏は全たく無報酬にて修身科を教授する等その懇切至らざる処なければ漸々に盛大に趣くよし実に賀すべき事なり[24]

この記事は、相愛女学校の経済基盤が強固であり、経済状況の変動から影響を受けにくい学校経営が可能だったと述べている。その背景には、在校生に「紳商連中の令嬢」といった経済的富裕層出身者が多かったという事情があるという。たとえば、大阪では、一八八〇年代後半に大規模紡績工場が設立され、そこでの女子労働者の過酷な労働条件が問題となっていたが、相愛女学校はこうした過酷な労働に従事する層の受け皿とはなっていなかったようである。

また、この記事には、真宗僧侶によって修身の授業が行われていたとある。『相愛学園七十年の歩み』には、修身が別院参拝と晨朝説教聴聞であったこと、毎朝始業前に蓮如の「御文章」を読んでいたことが記されている[25]。設立時のカリキュラムのなかには、仏教教育がどう行われていたのかを確認する手がかりが見られないが、相愛女学校の仏教教育の実態はさらに解明されるべき問題であろう。

他方、現在確認できる史料からは、当時の支配的な女性像に基づく教育実践が読み取れる。一八九一年の第一回の卒業証書授与式にあたり、大谷朴子校長は祝文でこう述べている。

祝文／遠山に霞を籠め庭園に花を開らき蝶飛ひ蜂狂ひ百卉千草忻々として生気を帯ひ春風駘蕩たる好時節に当り本日茲に本校第一回卒業証書授与の典を挙げ西村明府を始め貴紳淑女の光臨を辱す豈に光栄にあらすや夫れ諸子は多年蛍雪の功に依り此光栄ある式場に於て卒業書を受領せるは諸子の為に最も賀する所なり諸子は今より校を去り嫁して内を治め良妻賢母と為りて夫婿を扶け子女を育し和順貞淑以て婦道を全ふし以て本日の光栄に酬ふる所あるべし若夫れ其徳を二三にし女子の道に耻つる行ひあれば斑女紫媛の才色文章ありと雖も果して何の取ところあらん是れ妾の諸子に望む所なり／明治廿四年四月五日／相愛女学校々長大谷朴子[26]

この祝文には、仏教教育の実質が読み取れないばかりか、卒業生に良妻賢母思想を注入して女性の主体性を封殺していく方向ばかりが際立っている。こうした女性像が帰結するところは、当時の支配的な価値観を内面化した国家主義的な人間像にほかならないであろう。

一八九九年、高等女学校令、私立学校令、文部省訓令十二号といった女学校の性格を規定する法令が出された。それ以降、女学校教育は、これらの法令に準拠して推進された。すなわち、男女別学の方針に立ち、政府の監督下に置かれるかたちで宗教教育を禁止される一方、良妻賢母思想にもとづく教育が女子教育の根幹部分を形成していった[27]。

六　大阪の真宗と実業界

以上、本章では、大阪の地域的特性として、居留地におけるキリスト教女学校の設立、大阪実業界と真宗との結びつきといった問題を重視して、相愛女学校設立の一側面について考察した。相愛女学校設立は、欧化主義から国粋主義への思想的転回のなかで、キリスト教の教線拡大に危機感を持った大阪の真宗有力寺院が、本山と実業界で活躍する有力門徒の支援のもとに着手した女子教育の具体的成果だったと、ひとまずまとめることができる。

また、そこには、男性による女学校設立や教育実践における仏教の不鮮明さ、良妻賢母思想にもとづく人格形成、令嬢を中心とした生徒層といった、大枠としては同時期の仏教女子教育との共通性が認められる。他方で、大阪の地域的特性として、女学校設立と実業界との浅からぬ関係を抽出しうるのではなかろうか。

相愛女学校設立は、大阪の真宗関係者にとっては護法意識の表出であった。とするなら、その教育実践の内実をどういった真宗信仰が支えていたのかという点については、さらに追及されねばならないだろう。史料発掘とともに今後の課題としておきたい。

註

（1）「仏教徒設立の女学校」（『婦人教会雑誌』第六号、婦人教会、一八八八年七月二四日、一四頁）。
（2）斎藤昭俊「近代における仏教女子教育について――高等女学校の場合――」（『印度学仏教学研究』第二〇巻第一号、日本印度学仏教学会、一九七一年）。
（3）中西直樹『日本近代の仏教女子教育』（法藏館、二〇〇〇年）、七～八頁。
（4）今井修平・村田路人『街道の日本史三三　大坂――摂津・河内・和泉――』（吉川弘文館、二〇〇六年）、一五六～一五七頁。
（5）相愛女学校設立に関与した本願寺派寺院の常源寺も種々の塾に場所の提供をしていた（岋隆夫『常源寺史』常源寺、二〇〇二年、二五頁）。

（6）池田英俊『明治仏教教会・結社史の研究』（刀水書房、一九九四年）、赤松徹眞編著『『反省会雑誌』とその周辺』（法藏館、二〇一八年）。

（7）前田徳水編『津村別院誌』（本願寺津村別院、一九二六年）、五〇四～五〇五頁。

（8）新修大阪市史編纂委員会編『新修大阪市史』第六巻（大阪市、一九九四年）、六一二頁。

（9）千野陽一『近代日本婦人教育史――体制内婦人団体の形成過程を中心に――』（ドメス出版、一九七九年）、八三頁

（10）千葉乗隆編著『仏教婦人会百五十年史』（仏教婦人会総連盟、一九八二年）、一八一～二五四頁。

（11）「仏婦活動状況一覧表」（前掲『仏教婦人会百五十年史』）二五一～二五三頁。

（12）「相愛女学校」（『婦人教会雑誌』第三号、婦人教会、一八八八年四月二四日）、一五頁。

（13）護持会財団編『楳聰余芳』（真宗本願寺派護持会財団、一九二七年）、二〇五頁。

（14）「緒言」（『相愛女学校設置方法書』一八八八年三月、一～二頁）。

（15）『相愛女学校規則』（相愛女学校、一八八八年三月）、一～九頁。

（16）「相愛女学校新築幷火防工事趣意書」（『智慧之光』第一二号、相愛社、一八九三年五月一一日、五頁）。

（17）「相愛女学校科程表」（前掲『相愛女学校規則』所収）。

（18）「相愛女学校仮開校式祝文」（『奇日新報』第九三一号、新報社、一八八八年七月二七日）。

（19）「本校発起員」（前掲『相愛女学校設置方法書』七頁）。

（20）菅龍貫編『真宗両本願寺末派寺院明細録大全』下巻（共益義会、一九九二年）。当時の堂班制度については、本願寺史料研究所編『本願寺史』第三巻（浄土真宗本願寺派、一九六九年）、五三一～五三三頁。

（21）前掲『本願寺史』第三巻、二二六頁。

（22）小川功・深見泰孝「近江商人・初代伊藤忠兵衛のリスク管理と信仰の相克」（『滋賀大学経済学部附属史料館研究紀要』第三九号、滋賀大学、二〇〇六年）。また『婦人教会雑誌』第五・六号には「本会々募集に尽力の諸彦」の欄に、「大坂　伊藤忠兵衛」の名も見える（『婦人教会雑誌』第五号、婦人教会、一八八八年六月、一九頁、『婦人教会雑誌』第六号、婦人教会、一八八八年七月、一八頁）。

(23) 作道洋太郎『関西企業経営史の研究』（御茶の水書房、一九九七年）、一七三～一七四頁。
(24) 「相愛女学校」（『婦人教会雑誌』第三一号、婦人教会、一八九〇年九月、三〇頁）。
(25) 「相愛学園七十年の歩み」編纂委員会編『相愛学園七十年の歩み』（相愛学園、一九五八年）、一八頁。
(26) 「相愛女学校の卒業証書授与式」（『婦人教会雑誌』第四〇号、一八九一年五月、婦人教会、一六頁）。
(27) 永田千恵子「高等女学校規定から高等女学校令に」（『相愛女子短期大学研究論集』第三二号、相愛女子短期大学、一九八五年）。

第五章　上毛婦人教育会と『婦人教育雑誌』

――群馬を中心とした仏教婦人会の動向――

岩田真美

一　仏教婦人雑誌の誕生

本章では、群馬県で組織された上毛婦人教育会とその機関誌『婦人教育雑誌』を取り上げる。千野陽一は、この雑誌が創刊された一八八八（明治二一）年について、

> 教勢拡大を究極的なねらいとしながら婦人層の宗教的教化をこころざす、仏教主義（真宗）を標榜した婦人雑誌が二種、あいついで創刊されたことが注目される。『婦人教会雑誌』（八八年二月二四日創刊）と『婦人教育雑誌』（八八年五月二一日創刊）がそれであった。両者は、その後あい提供しつつ婦人層の宗教的教化の場としての婦人教化団体の組織化にエネルギーを傾注していく[1]

と指摘している。すなわち『婦人教会雑誌』（後に『婦人雑誌』と改題）ならびに『婦人教育雑誌』は、日本におけ

る仏教系の婦人月刊誌の先駆的存在であった。共に関東に本部を置き、真宗関係者によって刊行された両誌は、提携しながら婦人層の教化拡大を図っていたとされる。そして関東を中心に起こり始めていた仏教婦人会創設の動きが、雑誌メディアを通して各地へ広がっていく流れを生み出すこととなった。これらの雑誌は、草創期の仏教婦人会において重要な役割を果たしたと考えられる。しかし『仏教婦人会百五十年史』（一九八二〈昭和五七〉年）には、このうち『婦人教会雑誌』については取り上げられているものの、上毛婦人教育会と機関誌『婦人教育雑誌』に関しては言及されておらず、その後も研究は大きく進展していない(2)。それは、『婦人教育雑誌』を含め、近代の仏教婦人会関連の資料の多くが散逸してしまい、本格的な調査が行われないまま今日に至っていることが要因として挙げられる。そこで本共同研究プロジェクトでは、仏教婦人会に関する資料蒐集を行い、『婦人教育雑誌』については第一、六～七、一三、一七号を入手することができた。全号通しての蒐集には至らなかったが、これらの資料から上毛婦人教育会の実態を明らかにしたいと考える。

『婦人教育雑誌』は群馬県前橋の清揚女学校に本部を置く上毛婦人教育会によって刊行されたものであり、本誌の創刊は清揚女学校の創設とも深く関わっていた。またその動きを主導していたのは、真宗本願寺派の僧侶小野島《おのじま》行薫《ぎょうくん》（一八四七～一九二七）であった。彼は吉田松陰の妹であった楫取《かとり》寿子《ひさこ》（寿、希子、一八三九～一八八一）を教化した僧侶でもあり、早くから女性教化の重要性を訴えていた。また寿子の夫は初代群馬県令を務めた楫取素彦《もとひこ》（一八二九～一九一二）であり、小野島は楫取夫妻の協力を得て酬恩社という仏教結社を創設し、群馬の地に真宗伝道の基盤を築いたとされる。

本章では小野島行薫の関東布教における女性教化活動に注目しながら、これまで十分に研究が進んでいなかった上毛婦人教育会と機関誌『婦人教育雑誌』について取り上げ、明治二〇年代初頭における仏教婦人会の動向や思想の一端を明らかにしたい。

二　小野島行薫と酬恩社

まずは清揚女学校や上毛婦人教育会の創設において中心的役割を果たした小野島行薫について、その略歴から紹介していこう(3)。

小野島行薫は、一八四七（弘化四）年二月七日、周防国熊化郡麻郷村（現在の山口県熊化郡田布施町）の熱心な真宗門徒の家に生まれた。幼少の頃から家族と共に真宗僧の法談を聴聞するうち、僧侶を志すようになったという。このため九歳で郷里を離れ、大和五ヶ所御坊の一つであった信光寺に預けられ、漢籍や仏典を学んだ。その後、幕長戦争の際、郷里の周防に帰った小野島は、一八六五（慶応元）年、世良修蔵らが軍監を務めた第二奇兵隊に参加し、砲兵隊の訓蒙師となった。そして大洲鉄然（一八三四～一九〇二）らが中心となった長州藩内の真宗僧による宗風改正運動に参加し、西本願寺の教団改革運動にも関わっていたという。また明治に入ると豊前に遊学し、勧学の吐月《とげつ》（一八一一～一八九四）から宗学を学び、さらに儒学者の白石照山《しらいししょうざん》（一八一五～一八八三）の私塾「晩香堂」でも学んだ。福沢諭吉を出したことで知られる晩香堂では塾頭を務め、ここで人脈を広げたといわれる。

一八七四（明治七）年、楫取素彦が熊谷県（一八七六年より群馬県）の県令となったが、当時この地には寺院が少なく、熱心な真宗信者であった素彦の妻寿子は、西本願寺第二一代宗主の明如（大谷光尊、一八五〇～一九〇三）に同郷の山口から真宗僧を派遣するよう懇願した。そして、このとき西本願寺から関東布教のために派遣されることになったのが、小野島行薫であった。小野島は法話に長け、名談家であったといわれる。その法話を聞いた楫取夫妻は大いに喜び、小野島の布教活動を全面的に支援していたという。

しかし上州安中出身の新島襄（一八四三～一八九〇）が、この地でキリスト教の伝道活動を行っていたこともあり、有力者の多くがキリスト教に入信し、当時は仏教に興味を示すものは少なかった。そこで結社の創設によって教線を拡大させようと考えた小野島は、一八七六年、仏教結社「酬恩社」を組織する。この結社を酬恩社と名付けたのは、父母・国王・三宝・衆生の四恩に酬いるという意味があったとされる。酬恩社の創設によって宗派問わず入会を勧め、次第に多くの会員を獲得していった。さらに学校創設や慈善事業を行うなど活動を拡大させていき、やがて酬恩社の会員は各地に広がっていった。そして熊谷、高崎、浦和、八王子、藤岡、安中、杉戸など関東各地に説教所が開設された。また一八七八年には内務省の設置認可を受け、酬恩社規則を制定し、群馬県前橋に第一分局、埼玉県熊谷に第二分局、神奈川県八王子に第三分局が置かれることとなった。翌年には京都で大洲鉄然や赤松連城らと会合し、仏教結社「興隆社」との連携を取り決めている。さらに小野島は九州へも足を運び、熊本に酬恩社の第四分局を設置した[4]。このころには酬恩社の会員数は二八万人にも及んだといわれる。事業の拡大に伴って、一八七九年には酬恩社の本部を群馬から東京に移すことになり、京橋区日吉町（現在の東京都中央区銀座）にあった小野梓らが設立した結社「共存同衆」の演説堂と文庫を買収し、酬恩社の本社とした[5]。

酬恩社の主要メンバーとして、本局事務総理には島地黙雷（主任講師も兼務）、主任講師には大内青巒、神原精二、本局常任幹事には多田賢住（布教主任）、石上《いわがみ》北天（庶務主任）、干河岸《ひがし》貫一（編集主任）、藤枝玄道（会計主任）が就任した。また地方分局の幹事には、藤枝令道、津田龍道、前原峯春、津村知龍らがおり、本局の活動を援助していた。小野島行薫は酬恩社の創設者であり、実質的な代表者であったが、主な役職には就かず、結社の拡張のため各地を奔走していた。しかし、一八八二年には、明治政府が自由民権運動を取り締まるために集会条例を改正したことで、西本願寺も教会結社条例を更改し、結社の範囲が一府県に制限されることとなった。この条例によって一府県を越えて広範な活動を行っていた酬恩社は、その存立が認められなくなり、上州と東京を除き、解散に至っている。

　また小野島は女性への教化活動にも力を入れており、明治二〇年代には上毛婦人教育会や清揚女学校の創設に関わっているが、この点については後述したい。

三　婦人仏教徒の模範としての「妙好人」楫取寿子

　小野島行薫が女性教化の重要性を認識するようになったのは、楫取寿子との出会いが大きかったのではないかと考えられる。吉田松陰の妹でもあった寿子は、真宗の篤信者として、近代に編纂された妙好人伝に紹介されている。寿子が「妙好人」として初めて掲載されたのは、一八八六（明治一九）年に令知会から刊行された平松理英編『教海美譚――一名新妙好人伝――』第一編であった[6]。同書に紹介された「妙好人」は広く投稿を募ったものであり、寿子の妙好人伝を執筆し、投稿したのは小野島行薫であった。そこには群馬への真宗伝道において寿子の果たした役割が、次のように記されていた。

> 明治七年の夏、素彦君、熊谷県令に転任す、希子も、同く其地に、移り住せしが、熊谷県は、上野、武蔵の二国に跨り、元来、仏法少き地故、風俗強獷して、往々、地方庁の法度を、犯す者多ければ、希子は、先県官等を諭し、仏法を聴かしめそれより、追々下民に、法義を弘め、牧民の助けとなしぬ。同九年、熊谷県を、上州

前橋に移し、群馬県と改称す、希子、又前橋に移り、愈々、仏法興隆に、力を尽し、往年、小野島行薫氏が、酬恩社を此地に創し真宗布教の基を、群馬県下に開きたる如きも、真に希子の力、多きに居るといふ。[7]

すなわち寿子（希子）は、一八七四年、夫の素彦が熊谷県（一八七六年より群馬県）の県令となり、関東に移住することになった。当時この地には真宗寺院が少なく、人心も荒く、法令を犯すものも多くいたことから、寿子は仏法によって県民を教化しようとした。そして、西本願寺を通じて真宗僧の小野島行薫を招き、夫とともに彼の布教活動を支援していた。小野島は酬恩社という仏教結社を創設し、群馬における真宗伝道の基盤を築いていくが、それは寿子の尽力によるところが大きかったという。

また寿子は群馬の県庁所在地となった前橋に説教所を設立し、真宗布教の拠点にすることを念願していた。このため一八八〇年に前橋説教所（後の浄土真宗本願寺派清光寺）が設立されたが、寿子は中風症を患い、開所式には立ち会うことができず、翌年、四三歳にして病没した。妙好人伝の末尾には、寿子の「遺書」が掲載されている。それは息子の妻に宛てて書かれたもので、真宗の教えを相続するように勧める内容となっていた。以下にその一部を挙げておこう。

我真宗の法義は、辱なくも、全国無二の教法にして、我等如き、愚昧の者にも、聞ひらき、易き、他力本願に候へば、能能心を止め、聴聞すれば、御慈悲にて候間、信心は、頂かる……信後の俗諦門は成る丈心を附て、嗜めよとの御示しと、兼て聴聞申居候、然れば此世渡りの、俗諦門、祖師善知識の掟をあやまらず、男は男、女は女の道を尽し……国の為や法の為、家の為、夫の為など、世に益あることを為すが、この世、滞留の仕事と心得、夫を楽み進みて勤むべきことなり、これ誠に我国古今無二の、有りがたき真宗、真俗二諦の教なりと、兼て聴聞中候……此御法は弘り居るとも、良人たる人忌嫌ひて、聴聞するを許されずば、五障三従の女の身は、思ふばかりにて自由は出来ず……万夫にさからはず、夫の機嫌を能々慰め、家の内波風なく、内外の者よりも、なつかるるやう心がけなば、自ら夫の心も和ぎ、御法聴聞も美く出来、終には家内残らず、御法に入り、此世かぎりの親しみならず、未来永劫、手に手を引て、同じ楽を受くる身となる……御報謝の勤めぞと心得、御称名もろともに、万の世話に立働くときは、仏の光明の中に棲む身ゆえ、自やさしく、すなほなる心ばえとなるものなり、猶又前にも申候やう、外国の教になびく人の出来候も、此御法の有がたき事を、知らぬ故なれば、せめては早く、此有がたき程を知らせまほしく候[8]

ここでは真宗は「真俗二諦の教なり」と記されており、明治維新後に本願寺の宗主が消息の中で示した真俗二諦説がみられる。また信心獲得《ぎゃくとく》後の俗諦門においては「男は男、女は女の道」を尽くすべきだと説示され、男女の役割が分けられていたことがわかる。つまり、「女の道」とは「国の為や法の為、家の為、夫の為」に尽くすことであり、報謝の念仏を称えつつ、「万《よろず》の世話に立働くとき」には触光柔軟の願益（第三十三願）によって身心もおだやかに柔らかくなるとしている。男女分業論的な視点から真宗の真俗二諦説が論じられているのである。また婦人を通して、その「家庭」にも真宗の教えを弘める役割が期待されていたことがうかがえる。そして外国の教え（キリスト教）になびかぬよう、真宗の教えを弘めてほしいと記されている点には、キリスト教への対抗意識が表れている。上述したように、寿子の「遺書」は息子の妻に宛てて書かれたものであったが、それが妙好人伝に掲載されることで、寿子の遺言として読者へと発信されることとなった。

　また楫取寿子の妙好人伝は、『婦人教会雑誌』第二号（一八八八年三月二四日）をはじめ、当時の婦人向け教化資料にも転載されていたことから、真宗婦人信者の模範として広く示す意図があったのではないだろうか[9]。一方で、夫の楫取素彦は、寿子の没後、寿子の妹にあたる美和子（久坂文）と再婚している。寿子の影響もあって美和子も熱心な真宗信者となり、仏教婦人会の活動にも関わっていた[10]。一八八八年には築地本願寺別院に令女教会という仏教婦人会が結成されたが、その初代会長には長州藩最後の藩主（毛利元徳）の正室であった毛利安子、理事には楫取美和子らが就任し、令女教会の活動を支えていた[11]。

　すなわち寿子の影響で、夫の楫取素彦をはじめ、その家族にも真宗の教えが弘まり、さらには群馬県令の素彦を通して県内にも真宗の教えが弘まっていった。その様子を目の当たりにした小野島行薫は、「家庭」における婦人の影響力の大きさに注目するようになった。そして、その力を結集すべく仏教の女学校や婦人会を創設し、婦人層への教化に力を入れるようになったと考えられる。

四　清揚女学校の創設

　仏教者による女学校の設置は、一八八六（明治一九）年に始まるとされる[12]。清揚女学校は、その翌年、小野島行薫らが発起人となって群馬県の前橋に創設された。同校を設立した理由について、小野島は次のように述べている。

> 宗教の発展を計らんとせば、婦人の教育を専らにするを捷径とし良法とす。故に余は全国の小教校（その頃各地に小教校あり）を女学校とし、其檀家の重なる者の女子の入学を奨励し、文学寮の学科を改め、従来小教校

在学の子弟をば、地方の中学に入学せしめ、卒業の後文学寮に入らしむべし等、当局者に意見を具申し、且つ集会にも建議したりしが、当時は大洲鉄然氏以外、女子教育などいふことに賛同する人なくして行はれず、故にまず群馬県に上毛婦人教育会を設け、清揚女学校を建て、上毛婦人教育雑誌を発行したり。本山も各地の有志も、未だ茲に注目する者無し。[13]

すなわち彼は、宗教の発展のためには「婦人の教育を専らにする」ことが重要だと考え、女子教育機関の設置を本山当局者に進言したようであるが、賛同を得られず実現しなかった。このため自身で行動を起こすべく、まずは群馬県内に清揚女学校を創設することから着手したという。そして、女学校の設置に関連し、上毛婦人教育会を組織して『婦人教育雑誌』を創刊したようである。小野島が創設に関わったという清揚女学校は、開設後まもなく閉校になったため、その詳細については未だ不明な点も多い。そこでまず同校の創設から閉校に至るまでの経緯を明らかにしておきたい。

清揚女学校は、一八八七年八月、前橋南曲輪《くるわ》町（現在の前橋市大手町）の前橋説教所（現在の清光寺）に設置された。[14] 学齢は一四歳以上の女子を対象としており、定員は一〇〇名、修業年限は三年であった。設置目的として「本校ハ英語ヲ主トシ且和漢普通ノ文学ヲ修メシメ傍ラ女子ニ適応スルノ技芸ヲ授クルモノトス」[15]とあることから、英学校であったことがわかる。このため教科書もウェブスターの『スペリング・ブック（綴書）』（Noah Webster. *Spelling Book*, 1866）、バーンズの『ニュー・ナショナル・リーダー』（Barnes. *New national reader*, 1884）、パーレイの『万国史』（Peter Parley. *Universal History*. 1887）など多くの英字書籍が用いられていた。[16] また英語以外にも漢学や数学を教授し、その傍ら「女子ニ適応スルノ技芸」として裁縫や編物、割烹、点茶などを教えていた。同校の校主は、京都の女紅場や東京女子師範学校、群馬県女学校などで教師を務めた蘆沢鳴尾という女性であった[17]。なお同年一二月には校主が川本僧円に変更されている。川本は東京専門学校（早稲田大学の前身）英学科を卒業し、清揚女学校の英語教師を務めていた。清揚女学校の創設時の教員数は四名で、前述の川本僧円や蘆沢鳴尾のほか、漢学教師には楫取素彦の弟であった松田謙三らが就任している[18]。

しかし、清揚女学校はすぐに経営が困難となり、わずか三年で閉校となった。その背景として、一八八八年に前橋教会牧師の不破唯次郎や基督教婦人会が中心となり、近隣に前橋英和女学校というキリスト教主義の英学校が創設された影響が大きかったのではないだろうか。群馬県内では、キリスト教の影響下に成立した前橋婦人教会や藤岡婦人会、原町の婦人会などにおいて、早くから婦人信者を中心に恒常的な勉強会が行われており、東京の桜井女学校の外国人教師を招いて英語演説会も開催されていた[19]。上流婦人たちは知識を広め地位を高めようと会を作り、西洋の料理や編物などを習い、流行の英語を学んでいた[20]。前橋の中心に真宗系の清揚女学校という英学校が創設されたことは、これらの動きと無関係ではないだろう。だが外国人教師も動員したキリスト教の組織的な英語教育に対して、教団の協力が得られなかった小野島らは対抗しえない面があったように思われる。

五　上毛婦人教育会と『婦人教育雑誌』

続いて、清揚女学校に本部を置いた上毛婦人教育会と機関誌『婦人教育雑誌』に注目してみたい。上毛婦人教育会は、一八八六（明治一九）年に結成された前橋婦人相談会を中軸として、高崎や安中などに次々と組織された仏教婦人会を翌年一〇月に統合し、発足した。会長には群馬県知事（佐藤與三）夫人の佐藤たけ子、副会長には裁判所長夫人の千谷こう子らが就任している。その発会式は、一八八八年一月二九日、群馬県高崎の春靄館において行われた。そこでは小野島行薫が演説を行い、同会発足の意義を述べた。また島地黙雷や東京専門学校（早稲田大学の前身）講師の天野《あまの》為之《ためゆき》らが来賓として招かれ、清揚女学校の生徒をはじめ、県内の上流婦人や真宗本願寺派の婦人会を中心に三〇〇名以上が集結した。

その後、一八八八年五月二一日には『婦人教育雑誌』が創刊され、このとき会員数は約四〇〇名に及んだ。小野島行薫から依頼を受けた清揚女学校教師の川本僧円が同誌の発行兼編集人となっている。『婦人教育雑誌』第一号には、発刊の主旨として「近時に起り最も世人の注意を呼び最も必要にして重且大なるものは蓋女子教育なるべし……吾輩は全国姉妹諸君の為め否社会前途の改良進歩の為に此至貴至大なる開化の要素を導きたるの幸運を祝せざるべからざるなり而して此祝声を発すると共に聊か女子教育に関するの所見を述べ以て姉妹諸君に謀る所あらんとす」[21]とあり、本誌は女子教育の普及を図り、その教育法について議論する目的で発行されたことがわかる。そこでは次のような課題が議論された。

> 女子は身体軟弱智覚敏捷にして微細の意匠に富む故に其職務とする所賓客を遇し児童を育し家政を調理し男児をして専ら力を外事に尽さしむるに在り女子の職分果して斯の如きものなりとせば是等の職分を尽さんとするに善方便を与ふるの学は即ち女子の学ぶべき必要の学問なり……然らば彼の修身、衛生、家政、経済、理学、心理学等の諸課を始め礼式、裁縫、割烹、編物、刺繍、押絵、組糸、造花、点茶、音楽等の諸芸は何れも必要の科程なりと云へども就中何れが急務なるや何れが要点なるや何れを先にし何れを後にすへきや且つ是等の学芸を修めしむるに当り如何なる方法を以てせば婉娩貞淑の日本女子を養成し得べきやは我らが号を追て続々論

> ぜんとするの一大問題にして吾等をして頗る取捨に迷はしむるの難物なり(22)

ここでは性別役割分業が説かれ、「女子の職分」として、子供の教育、家を管理する「家政」、「男児をして専ら力を外事に尽さしむる」ことなどが挙げられた。そして、このような職分を全うできる「婉娩貞淑の日本女子を養成」するためには、どのような教育が必要であるかが議論されていた。本誌の立場は島地黙雷の次の発言にも、よく表れている。

> 吾輩は吾同志諸学士と謀り過る四月三日神武天皇元祭に当て日本人と題する一雑誌を発行せり否日本人と称する集合体の一男児を出産せり此児や国礎確定を骨髄とし国粋保存を精神として和魂洋才文質彬々として他日日本帝国を文明の頂上に開進せしむべき経綸の事業を企図する……該誌は吾輩莫逆の友なる小野島川本等の諸氏が周旋担当する所なれば吾輩と終始方向を同轍にし主義を一定にし骨肉同胞ただならざる者の手に成れば其目的に於ける方法に於ける決して吾輩の希望に背かざるべきを予知する……即ち婦人特有の性質たる婉娩貞淑の本徳を養成し之を荘厳するに婦人適当の学芸を加え以て日本男児に配偶して恥ることなき日本婦人の面目を全うすべき也(23)

すなわち「日本帝国を文明の頂上に開進」させる策として、国家の発展を担う「日本男児」にふさわしい「日本婦人」を育成することが必要であり、育児を通して次代の国民養成に関わる女性への教育の振興が説かれた。そこには国粋主義的な視点から、日本女性特有の「徳」を養成して本来の性質を全うすべきだという主張もみられる。

そして、このような国民教化の要望に仏教が関わっていこうとする姿勢もうかがえよう。『婦人教育雑誌』の特別寄稿家には、島地黙雷をはじめ、赤松連城、井上円了、菅了法、干河岸貫一ら真宗関係者がいる一方で、志賀重昂、三宅雪嶺（雄二郎）、坪内逍遙（雄蔵）、中江兆民（篤介）、高田早苗、天野為之、土子金四郎、山田一郎、中川重麗、広瀬進一、棚橋一郎、鈴木弘恭などの知識人たちも名を連ねており、雑誌『日本人』を創刊した「政教社」のメンバーが多く関わっていた点も注目すべきである。

また一八八八年一〇月には、『婦人教育雑誌』の編集兼発行人であった清揚女学校教師の川本僧円が鹿児島新聞社に転職したため、その後任として東京専門学校出身の本山理太郎が引き継ぐこととなった[24]。そして『婦人教育雑誌』第七号（一八八八年一一月二一日）より、発行所も群馬から東京府本郷区真砂町（現在の東京都文京区本郷）に変更され、各地の仏教婦人会との連携も一層強化されていった。上毛婦人教育会と連合していた婦人会には、高崎婦人教育会、桐生婦人教育会、安中婦人教育会、藤岡婦人教育会、埼玉婦人教育会、令女教会、長野婦人教会、姫路婦人共愛会（姫路女教会）、徳島婦人会、釧路婦人教会などがあった[25]。明治二〇年代には国粋主義の影響を受けながら、仏教とりわけ真宗が婦人層への教化活動を強化させていたことがうかがえる。

他方で、これらの動きに先駆けて、群馬県内ではキリスト教の婦人会が誕生し、連携を強めていたことも注目される。一八七九年に群馬県会が創設されると、湯浅治郎らキリスト教系の県会議員が中心となって廃娼運動を展開し、キリスト教は婦人層への伝道に力を入れており、明治一〇年代末には各地に婦人会が発足した。そして、一八八七年には県内の婦人会を集結させて一ノ宮中村座で基督教婦人会を開催し、参加者は三〇〇名以上にのぼった[26]。その翌八八年、上毛婦人教育会は県内の上流婦人など三〇〇人余りを集めて発会式を行っている。すなわちキリスト教の伝道活動が盛んであった群馬において、その動きに刺激を受けながら、キリスト教に対抗できるような大規模な婦人会として、県内外の有力者も巻き込みつつ組織されたのが、真宗系の上毛婦人教育会であったと考えられる。

六　「家庭」論と仏教婦人会の形成

明治一〇年代は自由民権運動が高まり、キリスト教が精力的に活動した時期であった。他方で、明治二〇年代以降の国粋主義の台頭は仏教の勢力拡大に力を与えることになった。国粋主義的風潮の高まりのなかで、婦人団体の組織化を軸とする女性教化に乗り出していくのが、仏教教団、とりわけ真宗教団であったといわれる[27]。そのきっかけを作ったのは、一八八八（明治二一）年創刊の『婦人教会雑誌』であり、これに続く『婦人教育雑誌』などの仏教婦人雑誌であった。すなわち同年には東京婦人教会や上毛婦人教育会をはじめ、島地黙雷らが中心となって東京の上流婦人を集めた令女教会なども結成された。こうした関東の仏教婦人会創設の動向は、雑誌メディアを通して発信され、その動きは各地へと広がっていった。しかし、それは本山によって主導されたというよりは、キリスト教の教勢拡大に危機感を抱いた一部の真宗僧や結社の連携により推し進められたものであった。

キリスト教への対抗という姿勢は、上毛婦人教育会の結成にも顕著に表れている。すなわち小野島行薫が群馬での真宗布教を行う上で課題となったのも、有力者の多くがキリスト教に入信し、婦人層への伝道活動に力を入れていたことにあった。これらの動きに刺激を受けつつ、小野島は群馬県令の楫取素彦や寿子の協力を得て酬恩社を組織し、結社の創設によって仏教徒の連携を図ろうとした。そして一八八七年には、前橋に清揚女学校を創設し、上毛婦人教育会を組織するなど、女性教化に力を入れるようになっていく。本章で取り上げた『婦人教育雑誌』も、女子教育の普及や各地の仏教婦人会の連携を図る目的で発行されたものであった。女子教育の振興が唱えられ、表面的には女性の地位向上が意識されていたようにみえる。しかし、性別役割分業の立場から、子育てを通して次代の国民養成に携わる女性への教育が重要視され、他方でそれは、国民教化に積極的に関わろうとする仏教側の動きと呼応するものであったといえよう。

この時期、「家庭」における女性のあり方に注目が集まりつつあった。小山静子も指摘するように、明治二〇年代以降、「家庭」という言葉は急速に広まり、新しい家族のあり方を示すものとしてクローズアップされ、論じられる対象となった[28]。すなわち近世の庶民家族においては、家族労働によって家業が維持されていたため、女性も生産労働に従事しており、子育ては母親だけの役割ではなかった。また武士の場合は、男児の文武修得や礼儀などの教育には父親が関わることが多かった。他方で、明治社会において出現した近代的職業によって、男性は公共領域、女性は家内領域を分担し合うという性別役割分業が成立し、新しい家族のあり方が誕生することとなった[29]。かくして家事や育児は女性の役割とされ、その役割を遂行するための女子教育が議論されるとともに、女というジェンダーと結びつく形で「家庭」が論じられるようになった。そこに着目した島地黙雷や小野島行薫など一部の真宗僧たちは、この新しい概念を取り入れながら、仏教における女性教化の重要性を主張し始めた。そして「家庭」に真宗の教えを弘める存在として婦人層への教化を重視し、仏教婦人会や女学校の創設に着手するようになる[30]。またこの時期、「妙好人」として妙好人伝や仏教婦人雑誌に紹介されるようになった楫取寿子は、まさに婦人仏教徒の模範として登場したものと考えられる。寿子は「家庭」に真宗の教えを弘め、「家の内」から群馬県令の夫に働きかけることで、群馬での真宗伝道を支えた。その一方で、吉田松陰の妹でもあった寿子の存在は、国粋主義的な風潮が強まるなかで教団の宣伝に利用された側面もあったといえるだろう。

このように一部の男性僧侶によって主導された明治二〇年代の仏教婦人会の活動は、明治三〇年代後半の日露戦争（一九〇四〜一九〇五）を契機とし、やがて本山を中心とする仏教婦人連合本部により統括されていくこととなる。その過程で、各婦人会の地域性や独自性、宗派を超えた連携、雑誌発行などの自由な動きは失われていった面もあったのではないか。今後も仏教婦人雑誌の蒐集や分析を通して、各地の仏教婦人会や女性会員の具体像を明らかにし、近現代の仏教の女性教化の実態を解明していきたいと考える。

註

（1）千野陽一「仏教婦人会の組織化と婦人教化活動」（同『近代日本婦人教育史――体制内婦人団体の形成過程を中心に――』ドメス出版、一九七九年、七五頁）。

（2）千野陽一（前掲書）、入江寿賀子「明治の仏教系婦人雑誌――二つの系譜――」（近代女性文化史研究会『婦人雑誌の夜明け』大空社、一九八九年）、赤松徹眞「近代天皇制下の西本願寺教団と「婦人教会」・「女子教育」論」（『龍谷史壇』第九九・一〇〇合併号、一九九二年）などの成果があるが、これ以降、研究は大きく進展していない。

（3）小野島行薫の生涯については、小野島元雄編『對榻閑話』（発行人・小野島元雄、一九二九年）、韮塚一三郎『関東を拓く二人の賢者――楫取素彦と小野島行薫――』（さいたま出版会、一九八七年）を参考にした。

（4）中西直樹「明治期九州真宗の一断面――通仏教的結束から世界的運動へ――」（中西直樹・吉永進一『仏教国際ネットワークの源流――海外宣教会（1888年〜1893年）の光と影――』三人社、二〇一五年、一一九頁）。

（5）前掲小野島元雄編『對榻閑話』七七頁。

（6）他にも濱口恵璋編『新妙好人伝』初編（興教書院、一八九八年）、島地黙雷『妙好人楫取希子の伝』（一九一〇年）、前田慧雲編『妙好人楫取希子の伝――並に其遺言書――』（高崎修養会、一九一三年）などに紹介されており、その内容は後掲『教海美譚――一名新妙好人伝――』における寿子の妙好人伝とほぼ同じである。

（7）平松理英編『教海美譚――一名新妙好人伝――』第一編（令知会、一八八六年）五七頁。

（8）前掲平松理英編『教海美譚』六四～六六頁。

（9）小野島法幢編『婦人の鏡』（顕道書院、一八九二年）、濱口恵璋『女性と宗教』（興教書院、一九〇六年）など。

（10）山本栄一郎『萩ものがたり㊺吉田松陰の妹・文（美和）』（一般社団法人萩ものがたり、二〇一五年）五五頁。

（11）『仏教婦人会百五十年史』（浄土真宗本願寺派仏教婦人会総連盟、一九八二年）一八五～一九一頁。

（12）中西直樹『日本近代の仏教女子教育』（法藏館、二〇〇〇年）二五頁。

（13）前掲小野島元雄編『婦人の鏡』八七～八八頁。

（14）中西直樹『日本近代の仏教女子教育』二九頁。

（15）『前橋市教育史』上巻（前橋市、一九八六年）四八三～四八四頁。

（16）『前橋市教育史』上巻、四八五～四八六頁。

（17）『前橋市教育史』上巻、四八三～四八九頁。

（18）『前橋市教育史』上巻、四八九頁。

（19）前掲千野陽一『近代日本婦人教育史』六五～六七頁。

（20）『群馬県史』通史編九・近現代三（群馬県、一九九〇年）三四八頁。

（21）「婦人教育雑誌発行の趣旨」（『婦人教育雑誌』第一号、上毛婦人教育会本部、一八八八年五月二一日）。

（22）「婦人教育雑誌発行の趣旨」（『婦人教育雑誌』第一号）。

（23）島地黙雷「能く日本人の細君となり得るや否や」（『婦人教育雑誌』第一号）。

（24）「社説　留別の辞」（『婦人教育雑誌』第六号、上毛婦人教育会本部、一八八八年一〇月二一日）。

（25）「雑報」（『婦人教育雑誌』第一七号、婦人教育雑誌社、一八九〇年九月二一日）。

（26）『群馬県史』通史編九・近現代三、三四八～三四九頁。

（27）前掲千野陽一『近代日本婦人教育史』八二頁。

（28）小山静子『家庭の生成と女性の国民化』（勁草書房、一九九九年）三一頁。

（29）前掲小山静子『家庭の生成と女性の国民化』二〇～二一頁。

（30）福島栄寿「仏教婦人雑誌『家庭』にみる「家庭」と「女性」――「精神主義」のジェンダー――」（同『思想史

としての「精神主義」』法藏館、二〇〇三年）、碧海寿広「近代仏教とジェンダー——女性信徒の内面を読む——」（同『近代仏教のなかの真宗——近角常観と求道者たち——』法藏館、二〇一四年）においても近代仏教の女性教化について、「個」としてではなく「家庭」を中心とした女性への救済の語られ方が問題視されている。

第二部　各誌総目次

吉岡　諒

【凡例】

一、仮名遣いは原文のままとし、旧漢字表記が通例となっている一部の用語を除いて、旧漢字、異体字はそれぞれ新漢字、正字にあらためた。また、明らかな誤植、誤字以外は原文のままとし、人名その他もあえて統一を図らなかった。

一、総目次はできるかぎり詳細に記載するようにつとめ、目次に記載されていない内容も記載したが、広告等は一部省略した。

一、目次と本文中と表記が異なる場合は、その都度適切と判断される表記とした。

雑誌『婦人教会雑誌』総目次

発行兼編輯人　水渓　智応
発行者兼編集者　東京京橋区築地三丁目三十八番地　佐竹　智応（四九号）
印刷人　東京日本橋区久松町一番地寄留　長岡　乗薫
発行所　東京日本橋区橘町一丁目十一番地　婦人教会
印刷所　東京京橋区西紺屋町廿六七番地　秀英舎（一一九号）

『婦人教会雑誌』第一号

一八八八（明治二一）年二月二四日発行

説話
本誌発行の旨趣　編　者
伝記
見真大師の御伝（図入）　島地　黙雷
見真大師の御伝を掲ぐる端書
宗祖見真大師の御俗姓幷に有範朝臣御系図（松若公御学問の図入）
教訓
常盤井法主殿の御廉中女人講へ御諭し書　敬　子
法話
法の書を読むべき諭し　雨田道人
貴婦人会法話　教師　渥美契縁師口演
婦女の心得
小学女礼式（起居進退）
家事要訓
柔か焼等六件
月報
○白蓮会○跡見女学校の開校式○上毛婦人教育会○橘町女人講○本会雑誌施本○綜藝種智院○品川謝徳会
報告
○本会雑誌創立助成員○本会雑誌永続資金寄附○本会雑誌賛成員○橘町女人講姓名○会友姓名○宣教院第一回報告○資本金喜捨金額及姓名表
広告

『婦人教会雑誌』第二号

一八八八（明治二一）年三月二四日発行

説話
婦人の職務（図入）　編　者
教訓
兼好法師つれ〳〵草抄記
蓮如上人（慧灯大師）御一代聞書抄出
法話
貴婦人会法話（つゞき）　渥美　契縁
雑説
橘町女人講員某に贈る　藤枝　令道
婦人の心得
姉妹に告ぐ　前波　善孝
女礼式（つゞき）（物品薦撤）
伝記
杉希子の伝
家事要訓
○飯を炊く水加減を知るの便法○香水の製法○鮮魚を貯ふ法、外二件
問答
最勝講起原の問　会友（豊前）長岡さち子
同上、答　賛成員（在東京）藤枝令道
月報
○うりかふ声も法のこえ○文子様○雑誌の土産○橘町女人講
本会記事
○本会雑誌永続資金寄附（其二）○本会々友並に賛成員募集に尽力の諸彦○本会々友（つゞき）○本会々友橘町女人講姓名（つゞき）○本会賛成員姓名（つゞき）○本会雑誌第一号再版広告○宣教院仮規則
広告

『婦人教会雑誌』第三号

一八八八（明治二一）年四月二四日発行

説話
婦人の自立を勧め併せて女子教育の旺盛を望む　編　者
伝記

見真大師の御伝（前々号つゞき）宗祖見真大師御出誕　島地　黙雷
教訓
蓮如上人御一代聞書抄出
覚如上人幕帰絵詞抄
雑記
本派法主殿御裏様の御歌入の栗猿縮図及序言　会友　谷順子
婦人の新聞記者
欧米婦人の良人の撰み方
婦人の心得
女礼式（陪侍周旋、授受捧呈）
演説
前橋婦人教育会演説草案　千谷まつ子
家事要訓
○四季献立の大略（煮物の部）○穀物に蟲のつくを防く法○醤油の黴を御ぐ法○鼻血を止むる簡便法○香水製法補遺
月報
○相愛女学校○御留学○大津婦人慈善会○築地婦人教会○本会雑誌の誦読会○会友の尽力○法の友○本会雑誌の批評
本会記事
○本会雑誌永続資金寄附（其二）○本会々員募集尽力の諸彦（つゞき）○本会々友姓名（つゞき）○本会々友橋町女人講員姓名（つゞき）○本会賛成員姓名（つゞき）○本会雑誌第一号三版広告
広告

『婦人教会雑誌』第四号

一八八八（明治二一）年五月二四日発行

説話
児童教育法問答（図入）　編　者
伝記
見真大師御伝（続）見真大師御幼稚の有様　島地　黙雷
法話
貴婦人会法話（浅草本願寺に於ての法話筆記）
准一等学師　小栗栖香頂師法話

雑記
　あしの古葉（第一回）　東呂子稿
家事要訓
　○醤油の味及色の変を復す法○梅汁漬薑の黴ぬ法○血留薬
月報
　○皇后宮の成徳○相愛女学校へ下附金○賞与○白蓮会堂に於て高田氏の送別会○礼状○大阪鎮台偕行社婦人慈善会
本会報告
　○本会雑誌永続資金寄附（其四）○本会々員募集に尽力の諸彦（五月調査分）○本会々友姓名（つゞき）○本会々友橘町女人講員姓名（つゞき）○本会賛成員姓名（つゞき）○本会々員諸姉兄へ報告○会友海岸寺婦人教会員姓名
広告

『婦人教会雑誌』第五号
一八八八（明治二一）年六月二四日発行

説話
　家内の取締は細君の任なり　前波小帆逸史稿
講説
　婦人のつとめ（第一回）　松野夫人久良々氏演述
伝記
　見真大師御伝（続）　島地　黙雷
　有範朝臣御逝去付たり見真大師御英達の事
雑説
　夫婦の事（図入）　石村桐陰居士
叢話
　あしの古葉（第二回）　東呂子稿
祝詞
　寄松祝、歌八首
　宗祖大師降誕会祝辞　井上　瑞枝
月報
　○東京府下の女学校○慈善会の収入○信者の敬○越後高田女子学校○本会雑誌病者を慰む○近江婦人慈善会

員京都巡覧○本誌永続資金寄附状○関西女学会○通俗講話○越中婦人教会

本会報告

○本会雑誌永続資金寄附（其五）○本会々員募集に尽力の諸彦（六月調査分）○本会々友橘町女人講員姓名（つゞき）○橘町女人講賛成員姓名○本会々友姓名（つゞき）○本会賛成員姓名（つゞき）○本会々友海岸寺婦人教会員姓名○海岸寺婦人教会賛成員姓名○本会々員諸姉兄へ報告

広告

『婦人教会雑誌』第六号

一八八八（明治二一）年七月二四日発行

説話

普く女学校の設立を望む　編者

法話

名古屋特別教会女子部説教大意　文学博士　南条文雄口述

講話

婦人のつとめ（第二回）　松野夫人

唱歌

音楽学びかた、緒言　四竃訥治講話

叢話

あしの古葉（第三回）（図入）　東呂子

家事要訓

茄子のつけ様

月報

○仏教徒設立の女学校○相愛女学校の開校○本会雑誌一千三百冊一手購入○親和女学校の開校○感心な女子○散書授与○橘町女人講○越中富山婦人教会○防長婦人相愛会

本会記事

○本会雑誌永続資金寄附（其六）○本会員募集に尽力の諸彦（七月分）○本会々友越中富山婦人教会員姓名○本会々友海岸寺婦人教会員姓名（続）○本会々友橘町女人講員姓名（つゞき）○本会々友姓名（つゞき）○本会賛成員姓名（つゞき）○本会雑誌増刷広告

広告

『婦人教会雑誌』第七号

一八八八（明治二一）年八月二四日発行

説話
婦人諸姉に望む　千河岸桜所居士
伝記
見真大師御伝（前々号のつゞき）見真大師御得度の条（図入）　島地黙雷
講説
婦人のつとめ（第三回）　松野夫人
法話
大行院雲龍師遺稿　故大行院雲龍師遺稿
唱歌
音楽学びかた（其一）　四竃訥治
叢話
あしの古葉（第四回）　東呂子
雑記
婦人の名におの字を付るわけ　品川の遜堂隠士
従兄弟姉妹婚姻の弊
家事要訓
○ソップ製法○硝子壜を洗ふ法○鉄瓶湯の酒気あるを除く法○漆器の油質を去る法
月報
○皇后宮陛下の恩賜金○島地老師の書翰○大阪相愛女学校の景況○築地積徳女学校
本会記事
○本会雑誌永続資金寄附（其七）○本会員募集に尽力の諸彦（八月分）○本会々友越中富山婦人教会員姓名（続）○本会々友海岸寺婦人教会記事○築地海岸寺婦人教会員姓名（つゞき）○海岸寺婦人教会賛成員姓名○本会々友橋町女人講員姓名（続）○本会々友姓名（続）○本会賛成員姓名（つゞき）
広告

『婦人教会雑誌』第八号

一八八八（明治二一）年九月二四日発行

説話
虚礼を廃すべし　編者
禍福は自から招く　石村桐陰居士

法話
白蓮会に於て　島地　黙雷
講説
婦人のつとめ（第四回）　松野夫人
唱歌
音楽学びかた（其二）　四竃　訥治
叢話
あしの古葉（第五回）　東　呂　子
月報
○築地令女教会○女子文芸学舎○積徳女学校○本誌掲載の図画○布哇公使の法事○看護婦人会○敦賀婦人教会○徳風振興○報恩のしるし
本会記事
○本会雑誌永続資金寄附（其八）○本会員募集に尽力の諸彦（九月分）○本会々友越中富山婦人教会員姓名（続）○本会々友姓名（つゞき）○本会賛成員姓名（つゞき）○海岸寺婦人教会記事○本会々友海岸寺婦人教会員姓名（続）○海岸寺婦人教会員募集に尽力の諸彦○本会雑誌増刷広告○本会員諸彦へ広告
広告

『婦人教会雑誌』第九号

一八八八（明治二一）年一〇月二四日発行

説話
令女教会発会
令女教会開設の旨趣（図入）　島地　黙雷
大法主殿御教話大意
令女教会開筵の講話　大洲　鉄然
衛生
養生訓篇　京都普通教校教師　松山松太郎訳
裁縫
○和服の裁方○通常衣服の裁方○羽織の裁方
雑記
行誡上人女郎花の歌、及子雲翁の同上花図
叢話
あしの古葉（第六回）　文科大学　東呂子
家事要訓
大根の漬様
月報
○皇女御降誕○仏光寺派管長○婦人慈善会○賞与○令

女教会第一会○女学生徒へみやげ○積徳女学校開業

本会記事

○婦人教会雑誌永続資金寄附（其九）○令女教会記事○婦人教会員募集に尽力の諸彦○海岸寺婦人教会記事○会友海岸寺婦人教会員姓名（つゞき）○海岸寺婦人教会賛成員姓名（つゞき）○本会々友姓名録（続）○本会賛成員姓名（つゞき）

広告

『婦人教会雑誌』第一〇号

一八八八（明治二一）年一一月二四日発行

説話

令女教会第二回講話　島地　黙雷

教訓

千代女に贈る（吉田松陰先生手簡）

伝記

見真大師御伝（第七号のつゞき）見真大師登檀受戒并に在山御学問之条　島地　黙雷

詞苑

○古歌（五首）○令女教会（詩歌三首）

雑記

○水を試験する簡便法○皹裂の妙薬○手簡

婦女の心得

女礼式（進饌程儀）

月報

○昭宮薨去○皇后陛下の聖徳○令女教会第二会○麻布婦人教会○南無阿弥陀仏を夫に持つ○積徳女学校寄宿生○越中婦人教会報○婦人会の彙報○時事要記○婦人の医師○婦人の受付○二万五千名の婦人会議○曼帝の結婚○米国ウエルスレー女子大学

諸教会記事

○令女教会記事○麻布婦人教会記事○越中婦人教会記事○海岸寺婦人教会記事

本会記事

○本会雑誌永続資金寄附（其十）○本会員募集に尽力の諸彦（十一月分）○本会々友姓名録（続）○本会賛成員姓名録（つゞき）○会告

広告

『婦人教会雑誌』第一一号

一八八八（明治二一）年一二月二四日発行

説話

麻布婦人教会に於て　大内青巒演説

法話

白蓮会に於て（続）　島地　黙雷

裁縫

大幅もの、裁方　築地積徳女学教師　森本義枝子

婦女の心得

女礼式（つゞき）飲食程儀

図解

生花

生花いけかた　本会賛成員　蓮居法岸口授

雑記

女の名におの字を付る起り　石村桐陰居士

森文部大臣の女子教育説

詞苑

詩（一首）

家事要訓

○乳の不足を充分に出す薬○船暈治療法

月報

○恩賜○死去○無益の虚飾廃止○仏光寺派管長○和歌
○婦人慈善会○正室の名称○華族総数○婦人教会彙報
○賞与○清国皇后及ひ妃嬪○米国淑女の通信員

諸教会記事

○令女教会記事○麻布婦人教会記事○海岸寺婦人教会
記事

本会記事

○本会雑誌永続資金寄附（其十一）○本会員募集に尽
力の諸彦（十二月分）○本会々友姓名録（続）

広告

『婦人教会雑誌』第一二号

一八八九（明治二二）年一月三日発行

真図

大日本京都本願寺弁大学林真図

寄付金募集

婦人教会永続資金寄附募集広告

説話
○新年の祝詞○新年状解（吉田松陰先生遺簡）
法話
貴婦人会法話（第四号の続）　渥美契縁口述筆記
生花
生花いけかた（続）幷に生花拝見の作法　蓮居法岸
伝記
長崎政子伝　善永寺方丈侍史　長崎省吾
叢話
あしの古葉（第七回）　文科大学　東呂子
月報
○皇后陛下の思召○積徳女学校○夜伽説教○童女教草○時事要記○賞与○看護婦学校○謁見○洋風のすたれ○ラマバイ女史○惨なる哉
諸教会記事
麻布婦人教会記事
本会記事
○本会永続資金寄附（其十二）○本会賛成員姓名録（つゞき）○会告
広告

『婦人教会雑誌』第一三号

一八八九（明治二二）年二月三日発行

説話
女子教育の方針
普く同胞姉弟に告ぐ　前波小帆
教訓
御直喩（本願寺派法主殿）
伝記
宝樹院殿小伝
詞苑
歌御会始御製御歌及詠進の和歌
裁縫
和服の裁方（第三四つ身裁方／第四三つ身裁方）
衛生
衛生小話（緒論）
図解
教訓いろは歌図解（二）
月報
○両本願寺御門跡○令女教会第四回○本会の光栄○長

雑誌『婦人教会雑誌』総目次

野通信〇御寄附〇篤志看護婦人会〇婦人教会彙報〇婦
人両全会〇時事要記

本会記事
　本会永続資金寄附（其十三）

諸教会記事
　〇麻布婦人教会記事〇海岸寺婦人教会記事〇本会雑誌

増刷広告

大同団
　〇尊皇奉仏大同団趣意書〇入団手続

広告

『婦人教会雑誌』第一四号

一八八九（明治二二）年三月三日発行

真図
　東京築地本願寺別院令女教会参集

説話
　令女教会第五回講話　御教話大意　（本派法主殿）
　令女教会講話

講説　　　　　　　　　　　　　　　　　　　赤松　連城

父母の訓（一）実際の念慮（二）父母及び教師の訓言
（三）父母の務（四）宗教の教育（五）父母の儀範（六）
子女を善に導くの方法　　　大学林教師　松山松太郎訳

雑記
　〇一口ばなし〇日本婦人を外国人の評〇正誤

図解
　教訓いろは歌図解（三）

月報
　〇憲法発布〇広島高等女学校〇防長婦人相愛会第一周
　年式略況〇令女教会〇坊守教ヘ仏〇海岸寺婦人教会〇麻
　布婦人教会〇善永寺婦人教会〇位牌納〇豊前通信〇東
　京慈恵医院〇貴婦人会〇御挨拶〇両親共に恩賞に遇ふ
　〇拝謁〇法事の改良〇一万円よりも貴し〇看護婦人伝
　習学校〇女生徒の看護〇慈善産婆学校〇布哇国の慈善
　会〇子守学校〇時事要記

諸教会記事
　〇令女教会記事〇坊守教会記事〇海岸寺婦人教会記事
　〇麻布婦人教会記事〇橘町女人講記事

本会記事
　〇本会永続資金寄附（其十四）〇本会々友姓名録

広告
（つゞき）○本会員募集に尽力の諸彦（一月二月分）
○本会賛成員姓名録（つゞき）○会告

『婦人教会雑誌』第一五号

一八八九（明治二二）年四月三日発行

説話
橘町婦人教会に於て　松田甚左衛門
教訓
坊守教誡（高田派常盤井法主殿）
講説
鏡の説（喩）　稲垣　湛空
子雲翁寄贈の図書
教育の話　在慶應義塾　和田秀磨
立花
立花さし方（挿書）　蓮居法岸
婦女の心得
○女礼式（つゞき）○附録○女生徒の心得
詞苑
本派法主殿の和歌三首
亡友の追吊会をいとなみて　第一高等中学東京留学生　薗田宗恵
裁縫
シヤツの裁方　森本　義枝
雑記
○富女の勇志○英蔓等婚後の賀節
月報
○坊守教会○令女教会第六回○令女教会員の尽力○訓示○越中婦人教会○婦人和讃講○法話三万冊印行○浄土婦人教会○伏見婦人慈善会○長岡婦人会○勝田義塾付属裁縫科○賞与○勤王党○東京慈恵医院○女王列次
○時事要記
諸教会記事
○横浜婦人教会記事○坊守教会記事○麻布婦人教会記事○海岸寺婦人教会記事
本会記事
○本会永続資金寄附（其十五）○本会正友姓名録（続）
会告
広告

『婦人教会雑誌』第一六号

一八八九（明治二二）年五月三日発行

真図

京都本願寺大谷本廟真図

講話

令女教会第七回講話　島地　黙雷

教語

本派法主殿御教語

立花

立花さし方（其二）七九の道具（図入）　蓮居　法岸

礼式

○欧米諸礼式米国之部○応接の間にての心得

叢話

五月女皇

裁縫

○国旗の縫方附六金色の旗（築地さくらい）○手縫にて「ミシン」縫の如く縫法

家事要訓

冗費の注意

図解

教訓いろは歌図解（四）

月報

○横浜婦人教会○東京坊守教会○遺金寄附○高田道子○海岸寺婦人教会一周年○大阪相愛女学校○特別拝謁○赤間関来信○和歌山婦人会○文学寮附属女学会○前川氏の法事○出張○釧路来状○釧路婦人会景況○豊後通信○六条法座の再興○長門萩通信○大島の女児教育○無謝儀鑑定○婦女の受附掛○養育院への寄附金○時事要記

諸教会記事

○令女教会記事○麻布婦人教会記事○横浜婦人教会記事

本会記事

○本会永続資金寄附（其十六）○本会々友姓名録（続）○本会賛成員姓名録（続）○会員募集に尽力の諸彦（三月四月分）

会告

広告

『婦人教会雑誌』第一七号

一八八九（明治二二）年六月三日発行

説話

見真大師御降誕会

講和

慈善会に於て　赤松　連城

叢話

五月女皇（接続）　和田凝堂戯訳

図解

教訓いろは歌図解（五）

祝辞

○白蓮会女子文芸学舎○降誕会祝文（二個）○築地降誕会法楽「寄藤祝」和歌（二十首）

雑記

築地降誕会奉納連の見立（御伝鈔十五段）　海岸寺婦人教会

月報

○築地降誕会○佃踊と連の見立○京都御降誕会○皇后宮陛下御誕辰○皇后宮陛下の御令徳○令女教会○近江婦人慈善会○篤志者○賞金を寄附○仏式婚礼○時事要記

本会記事

○本会永続資金寄附（其十七）○本会々友姓名録（続）

諸会記事

○麻布婦人教会記事○海岸寺婦人教会記事

広告

『婦人教会雑誌』第一八号

一八八九（明治二二）年七月三日発行

法語

某寺門徒に与ふる法語　島地　黙雷

講話

慈善会に於て（其二）　赤松　連城

教論

寺院教諭（実成院仰誓勧学）

礼式

西洋宴会の儀式大略

家政

雑誌『婦人教会雑誌』総目次

『婦人教会雑誌』第一九号　一八八九（明治二二）年八月三日発行

家政小話

立花　立花さし方（其三）

雑記　婦人称呼の事　本多　澄雲

東京の女学校　第一高等中学　某生

月報　〇女学校の評判〇愛知婦人教会設立〇宮崎婦人教会よりの手紙〇特別法名下附〇時事要記

諸会記事　〇令女教会記事〇愛知婦人教会記事〇東京連合大垣婦人教会記事〇海岸寺婦人教会記事〇横浜婦人教会記事　〇麻布婦人教会記事　〇本会記事

本会記事　〇本会雑誌資金寄附（其十八）〇本会会友姓名録（続）〇本会賛成員姓名録（続）〇本会々員諸姉兄へ　報告〇本会員募集に尽力の諸彦（五月六月分）

広告

演説　少年教会に於て　高田みち子

講話　慈善会に於て（其二）　赤松　連城

礼式　欧米諸礼式　応接の間にての心得（続）

道歌（七首）、西洋小詩（二首）

雑記

図解　教訓いろは歌図解（六）

家政　〇家政小話（其二）〇室内の装飾

寄書　女子職業

家事要訓

月報　〇冗費の注意〇瓜の漬様　川崎　花子

○小栗愛子の手紙○貴夫人の剃髪○婦人教会事務所新築○高田道子の熱心○姫路女教会○博愛女学校設立○長野少年婦人両会一周年○吉祥女学校○宮崎婦人教会規則○一夫一婦の建白○尼僧学校○寺門改良論○簡便煮炊厨炉○時事要記

諸会記事

○海岸寺婦人教会記事○麻布婦人教会記事○横浜婦人教会記事○東京連合愛知婦人教会記事○大垣婦人教会記事

本会記事

○本会永続資金寄附（其十九）○本会々友姓名録（続）○本会賛成員姓名録（続）○本会員募集に尽力の諸彦（七月分）

広告

『婦人教会雑誌』第二〇号

一八八九（明治二二）年九月三日発行

演説

婦人会演説　香川　嘿識

伝記

宮川たけ女伝（武田寛雄氏報）

家政

家政小話（其三）金銭取扱法

雑記

○十五夜十三夜の事○月の歌

叢話

阿母臨終の接吻

イー、ヲークス、スミス婦人原著、無何有散人戯訳

法話

棺前説教　長岡　乗薫

家事要訓

○厨の教え○奉公人つかひ方○冗費の注意

月報

○女子教育問題答案○姫路婦人共愛会の趣意書○柳原婦人教会通報○少年婦人の演説○不幸○感心な志○和歌○曹洞婦人教会○長野婦人教会

諸会記事

○麻布婦人教会記事○東京連合愛知婦人教会記事○海岸寺婦人教会記事

本会記事
○本会永続資金寄附（其二十）○本会々友姓名録（続）○本会賛成員姓名録（続）○本会々員募集に尽力諸彦（八月分）
広告

『婦人教会雑誌』第二一号
一八八九（明治二二）年一〇月三日発行

伝記
善女人伝初篇○推古天皇○持統天皇　石村貞一輯
講話
婦人慈善会に於て（其四）　赤松　連城
叢話
阿母臨終の接吻（続き）
雑記
東坡居士九想詩絵抄
家事要訓
○厨の教へ（続き）○買物及び肉類の選び方
月報
○水害罹災者救恤義捐金○新潟教報○姫路女教会の歌○新湊婦人教会○大垣婦人教会開会式○本会一周年延祝○横浜婦人教会○麻布婦人教会一周年○信濃の婦人教会○婦人の世界○はゝのつとめ
諸会記事
○麻布婦人教会記事○大垣婦人教会記事○海岸寺婦人教会
本会
○本会永続資金寄附（其廿一回）○本会々友姓名録（続）○本会賛成員姓名録（続）○本会々員募集に尽力の諸彦（九月分）
付録
少年教訓
広告

『婦人教会雑誌』第二二号
一八八九（明治二二）年一一月三日発行

説話
本会一周年延祝　編者演述大意

説教
本会一周年説教の大意　藤里　順乗
雑記
玉日宮御遺状記　摂陽　釈正西述
図解
教訓いろは歌図解（七）○東坡居士九想詩絵抄（続）
○第二　肪脹想
家事要訓
家庭経済（器物取扱法）
月報
○令女教会一周年○本会一周年祝筵○麻布婦人教会一周年○信正婦人教会○不幸○又○高梁女学校○近江婦人慈善会通報○歌○婦人懇話会
諸会記事
○東京連合信正婦人教会記事○麻布婦人教会記事○海岸寺婦人教会記事○橘町女人講記事
本会記事
○本会永続資金寄附（其廿二）○十月十一月本会一周年祝ひ執行に付寄附○本会賛成員姓名録（続）○本会々友姓名録（続）
開導書院広告
広告

『婦人教会雑誌』第二三号

一八八九（明治二二）年一二月三日発行

説話
歳晩の詞　編者
法話
橘町説教場法話　日野連枝殿
伝記
善女人伝初篇（続）○孝謙天皇　石村　貞一
雑記
玉日宮御遺状記（つゞき）
止れ　STOP!
借銭の淵
日本古代婚姻の風俗　本多　澄雲
家事要訓
奉公人つかひ方（つゞき）
図解

教訓いろは歌図解（畢）
月報
○臨時法話○福井令女教会創設○雲州婦人教会近況○福田会恵愛部創立○葬儀の虚飾を省く
諸会記事
○麻布婦人教会記事○海岸寺婦人教会記事○東京連合大垣婦人教会記事
本会記事
○本会永続資金寄附（其廿三回）○本会々友姓名録（十一月）○本会賛成員姓名録（十一月）○本会員募集に尽力の諸彦（十月分）○本会々員諸姉兄へ報告
広告

『婦人教会雑誌』第二四号

一八九〇（明治二三）年一月三日発行

講話
令女教会の講話　西洋男女の交際及ひ風俗　藤島　了穏
説話
年玉一章
伝記
善女人伝初篇（続き）○天平応真仁正皇太后○嵯峨太皇太后○淳和太皇太后　石村貞一輯
雑記
天桂禅師の船唄口義　東都　平野橘翁口義
仰誓師年頭状　石州浄泉寺勧学　実成院仰誓師
家事要訓
奉公人つかひ方（つゞき）
月報
○福田会恵愛部発会式（福田会慈教部長脇田堯惇師祝詞、徳川義礼公旧尾州侯演説）○信正婦人教会開会式○長野大勧進法話会○東京連合川中島婦人教会○小布施村婦人会○松田善七氏の懇情○和歌
諸会記事
○東京連合信正婦人教会記事○東京連合川中島婦人教会記事○大垣婦人教会記事○麻布婦人教会記事○海岸寺婦人教会記事
本会記事
○本会永続資金寄附（第廿四回）○本会々友姓名録

（つゞき）○本会賛成員姓名録（十二月）○本会員募集に尽力の諸彦（十二月分）○婦人教会永続資金寄附（第一回報告）

十二月晦日記事

広告

『婦人教会雑誌』第二五号

一八九〇（明治二三）年二月四日発行

説話

異見の仕方

法話

家内相続　美濃国　僧純師

伝記

覚信尼公小伝

善女人伝初篇（続き）仁明太皇太后○清和女御○後冷泉皇太后　石村　貞一

雑記

天桂禅師の船唄口義（廿二号の続き）

東坡居士九想詩絵抄（廿二号の続き）

月報

○歌御会始○皇太后宮御誕辰○福田会恵愛部発会式祝詞（続）○遺言を以て金員を福田会に納る

諸会記事

○東京連合京都婦人教会記事○麻布婦人教会記事○海岸寺婦人教会記事○東京連合大垣婦人教会記事

本会記事

○本会永続資金寄附（第廿五回）○本会々友姓名録（一月加入分）○本会賛成員姓名録（一月加入分）○本会員募集尽力の諸彦（一月分）

広告

『婦人教会雑誌』第二六号

一八九〇（明治二三）年三月三日発行

講話

令女教会講話（二月十六日例会）　赤松　連城

雑記

○ワシントン夫人の勤労室○間違た云ひやふ○養子の観念○天桂禅師の船唄口義（つゞき）

伝記

善女人伝初篇（続き）○堀河中宮○堀河中宮侍女○後白河皇后○選子内親王　石村貞一輯

家事要訓

○物を軟に煮る法○洗濯の注意

月報

○京都婦人教会発会○貴婦人会○福井令女教会第二会○西上講○礼状○今治仏教婦人教会

諸会記事

○川中島婦人教会記事○東京連合京都婦人教会記事○海岸寺婦人教会記事○麻布婦人教会記事

本会記事

○本会永続資金寄附（第二十六回）○本会々友姓名録（二月加入分）○本会賛成員姓名録（二月加入分）○本会員募集尽力の諸彦（二月分）

広告

『婦人教会雑誌』第二七号

一八九〇（明治二三）年四月三日発行

法話

令女教会法主殿御親輸筆記（三月十六日）

令女教会法話（前号の続）　赤松連城口演

念仏行者十種用心（図諦藹満遺稿）

第一平生の用心　第二参詣の用心　第三聞法の用心

第四退席の用心　第五会合の用心

和歌

十首　大谷　文子

伝記

孝貞お石の伝

月報

○令女教会○愛知婦人教会○長門来信○苓陽婦人教会○積徳婦人教会○南勢婦人教会○海岸寺婦人教会○近江婦人慈善会○美濃国加茂婦人教会○先祖謝恩会○道之友○本山参詣講

本会記事

○本会永続資金寄附連名（第廿七回）○本会々友姓名

録（三月加入分）○本会賛成員姓員録（三月加入分）○会員募集尽力の諸彦
諸会記事
○麻布婦人教会記事○海岸寺婦人教会記事○川中島婦人教会記事○東京連合京都婦人教会記事○願立寺婦人教会記事
その他記事
家内繁昌の妙薬法
広告
難渋者無謝儀葬儀執行幷に葬費恵与広告（築地正覚寺）

『婦人教会雑誌』第二八号

一八九〇（明治二三）年五月三日発行

奉祝
奉祝見真大師御降誕（降誕会唱歌）
法話
両揖婦人教会に於て　大谷　朴子
令女教会講話　大洲　鉄然
令女教会に於て（三月十六日）　斎藤　聞精
図
第三回内国勧業大博覧会の図
叢話
孝心の継子娘
演説
麻布婦人教会世話係相談会席上に於て　岩野　庄吉
月報
○相談会○追弔会○姫路女教会員の遠足○願立寺婦人教会○太田婦人教会○婦人仏教演説○坊守教会
本会記事
○本会永続資金寄附連名（第廿八回）○本会々友姓名録（四月加入分）○本会賛成員姓名録（四月加入分）○本会員募集尽力の諸君（四月分）
諸会記事
○海岸寺婦人教会記事○麻布婦人教会記事○川中島婦人教会記事
広告

『婦人教会雑誌』第二九号

一八九〇（明治二三）年六月三日発行

図解
　無常図解（全）
説教
　橋町説教場に於て　大洲　鉄然
講話
　婦人の教誡　原口　針水
叢話
　初に花嫁！後に姑殺し！
説話
　財施と同時に法施あれ
雑記
　かつ女の遺書
月報
　○御降誕会○御懇命○陸中盛岡通信○訃音○西上講第一回上京○道徳書出版
本会記事
　○本会永続資金寄附連名（第廿九回）○本会々友姓名録（五月加入分）○賛成員姓名録（五月加入分）○本会員募集尽力の諸彦（五月分）
諸会記事
　○麻布婦人教会記事○東京連合博多柳町婦人教会記事○東京連合京都婦人教会記事○東京連合宮崎婦人教会記事○東京連合川中島婦人教会記事○海岸寺婦人教会記事
広告

『婦人教会雑誌』第三〇号

一八九〇（明治二三）年七月三日発行

説話
　坊守にして婦人教会の会友たる諸姉に望む　井上　瑞枝
講話
　本派法主殿御親話（筆記）
　令女教会講話（第廿八号の続き）　大洲　鉄然
雑記
　○法事の心得○法事導師の心得

伝記

善女人伝初篇（続き）○和気広虫○源渡の妻袈裟　石村　貞一

説教

橋町説教場に於て（前号の続き）　大洲　鉄然

月報

○陛下の恩賜○令女教会○女官寄附金○賞金を寄附○浅海苓陽両教会○専念寺婦人教会設置○超勝寺奥方の勇奮○書信○御対面○本会永続資金○各地連合の教会○本会々員諸姉兄へ報告

本会記事

○本会永続資金寄附連名（第三十回）○本会々友姓名（六月分）○本会賛成員姓名（六月分）○会員募集に尽力の諸彦（六月分）

諸会記事

○東京連合大垣婦人教会記事○東京連合相模国横須賀婦人教会記事○東京連合相模国浦賀婦人教会記事○東京連合宮崎婦人教会記事○海岸寺婦人教会記事○東京連合博多柳町婦人教会記事

広告

『婦人教会雑誌』第三一号

一八九〇（明治二三）年八月三日発行

説話

按摩の稽古

雑説

瀧川寿子姉の逝き玉ひしにつきて（附、伝記）　辱交　井上瑞枝

叢談

見て疑をはれたる事（山海里第五篇）

演説

会員諸君に告　会長　松園満子

京都婦人教会にて（七月七日演説）　一等学師　広陵了栄

雑記

朝寝すべからず

問答

自督尋問書の写　石井敬起謹白

月報

○貧民救恤○悲痛○三派法主、三御夫婦○名古屋仏教

婦人会の発会式○宗教を以て魔薬に代ゆ○華族女学校卒業式○女王の在位五十三年○故一条輝子姫○教育ある女子の弊風○婦人・揆を起こして米の積出を妨ぐ○福島の婦人一揆○貧民救助の為めに貴女氷店を開く
本会記事
○本会永続資金寄附連名（三十一回）○本会々友姓名（七月分）○本会賛成員姓名
諸会記事
○東京連合京都婦人教会記事○東京連合相模国横須賀婦人教会記事○東京連合相模国浦賀婦人教会記事○海岸寺婦人教会記事○麻布婦人教会記事
広告

『婦人教会雑誌』第三二号

一八九〇（明治二三）年九月三日発行

説話
仏教教育幻灯　第一図　大豆ぬすみ
伝記
善女人伝初篇（続）○中将姫○紫式部○藤原基忠の妻○平政子　石村　貞一
法話
念仏行者十種用心（廿七号の続き）第六仏事の用心　第七仏前の用心　第八病床の用心　第九看病の用心　第十真宗の安心
○陳善院僧樸師消息（伊賀明覚寺所蔵）○実成院仰誓師消息（京都より摂州へ贈られしもの也）
休々道人僧樸記、石州浄泉寺 仰誓
家事要訓
○奉公人のつかひ方（廿四号の続き）○疵の妙薬
衛生
「コレラ」病予防法
雑記
仏教教育幻灯二図　強者弱者を害し大者小者を呑む
真宗問答の女人説
演説
京都婦人教会に於て　大谷　旭子
婦人と真宗（宮崎婦人教会に於て講話）　南山　居士
月報
○電話女技手○本会の信用○婦人の新職業○女子事業

学校設立の精神○合衆国の婦人軍隊○一都会の役人皆な女子○女人島○露の女医○相愛女学校○鳥の飛ぶ速さ○死去○碧南婦人教会○肥後天草郡通信○感ずべき志し○道徳談話集の活用○豊前国宇佐郡通信

本会記事

○本会永続資金寄附連名（第三十二回）○本会々友姓名（八月分）○本会賛成姓名（八月分）○本会員募集に尽力の諸彦（七八両月分）

諸会記事

○東京連合博多柳町婦人教会記事○東京連合浦賀婦人教会記事○海岸寺婦人教会記事

広告

『婦人教会雑誌』第三三号

一八九〇（明治二三）年一〇月三日発行

説話

婚姻に就て　第一　親の心得

教育

仏教教育幻灯第三図第四図○八年甫と云し○猿の耳をさえ

法話

円成院南渓師法語（遺訓）

衛生

月経の事（婦人教育雑誌抄）　前橋婦人会員　吉江慶子

伝記

善女人伝初篇（続き）○敦遠の妻○妙法尼○了然尼○藤原姫子○静澄夫人　石村貞一輯

叢談

善に善報あり＝（孝女に改心し奇遇す）

訓辞

婦人法話会の開会に於て　大谷　恒子

寄書

仏教の要旨　井上　瑞枝

月報

○子女を学校に入たる父母の注意○二位局の献灯○西洋の下女○川崎花子嬢の紙布織○女子教育場の創設○七月御歌会兼題○皇太后宮の京都行啓○京都製糸会社女工の聞法○近江婦人慈善会の追吊法会○大谷派本願寺の婦人法話会○土佐国久礼町書信○養孤院開けたり

○日本婦人放逐論

広告1

各地連合婦人教会世話係諸氏へ広告す

本会記事

○本会永続資金寄附連名（第三十三回）○本会々友姓名（九月分）○本会賛成員姓名（九月分）○本会員募集に尽力の諸彦（九月分）

諸会記事

○東京連合京都婦人教会記事○東京連合博多柳町婦人教会記事○海岸寺婦人教会記事○東京連合横須賀婦人教会記事

広告2

『婦人教会雑誌』第三四号

一八九〇（明治二三）年一一月三日発行

説話

婚姻に就て（接続）第二　娘の心得方の吟味

教育

斯氏の子供を育つる論例（極説）

仏教教育幻灯第五図　鼠の猫退治願い＝（蟇の異見）

伝記

善女人伝初篇（接続）○僧奝然母○僧証空母○源信僧都母○春日局　石村　貞一

雑記

○仏法孝行○東坡居士九想詩絵抄（第廿五号の続き）第五噉貪想、第六青瘀想、第七白骨連想○無常の虎声＝雪山の鳥

寄書

瀧川寿子女史の逸事　麻布婦人教会某

月報

○令女教会第二周年（祝辞答詞）○新法典の婚姻法○モルモン宗々基を改んとす○奇特の幼女幼童○義志

本会記事

○本会永続資金寄附連名（第三十四回）○本会々友姓名（十月分）○本会賛成員姓名（十月分）○本会員募集尽力の諸彦（十月分）

諸会記事

○東京連合京都婦人教会記事○東京連合横須賀婦人教会記事○麻布婦人教会記事○海岸寺婦人教会記事

目録
『通俗　仏教百科全書』広告・編纂総目録
広告

『婦人教会雑誌』第三五号
一八九〇（明治二三）年一二月三日発行

題書
（鏡花水月）花と月の歌
説話
歳晩の述懐…（一年一夢の如し）
講話
令女教会講話（十月十六日）　赤松　連城
雑記
○福神と貧乏神との談話＝（傍聴）○以呂波讃（山海里）○親の慈悲＝（子に後生を喩す）○東坡居士九想詩絵抄（前続）第八骨散想、第九古墳想
叢説
婚姻に就て（接前）　第三　善娘の覚悟＝（是ぞ花嫁）辛抱　麻布婦人教会某
法話
瀧川寿子女史遺稿（明治廿二年三月廿五日日記抜書）
家政
乳母を雇ひ入るゝ時の心得　老婆心生
月報
○歌御会始御題○耶蘇教の女生徒○津田貴族院議員の慟哭○時計コツと鳴る毎に一人生る○教会堂○相愛女学校秋期卒業証書授与式○善照院殿の懇情○豊後国佐伯令女教会○福岡婦人教会の設立○成就文の歌
本会記事
○本会永続資金寄附連名（第三十五回）○本会々友姓名（十一月分）○本会賛成員姓名（十一月分）○本会員募集尽力の諸彦（十一月分）
諸会記事
○東京連合信正婦人教会記事○東京連合浦賀婦人教会記事○海岸寺婦人教会記事○東京連合柳町婦人教会記事
広告

『婦人教会雑誌』第三六号

一八九一（明治二四）年一月三日発行

資金寄付

婦人教会永続資金寄附（第二回報告）

説話

新年頭の覚悟

吾人の心病を医するは何者ぞ　井上瑞枝子

教育

仏教々育幻灯第六図　猿猴、月を攫まんとす

同上第七図　栄螺のはなし＝（己が〳〵は頼れぬ）

講話

令女教会講話（後席）　赤松連城

伝記

善女人伝初篇（接続）○高台夫人○青綺門院○衣縫金継女○守部秀刀自○曽我祐成妾○尼自貞　石村貞一輯

商法

商ひ繁昌の秘伝（金杉、松寿軒遺稿）安く売るより外なし…御取次申すと思ふべし

殖産

玉蜀黍は穀物の王

雑纂

細民婦女の内職

月報

○育児院恵愛部一周年○本願寺法主○耶蘇教者の女子教育熱心○山口来信○仏人の幸福は婦人の節倹を力むるに在り○大津将校婦人慈善会○盆会延期○礼状○歌

本会記事

○本会永続資金寄附連名（第二十六回）○本会々友姓名（十二月分）○本会賛成員姓名（十二月分）○本会々員募集に尽力の諸彦（十二月分）

諸会記事

○麻布婦人教会記事○海岸寺婦人教会記事

会告

広告

『婦人教会雑誌』第三七号

一八九一（明治二四）年二月三日発行

説教

橘町説教場に於て（前後二席）　利井　明朗
葬儀場に於て法話　島地　黙雷
雑記
放蕩息子
質問応答
玉蜀黍培養方に就て　問、六　答、玉蜀黍の茎より糖密を制する法
月報
○勅作の仏像宮城へ迎へらる○宗諄女王の薨去○流行性感冒○浦塩斯徳港通信○婦人共立育児会○鹿島来信○飛騨国高山町婦人教会設立の企○土佐国安芸婦人教会○亡会員島輝尾子の小伝○長門国豊西婦人教会通信○感心なる老母○朝鮮よりの訃音○安養寺円晋氏の帰朝○和歌
本会記事
○本会永続資金寄附連名（第三十七回）○本会々友姓名（一月分）○本会賛成員姓名（一月分）○本会々員募集尽力の諸彦（一月分）
諸会記事
○浦賀婦人教会記事○願立寺婦人教会記事○海岸寺婦人教会記事
会告
広告

『婦人教会雑誌』第三八号
一八九一（明治二四）年三月三日発行

説話
親の義務　岩崎　広蔵
法話
坊守教訓　故　僧僕師
講話
婦徳の綱領　赤松連城述
同　吉谷覚寿述
婦人の得失　江村秀山述
伝記
善女人伝初篇（続き）○待賢門院○八条院○頌子内親王○桂昌院　石村貞一輯
雑記
○孝の道しるべ○千代子の物語

雑纂
女子高等師範学校廃すべからず　文学博士　中村正直
月報
○大日本婦人教育会○女人講十周年の準備○教会堂開場式に付藤里順乗氏の東上○感心なる志し○和蘭摂政太后の宣誓○京都婦人教会一周年の景況○近江婦人慈善会
本会記事
○本会永続資金寄附連名（第三十八回）○本会々友姓名（二月分）○本会賛成員姓名（二月分）○本会々員募集尽力の諸彦（二月分）
諸会記事
○東京連合京都婦人教会記事○海岸寺婦人教会記事○横須賀婦人教会記事
目録
『道徳談話集』総目録
広告

『婦人教会雑誌』第三九号　一八九一（明治二四）年四月三日発行

直諭
顕如上人三百回忌法会執行に付本派法主の御直諭
説話
婦人の特性　穿石逸人
僧家の妻女たる者は如何なることを心得べきか　侶松女史稿
法語
本法寺貴婦人会法話　真心徹到
演説
英国倫敦にての報恩講演説　准一等学師　小栗栖香頂
図
紀州鷺の森の合戦に鈴木孫六、仏敵信長の亡びたるを祝し、趁跛踊を為す図
雑記
○京都婦人教会一周年祝筵の祝詞（従一位公爵九条道孝、婦人教会の長松園満子、仏教婦人会副会長大谷旭

子）○御歌会始○故宗諄女王御小伝○遊島記勝（愛楳仙士録）
叢談
仏教教育幻灯第八図（神を斯す、畜生も恩を知る事）
月報
○御倹徳の程こそ畏けれ○顕如上人三百回忌○花園婦人教会○中山二位局法器御寄附○伊沢修二氏の嘆息○女学生の下宿を禁せんとす○速記女生の妙腕○女宜教師遁れて故国に帰る○布哇女王登位○雑誌の誘引○篤志○各地通信○薩摩国国分村○東柏原婦人教会○専念寺婦人教会○石見国浜田○尚徳会○越後村上町
本会記事
○本会永続資金寄附連名（第三十九回）○本会々友姓名（三月分）○本会賛成員姓名（三月分）○本会々員募集尽力の諸彦（三月分）
会告
諸会記事
○宮崎婦人教会記事○浦賀婦人教会記事○海岸寺婦人教会記事
広告

『婦人教会雑誌』第四〇号

一八九一（明治二四）年五月三日発行

図解
見真大師御一代記図解（其一）奉祝見真大師御降誕
伝記
孝女阿米の伝
説話
僧家の妻女たるものは如何なることを心得べきか（続）　侶松女史稿
雑記
仏国巴里にて報恩講執行（開明新報抄）
法話
令女教会法話（廿四年四月十六日）　藤里　順乗
雑録
遊島記勝（接続）　愛楳仙士録
寄書
越前国丹生郡岡山村字和田より　蓑輪　貞子
婦人教会雑誌に寄す
土佐国高岡郡久令村町婦人教会賛成員　西森恭翁

月報
○福田会育児院へ下賜金○福田会の義挙○慈善婦人○西洋にての報恩講○皇后陛下の御仁恵○本願寺へ勅使参向○相愛女学校卒業証書授与式○越後高田町高陽女学校○世界最大の婦人○女学生の醜聞○子孫百四十五人○勅作の阿弥陀如来○教会堂開堂式○「石山の法難」○三河碧南婦人教会紀要○朝鮮通信○飛騨通信
本会記事
○本会永続資金寄附連名（第四十回）○本会々友姓名（四月入会分）○本会賛成員姓名（四月分）○本会々員募集尽力の諸彦（四月分）
諸会記事
○浦賀婦人教会記事○麻布婦人教会記事○海岸寺婦人教会記事
広告

『婦人教会雑誌』第四一号
一八九一（明治二四）年六月三日発行

説話
重ねて宗教弘通に女学校の必要を論じ併せて其実力あるの実証を挙て勧む
雑記
巴里にて報恩講執行の続報
叢話
弥陀悲母の大恩
交際
欧州上流近世交際法　第一篇　今立　吐酔
祝詞
見真大師の降誕会に逢ひ奉りて　大谷　文子
和歌
暮春懐旧（顕如上人三百年忌法楽）
月報
○我国女子教育の特質○貧民婦女子学校の創立○親和女学校卒業生証書授与式○一休和尚母公の四百五十年忌○蓮華殿慶讃会○本号の附録には蓮華殿開場式庭儀之石版密図の大附録を添へたり右にて当日群参の模様は凡そ想像し得らるべし○宗祖大師御降誕会○名瀬婦人教会員の懇志○国宝よりの御寄附○善永寺女人教会十周年○大時計寄附○信州東照寺遷仏会○大磯婦人和

順教会○外国婦人の大無礼○日本少女ケンブリッヂ大学の一科を卒業す○仏教式婚姻○醜業婦女の海外渡行取締○報告

本会記事

○本会永続資金寄附連名（第四十一回）○本会々友姓名（五月入会分）○本会賛成員姓名○本会々員募集に尽力の諸彦

諸会記事

○宮崎婦人教会記事○横須賀婦人教会記事○海岸寺婦人教会記事○博多柳町婦人教会記事

広告

『婦人教会雑誌』第四二号

一八九一（明治二四）年七月三日発行

講話

令女教会講話（六月十六日）　司教　赤松連城師述

説話

現今の真宗信徒の有様を見て感を述ぶ　侶松女史稿

法話

本法寺貴婦人会法話（其二）　小栗栖香頂

雑記

○身代はしら立（あつめ草）○福田会恵愛部の和歌

交際

欧州上流近世交際法（接前）第一篇　今立吐酔

雑録

遊島記勝（前々号続）　愛楳仙士録

月報

○築地別院蓮華殿開場式○女人教会十周年○婦人と文学○婦人と職業○女子教育を盛大にするも亦難かな○土其古の婦人○英国女皇の仏国行幸○スミス夫人ガゼット新聞編輯長となる○令女教会○信州東照寺

本会記事

○本会永続資金寄附連名（第四十二回）○本会々友姓名（六月入会分）○本会賛成員姓名（六月入会分）○本会々友募集に尽力の諸彦

諸会記事

○宮崎婦人教会記事○横浜婦人教会記事○海岸寺婦人教会記事

広告

『婦人教会雑誌』第四三号

一八九一（明治二四）年八月三日発行

講話

令女教会講話（後席）　司教　赤松連城師述

雑記

巴里にて報恩講執行の続報（其二）

叢談

○通力観察心相見（売卜八罫　人相見に非ず）○心相見の効能書（福録寿）○マケイル国より来し嫁（寓意談）（義堂夜話）

法話

本法寺貴婦人会法話（其二）　七ヶ条御返事（続き）　小栗栖香頂

雑録

善女人伝序　白衣の弟子石村貞一

心の露、題歌　高田派御裏方　常盤井敬子

本願寺派御門跡御令嬢　大谷文子

大谷派御門跡御令嬢　大谷恵子

心の露序　花蹊女史

遊島記勝（続き）　愛楳仙士録

月報

○親の真の慈悲○ブラヴラツヤー夫人の死去○子持の奥様は是非御覧あるべし○特旨五条の袈裟を賜ふ○仏光寺の学事○石狩婦人教会○思ひ出しのまゝ

本会記事

○本会永続資金寄附連名（第四十三回）○本会々友姓名（七月入会分）○本会賛成員姓名（七月入会分）○本々員募集に尽力の諸彦（七月分）

諸会記事

○横須賀婦人教会記事○浦賀婦人教会記事○麻布婦人教会記事○海岸寺婦人教会記事

『婦人教会雑誌』第四四号

一八九一（明治二四）年九月三日発行

講話

親近会婦人部講話　小泉了諦述

教訓

恵心僧都の母公

法話

令女教会法話　利井　明朗

叢談

人心治療心相見（第二番）手の小指に疵のあるは運あしきや　下女お政の忠孝

雑纂

女子教育を論じ併せて女学校の設立を望む

名古屋にて発行（能仁新報）

雑記

遊島勝記（接続）　愛楳仙士録

草枕ぬきほ　井上瑞枝子

月報

○賢辺の御令旨○英和学校音楽会○皇太后陛下の御写経○牛乳の良否を鑑別する法○真宗の種子将に植らんとす○惜むべき老女の逝去○長州厚保村○心の露○婦人教会が御縁

本会記事

○本会永続資金寄附連名（第四十四回）○本会々友姓名（八月入会分）○本会賛成員姓名（八月入会分）○本会々員募集に尽力の諸彦（八月分）

諸会記事

○麻布婦人教会記事○海岸寺婦人教会記事

広告

『婦人教会雑誌』第四五号

一八九一（明治二四）年一〇月三日発行

説話

日本の忠孝　附、欧州の親子の関係

講話

京都婦人教会に於て　島地　黙雷

叢談

治心術心相見（第三番）貧民の孝（富者は反省すべし）神無月（貧乏神有るは如何）

雑記

十月を神無月と云ふ事　能仁　新報

衆盲摸象之図

同朋某の許へ贈る書簡　椰　陰　子

遊島記勝（前続）　愛楳仙士録

草枕ぬきほ（箱根路）　井上瑞枝子

月報
○女子教育とお転婆風○細川潤次郎氏と女子教育の方針○米国の日本婦人美徳会○親の勢力○本会雑誌海外配送○錫蘭島通信○海外に於て日本女子の醜行○女子習字教授新法○英国婦人大に我が友仙染を嗜好す○女学生の弊風○皇太后宮陛下京都に御駐輦○皇后陛下特に海江田子に御下問あり○外国婦人の無礼○碧南婦人教会夏期大会
本会記事
○本会永続資金寄附連名（第四十五回）○本会々友姓名（九月入会分）○本会賛成員姓名（九月入会分）○本会会員募集に尽力の諸彦（九月分）
諸会記事
○海岸寺婦人教会記事
広告

『婦人教会雑誌』第四六号

一八九一（明治二四）年一一月三日発行

報恩講、御俗姓、領解文
法話
○高田派御裏方の法話○聞得るとは……聞すてぬなり　常盤井敬子
講話
令女教会講話（十月十六日）　司教　赤松連城師述
前序　渡辺生筆記
親近会婦人部講話（女の勢力）　小泉了諦述
教育
仏教々育用幻灯第七図　家庭教育（十四箇ノ内六）
叢話
富貴人と貧賤人の問答（狸銭と化けて苦む）
雑記
遊島記勝（接続）　愛棣仙士録
草枕ぬきほ（箱根路の続）　井上瑞枝子
月報
○令女教会三周年○矢田省三氏○女子商業学校の創設○妙齢の婦人窃盗に基督教を説く○女子教育に関し愛知県知事の訓示○横浜に於ける雑種児○高田女史○幻灯と写真○歌○婦人修正会
本会記事

○本会永続資金寄附連名（第四十六回）○本会々友姓名（十月入会分）○本会賛成員姓名（十月入会分）○本会々員募集に尽力の諸彦（十月分）

諸会記事

○浦賀婦人教会記事○海岸寺婦人教会記事

広告

『婦人教会雑誌』第四七号　一八九一（明治二四）年一二月三日発行

説話

仏教者の看病婦を養成すべし

法話

信ずると云ふはどう心得るのか（宣唱録）

講話

坊守教会講話　小泉了諦述

教育

仏教々育用幻灯第七図　家庭教育（接続）（十四個ノ内）

衛生

病気養生の話（自由雑誌抄出）　於某女学校医学博士 三宅秀

叢談

寓意話（二則）○隋の煬帝、松下禅尼に障子の張方を問ふ○荘子幽王に小野小町の皮を献ず

雑記

子守教育実施実見話

月報

○両陛下の御詠○愛知岐阜両県の大地震○惨状○我が御同行の罹災○耶蘇教徒の働き○其子を得んとす○震災負傷者病院を見舞○福田会被害地出張孤児拾養○義捐運動○看病婦と育児院○本派新法主震災地巡視○名古屋大派別院震災当日の模様

本会記事

○本会永続資金寄附連名（第四十七回）○本会々友姓名（十一月入会分）○本会賛成員姓名（十一月入会分）○本会々員募集に尽力の諸彦（十一月分）

会告

○震災被害地本会々員見舞金寄附人名○震災救恤広告

○震災救恤義捐金品及ひ人名報告

雑誌『婦人教会雑誌』総目次

諸会記事
○麻布婦人教会記事○浦賀婦人教会記事○横須賀婦人
教会記事○海岸寺婦人教会記事

広告

『婦人教会雑誌』第四八号
一八九二（明治二五）年一月三日発行

報告
婦人教会永続資金寄附第三回報告

附録
新年附録　法林の茆　　　小泉了諦しるす

図
七福神歌舞の図、外二図

雑記
○新年事物起源及ひ其解○正月と云し事○四方拝○朝
賀の事○屠蘇酒○門松注連縄○歳徳神えほう棚○真宗
に門松を立てざるの事（百通切紙）○一月に御鏡餅を
本尊へ供へる事○真宗に於ては歳徳棚を用ひざるの事
○規厳なきの事

法話
貴婦人会法話（小日向本法寺に於て）道徳はいくつに
なるぞ
　　　　　　　　　　　　　一等学師　小栗栖香頂説
　　　　　　　　　　　　　　　　　　竹中善丸記

雑録
○福の神の事（大行寺山海里抄出）○毘沙門天○弁財
天○歓喜天○阿弥陀如来が最上の福の神の事○宝船
（挿書二個）○婦人の新発明品特許状（見聞居士）○
十五ヶ国にて母と云へる言葉の相違○婦人善悪の見立
（日本婦人）○男尊女卑は東西一致○欧州耶教婦人教

会

教諭
震災に付本願寺派法主直諭

月報
○大阪慈恵女学院の教育○鐘ヶ淵紡績会社の工女法話
○本願寺派嗣法主○不時の用意○赤十字社の謝状○奇
怪○クリスマス贈物震災義捐となる

本会記事
○本会永続資金寄附連名（四一-八回）○本会々友姓名
（十一月入会分）○本会賛成員姓名（十二月入会分）

○本会々員募集に尽力の諸彦（十二月分）○震災地本会員見舞金募集期限延期広告○震災被害地本会々員見舞金寄付人名（第二回報告）

諸会記事

○東京連合信正婦人教会記事○海岸寺婦人教会記事

広告

『婦人教会雑誌』第四九号

一八九二（明治二五）年二月三日発行

講話

令女教会講話（廿五年一月十六日）　大洲鉄然師述　渡辺生筆記

故事

七日七種（図入）

法話

貴婦人会法話（前号続）　小栗栖香頂

叢談

千手観音風を責めたまふ（御代の恩沢二）

紀行

熱海あそび　侶松女史

月報

○新年歌御会始め○外国婦人十善会員となる○遺言して本会永続金寄附○豊前の有志震災地孤児収養○耶蘇教徒の計画○約翰婦人会附属大阪救児院○震災地の光景○奇特の婦女○大隈伯爵母堂の宿願○姦淫の定義○各地通信○三河碧南婦人教会報告○自督の歌

本会記事

○本会永続資金寄附連名（四十九回）○本会々友姓名（一月入会分）○本会賛成員姓名（一月入会分）○本会々員募集に尽力の諸彦（一月分）○震災被害地本会々員見舞金寄附人名（第三回報告）

諸会記事

○麻布婦人教会記事○東京連合横須賀婦人教会記事○海岸寺婦人教会記事

『婦人教会雑誌』第五〇号

一八九二（明治二五）年三月三日発行

図

福難之図
説話
本誌第五十号発行を祝す
仏教家は何故に女学校を設立せさるや　文学士　井上円了
講話
親近会婦人部講活（婦人の品行）　小泉了諦講述
雑録
女人成仏の事（文政八酉年八月出版山海里抄出）
説教
報恩講説教筆記（明治廿二年十二月九日夜）　七里恒順師
月報
○婦人教会の歌○女子教育の近況○婦人の鉄道機関手○女子剪髪職○婦人共立育児会○板敷山宝物開帳○祖先の大法会○会友の宿泊○久々の帰国○麻布婦人教会基礎確立○和歌○天然痘消毒の心得○各地通信
本会記事
○本会永続資金寄附連名（五十回）○本会々友姓名（二月入会分）○本会賛成員姓名（二月入会分）○本会々員募集に尽力の諸彦（二月分）○震災被害地本会々員見舞金寄附人名（〆切後の分）
諸会記事
○麻布婦人教会記事○東京連合浦賀婦人教会記事○海岸寺婦人教会記事
目録
婦人教会雑誌五十冊総目録（其一）
広告

雑誌『婦人教育雑誌』総目次

発行兼編輯人　川本　僧円（一号〜六号）
発行兼編輯人　大西　謙輔（発行人）
　本山理太郎（編輯人）（七号〜）
発行人兼印刷人　大西　謙輔（一七号）
印刷人　常森右左雄（一号〜一三号）
印刷人　雨宮　信順（一七号）
発行所　群馬県前橋南曲輪町九十三番地
　上毛婦人教育会本部（一号〜六号）
発行所　東京府本郷区真砂町一番地
　婦人教育雑誌社（七号〜一七号）
大取次所　群馬県前橋南曲輪町九十三番地
　上毛婦人教育会本部（七号〜？）
大取次所　京都府下京廿三組花屋町油小路
　永田調兵衛（一三号〜一七号）
大取次所　東京府本郷六丁目
　哲学書院（一三号〜一七号）

『婦人教育雑誌』第一号　一八八八（明治二一）年五月二一日発行

社説
婦人教育雑誌発行の趣旨
論説
婦人教育雑誌発刊に就て一言す　天野　為之
婦女の行為ふべき道　東京　石村貞一
能く日本人の細君となり得るや否や　島地　黙雷
学芸
仮名つかひ一二
家事要訓
○香水製造方○香油製造方○口中の臭気を去る含嗽剤の製造方○夏期に際し醤油に黴を生へしめさる法○束髪の心得○出納の心得
保育
月経の事　吉江　慶子
史伝
維爾孫夫人の伝　秋　芳　生　綴
文苑

『婦人教育雑誌』第六号　一八八八（明治二一）年一〇月二一日発行

社説

留別の辞　　　　　　　　　　　　　　　　　川本　僧円

論説

男女同権新論其二　　　　　　　　　　　　　高田　早苗

文明は銀座街頭に求べからず（つゞき）　　　干河岸貫一

学芸

女服論（其二）　　　　　　　　　　　　　　吉岡哲太郎

源氏物語乙女の巻講義（つゞき）　　　　　　深井　仁子

叢話

白蓮会要旨　　　　　　　　　　　　　　　　桐陰居士

人となるの道（つゞき）　　　　　　　　　　兆民生稿

貴嬢子貴婦人に告ぐ　　　　　　　　　　　　野崎いね子演

母親の心得（つゞき）

文苑

北武婦人教会を祝す　北武婦人教会々長　　　高木千代子

祝辞　　　北武婦人教会幹事　　　　　　　　川羽田美ね子

世につれて開く色香や幾くの花、

〇祝詞（東京　芦沢鳴尾）〇婦人教育雑誌を祝ふ歌（高崎　深井仁子）〇渡辺令閨の徳島県に赴を贈る文（前橋　清揚女学校生徒　染谷ふく子）〇同（千谷まつ子）〇同（屋代綾子）〇同（横山ちか子）

雑録

光顔柳腰も又醜婦　　　　　　　前橋　緑散人

若葉の風　　　　　　　　　　　東京　痴嚢子

雑報

〇見真大師の御誕辰〇観桜の御宴〇大津婦人慈善会〇大阪相愛女学校〇徳島婦人慈善会起んとす〇高田みち子君送別会〇婦人衛生会〇岩手婦人会〇婦人養淑会〇東京女子職業学校〇節婦の賞賜〇米国の贈物〇女医師〇仏国婦人の官吏〇支那婦人の衣服〇本会沿革略記〇本会々則（上毛婦人教員会規則／本会賛助員／本会職員／西群馬支部）

北武婦人教会賛助員 野口武彦（草）

小説

三才女（第三回）　渚廼舎かもめ

雑報

○貴女の為すべからさる言行○北武婦人教会の景況○令女教会○工女教会○本会秋期大会○川本僧円出立

本会報告

○本部小会○縁野支部通信○西群馬支部通信○客員姓名○寄贈金○本会員姓名○寄贈書籍雑誌新聞

広告

『婦人教育雑誌』第七号

一八八八（明治二一）年一一月二一日発行

社説

本誌改良につき一言す

論説

婦人教育会員諸嬢の一読を煩はす　香川　葆光

女服論（其二）　吉岡哲太郎

学芸

源氏物語乙女の巻講義（続き）　深井　仁子

保育

稚児の教育につき注意すへきこと

家政

衣服

史伝

稲生恒軒の妻はる子

叢話

欧米上流近世交際法　今立　吐酔

文苑

川本先生を送るの文　長谷　貞子

小説

三才女（第四回）　渚廼舎かもめ

雑報

○天長節の唱歌○宝冠章御贈進○常宮○皇太后宮○皇后宮○赤十字社有功章○慈善会○熱心なる女子○積徳女学校○家庭教育の注意○結婚の嘶し○女生徒の出品○婦人にして医師となるものあり○前編輯人川本僧円氏

上毛婦人教育会記事

○本部並に支部小会○小会の例日○天長節の饗宴○秋期大会○規則改正○賛助員○新加幹事○碓氷支部改撰職員○本会々員姓名（前号の続き）○寄贈書籍新聞雑誌
社告
広告

『婦人教育雑誌』第一三号

一八八九（明治二二）年五月二一日発行

演説
婦人の本務　松田　典久
論説
男女同権新論（其五）　文学士　高田早苗
家政
食麺包を製する方　吉岡哲太郎
保育
衛生の一端　医学博士　大沢謙二
交際法
欧州上流近世交際法（第四編）　今立　吐酔
叢話
○西洋婦人の細腰○女の眉毛を剪り歯を染むる事○佐久間象山翁の遺簡
文苑
埼玉県婦人協和会第二総会の祝辞（埼玉県婦人協会和会々頭　吉田せい子）
小説
今年の若葉　痴　嚢　子
寄書
婦人と小説（第九号続）　在碓氷　塚越芳太郎
雑報
○養育院慈善会○女官を饗応す○婦人教師の傭入○ウレッストレートネ女史○高田道子○文学寮附属女学会○家庭教育の注意○婦人会彙報（和歌山婦人会、婦人茶話会、萩婦人会、伊勢崎婦人会、本庄婦人教育会）○築地令女教会第七会記事○上毛婦人教育会記事○埼玉県浦和婦人協和会第二総会の景況○長野婦人教会の勧告（教誨師　横瀬善俊識）
広告

『婦人教育雑誌』第一七号

一八八九（明治二二）年九月二一日発行

社説
婦人の前途（承前）

論説
女子の本分　　　　　　　棚橋　絢子

交際法
欧州上流近世交際法（第五編）　　今立　吐酔

叢話
蛤の吸物並に山海の珍味　　馬耶溪端士
水の話　　　　　　　　　訥々子

演説
起よ姉妹（前号の続）　　塚越芳太郎

寄書
育児の秘法を論ず　　　紫州　日野仁愛

文苑
和歌　詩（数首）

婦人教育雑誌の紙面改良を祝す　　白川登久子

孝女伝
孝子松山てる女山賊を感化す
　　　　　　　在北海　自笑居士しるす

雑報
○年数の称呼○上毛婦人教育会記事（本部小会）○金沢婦人教会○女服改良会○栗蠶繭○童児の理言剣の如し○新刊書○一夫一婦の建白○町田議官の夫人○跡見女学校○仏教唱歌集○華族女学校落成並卒業証授与式○此女子にして此事を為す○婦人教育雑誌紙面改良す

雑誌『婦人世界』総目次

編輯人　池野　三郎
発行兼印刷人　京都府京都市下京区若宮町通　神田達太郎
発行所　京都油小路北小路上る玉本町六番戸　令徳会雑誌部

『婦人世界』第一号

一八八九（明治二二）年一〇月一日発行

「婦人世界」何の為に出る
論説
婦人世界発刊に就きて　社員 神田翠雨
家庭教育論　人見忠次郎述
家事
○調理法○尋常品○家内装飾○挿花法（其一）○妻君の心得
小説
もみぢ狩（挿画）　東都 藤庵主人
烟草の火　天囚居士
講義
女子道義学の講義総論（第一）　武田 篤初
雑録
○女容の奇（おんなのあやしきすがた）○なかれ（妻君に向て）
詞藻
○歌四首○詩三首
佳譚
月の朝妻（一）（挿画）　四角堂 平機居士
寄書
女子の教へ方に就き　台水居士述
余興
茶話　二
質問応答
雑報
○篤志婦人看護会○婦人の運動○女尊男卑○北米四大都府女子教員○文学寮附属女学会○非結婚倶楽部○皇后陛下の御服地○京都婦人慈善会と大阪婦人慈善会の

義捐金○京都高等女学校と京都私立女学校

『婦人世界』第二号

一八八九（明治二二）年一一月一日発行

肖像

ミツチエル嬢之肖像

論説

「婦人世界」の発行を祝して令徳会員にのぞむ所あり　農学士 菊地熊太郎

婦人世界に題す　杉浦 重剛

家庭教育論（つづき）　人見忠次郎述

家事

○家内装飾○挿花の法○妻君の心得

小説

もみぢ狩　第二（挿画）　東都 藤庵主人

講話

婦人慈善会講話　在京 江村秀山述

雑録

○魯西亜の婚姻○教育と俗曲○俗曲の改良

詞藻

○歌十一首○詩二首

伝記

博士マリヤ、ミツチエル嬢小伝　O．H．

寄書

慨然　摂北 三車外史寄

質問応答

雑報

○ミツチエル嬢○京都婦人唱歌学会○旧女官○和歌山県罹災の婦女○高等師範学校撰抜生○京都府高等女学校○滋賀県私立高等女学校○同志社看護婦学校○伏見慈善会○古来稀○世界人口と国語○本部寄贈雑誌

広告

『婦人世界』第三号

一八八九（明治二二）年一二月一日発行

論説

「婦人世界」の発行を祝して令徳会員に望む所あり（承前）　農学士 菊地熊太郎

婦人世界に寄す　跡見　花蹊
家事
○豆腐百製（前号の続き）○衣服にインキ又は鉄さびのつきたるを除く便法○鏡をみがく法○馬鈴薯にて味噌を製する法○黄色になりたる象牙を白くする法○油質の汚点を除く一法○挿花の法○衛生概論（服部嘉十郎）○自然良能之説
小説
烟草の火　天囚居士
もみぢ狩　第三（挿画）　東都　藤庵主人
いまは草紙（初篇之上）　静枝処士
詞藻
○詩三首○歌六首
寄書
婦人世界を読て　三余居士
婦人世界の発刊を祝し併せて同胞姉妹に告く
南荘通達磨
雑録
○児童のおしへ○立太子の御式○皇后宮○寄国祝○谷子爵夫人の美徳○東京婦人慈善会○東京女子手芸学校○女子法律専門学校○音楽大会○哲学館と郁文館○十九世紀○皇后陛下の御衣○女学教会、女学雑誌の流行○京都近時の流行
広告

『婦人世界』第四号

一八九〇（明治二三）年一月五日発行

婦人世界
改めて明治廿三年の婦人社界に
論説
倹約の要を論して併て同盟倹約会の設立を望む
宗像　逸郎
家事
○裁縫○育児法○挿花法
小説
もみぢ狩　第四回（挿画）　東都　藤庵主人
いまは草紙（初篇之下）　静枝処士
詞藻
○歌八首○懸賞文題（早梅）

寄書
印度の結婚（第一号女子教育に就きての続き）　台水居士
雑録
紫式部のはなし
質問応答
余興
笑ひ草　O. H.
雑報
○皇后陛下の御仁慈○旧生徒の厚意○憲法発布の紀念章○女子談話会○鹿児島女学校○廃娼認可○廃娼説○デリア、バーデネル夫人○七十二日間世界一周○米国の令嬢社会○発売禁止○大阪豊島郡教育展覧会○名古屋婦人会○婦女共援会○大阪高等女学校卒業生○群馬県に於ける婦人の状況（上毛婦人教会山本理太郎氏報）○法之栞
広告

『婦人世界』第五号

一八九〇（明治二三）年二月五日発行

論説
夫婦称呼法　文学士 松の舎主人
婦人慈善会講話（第二号のつゞき）　江村秀山講述
家政
○調理法○育児法（前号のつゞき）○交際法（欧州上流近世交際法第五編 今立吐酔）
詞藻
歌七首
雑録
談話に就き心得べきこと　初音太郎訳
糊付の起源　訥堂学人
便所の位置　O. H.
明の太祖の皇后馬氏のはなし
紹鷗茶湯百首（前号の続き）
小説
いまは草紙（二篇之上）（絵図は表紙を御覧）　静枝処士

余興

夜航余話摘評　浅田　四郎

堅田の落雁　和田繁太郎

詞藻

○詩三首○歌二首

質問応答

雑報

○両本願寺御裏方拝謁○皇后陛下の大御心○珍らしき結婚○一少女耶蘇教を以て賊を感化せんとす○北海道の女学校○米国人仏教女学校の為めに金員を募集す○現今の仏教女学校○婦人の模範○遊女教会○心の花○

新刊批評

○釈宗演『錫倫島志』○村山儀七『存娼実際論』○大谷派本願寺別院内北海婦人会『婦人の導　第一編』○中川太郎『亜細亜之光輝』

特別会報

広告

『婦人世界』第九号

一八九〇（明治二三）年六月二五日発行

論説

明治の婦人世界に於ける仏教の婦人世界　天外散士

賢媛訓言

田子外十件

講義

奇文欣賞（太平記一条）

佳伝

貞操美談更科の雪（挿画）　露月閑人稿

雑録

破物の世話　卜賓居士

文筐の塵　竹迺門主人

家事

衣服に就て

詞藻

歌八首

教主釈尊前生物語（魚と其妻の話）

雑報

○両本願寺派御裏方東上○愛知婦人教会の計画○九条公爵の寄附○越前藤島婦人教会○博愛女学校○文芸学舎

広告

『婦人世界』第一〇号

一八九〇（明治二三）年七月二五日発行

社説

「婦人世界」生れて十たび月を重ぬ

教主釈尊前生物語（賢き鳥と愚なる鳥との話）

童蒙立志編　第一　　みどり

賢媛訓言

平重衡妻外四件

講義

奇文欣賞（太平記一条）　　柳村客農

衛生

○運動に就て○虎列刺

雑録

三十年前と今日此頃、　　望臨山人

清濁　都の川（上）　　卜賓居士

詞藻

○歌十二首○詩一首

雑報

○皇后陛下○東宮殿下の御避暑○両本願寺法主殿○貴婦人会○令徳会法話会○虎列刺病来れり○婦人の一揆

○友仙縮緬の注文

広告

『婦人世界』第一一号

一八九〇（明治二三）年八月一五日発行

論説

夏季休業の期将に尽きんとす　　無斎老人稿

教主釈尊前世物語（埋めし金につき「ナンダ」の話）

童蒙立志編（第一の続）　　みどり稿

賢媛訓言

法眼覚慶女外二件

講義

奇文欣賞（太平記一条承前）　　柳村客農

雑録
三十年前と今日此頃（前号の続き）　臥望山人
日曜のことば　松　浜
池内喜内の事　柳村客農述
文筐の塵（第九号の続）　竹迺門主人
清濁　都の川（下）（挿画）　卜賓居士
家事
諸事重宝記
詞藻
○歌九首○詩二首
雑報
○名古屋仏教婦人教会○女学生の貧民救助○瀧川寿子
○娼妓の善行を賞す

『婦人世界』第一二号

一八九〇（明治二三）年九月一五日発行

論説
遠き事物に就ての智識を求めんよりは寧ろ近切なる事物を学べ
教主釈尊前生物語（踏舞せる孔雀の話）
伝記
節婦辰女伝　柳村客農
賢媛訓言
小督局外四件
講義
奇文欣賞（源平盛衰記一節）　柳村客農
雑録
世渡り　みどり
会計の恥辱　浜迺屋まさご
親の心は子の心　秋月庵主人
萩の波風（上）（挿画）　蘆沢波子
詞藻
歌十首
雑報
都合により掲載相見合

『婦人世界』第一三号

一八九〇（明治二三）年一〇月一五日発行

覚信尼公の伝
　龍谷の法水恩波に浴するの沙門　神代　洞通
婦人世界
　真正の幸福
　教主釈尊前生物語（象と犬との話）
家事
　妻君の心得　癸亥壮史
　父母の訓
講義
　奇文欣賞（徒然草一段）　柳村客農
伝記
　貞婦登美世伝　柳村客農
詞藻
　歌十首
雑録
　萩の波風（下）　蘆沢　波子
　親の心は子の心（承前）　秋月庵主人
　世渡り（前号の続き）　みどり

『婦人世界』第一四号

一八九〇（明治二三）年一一月一五日発行

論説
　恭敬は人の徳なり　福間　法心
　教主釈尊前生物語（駿馬ボジヤの話）
家事
　父母の訓（前号の続き）
衛生
　冬向風邪にかゝらぬ予防法　松溪居士
講義
　奇文欣賞（徒然草一段　前号のつゞき）　柳村客農
伝記
　山城国貞女
詞藻
　歌十二首
雑録
　世渡り（前号の続き）（挿画）　みどり

罪障深き婦人の標　浜酒家まさご
詼談一則　善譃生
文筐の塵（承前）　竹酒門主人
詠史　中村確堂
雑録
転生輪廻の説（挿画）　シネト氏著旧中ヨリ抄訳
雑録
世渡り（承前）　みどり

『婦人世界』第一五号

一八九〇（明治二三）年一二月二〇日発行

論説
歳暮の言葉　まさ子
教育
教主釈尊前生物語（セリバの商人の話）
○脳髄の教養法○家庭教育の一話
衛生
病人の看護法
講義
奇文欣賞（曲鉢の木）　柳村客農
伝記
吉田松陰の母　柳村客農
詞藻
雨中落葉　故 河内萩子
雑録
日本人の長所及短所
雑録
魚類の繁殖力
笑話
笑話　忍軒
広告

雑誌『北陸婦人教会雑誌』総目次

編輯人　金浦　正弘
発行兼印刷人　木村　良観
発行所　石川県金沢市高岡町下藪の内十五番地真宗覚林寺内　北陸婦人教会本部

『北陸婦人教会雑誌』第六号

一八九〇（明治二三）年三月三一日発行

会白
仏蘭西民法上婦人の位置　法学士　草鹿甲子太郎
論説
女子教育に就て　木石居士
法話
東京貴婦人会法話　大学講師　吉谷覚寿
伝記
慧灯大師の御伝（其四）
詞林
●詩（偶成）二首鳥尾得庵○（同）一首条塚不著●歌（信）二首鳥越義順○（寄花釈教）二首富士沢書子○（同）一首北方とね子○（同）一首出分正重○一首多田喜平○（同）一首吉藤証行○（同）一首久江婉子○（如是我聞）同人○（寄虎恋）一首西方元裕○（同）一首能本和彦○誹諧一句桃寿
寄書
世の姉妹諸子に望む　佐々木法順
宗教小説
金谷館　第二回　瑰堂散史
雑誌
○貴婦人会（祝詞　三条治子）○追弔会○京都婦人教会（祝詞　下京区長正七位　竹村藤兵衛）○大野婦人教会（手翰　日種賢宗・松山成章）
会報
○本会本部移転○例会○附属美術部○本会通常
本会広告　正友氏名
広告

『北陸婦人教会雑誌』第八号

一八九〇（明治二三）年六月二八日発行

論説

女子は最も貞操ならざるべからず　編者　金浦正弘

異国尊崇と耶蘇教信奉　安房　雲陽撨夫

寄書

婦人教会正友貴女に告ぐ　京都　村沢嘯月

世の妻女諸君に望む　越中　佐々木法順

伝記

慧灯大師の御伝（其六）

文苑

〇〔歌〕二十一首〇〔俳諧〕三句

法話

法話　越中　朝順則

保育

幼児を清潔に養成すること

雑報

〇皇后陛下の大御心〇婦人教会員の遠足〇婦人世界記者の概歎〇基督教同盟会の奮発〇女学校及女生徒の数〇秋田貴婦人会の発会〇愛知婦人教会〇北陸仏教会の発会式〇建碑主唱者

会報

〇本会特別正助友に請ふ〇附属美術部〇新たに入会せられたる特別正友氏名〇本会通常助友氏名

広告

本会広告

『北陸婦人教会雑誌』第九号

一八九〇（明治二三）年九月二〇日発行

北陸婦人教会改定会則

雑誌

本会一周年慶讃会

論説

仏蘭西民法上婦人の位置（前接）　法学士　草鹿甲子太郎

女の妬忌　安房　雲陽山人

会報

〇本会は北陸仏教会へ合入を見合せり〇大森勝蔵氏の

書翰○挿花の寄附○例会改日○御断り○美術部月次会の兼題○恵信尼公の御事○同御遺状○会計部報告

特別広告

広告

雑誌『道之友』総目次

編輯人　愛知県名古屋市下茶屋町番外　萩倉　耕造

発行兼印刷人　愛知県名古屋市東袋町番外　伊藤　大悟

印刷所　愛知県名古屋市本町四十四番戸

英比八次郎（扶桑新聞社／二八号～）

発行所　愛知県名古屋市下茶屋町番外　仏教婦人会

愛知県名古屋市下茶屋町十三番　道之友発行所

愛知県名古屋市下茶屋町一番戸

道之友発行所（三一号～）

『道之友』第一号　一八九〇（明治二三）年三月九日発行

論説

愛の効用　梅渓女史

精神の作用を示す　吉谷　覚寿

法話

仏教婦人会法話　文学博士　南条文雄

演説

婦人の責任　岡　無外

婦人会演説　平松　理英

家政

生花のはなし

裁縫独学び（第一回）　泰磨よし子

小説

花いろ〳〵（第一枝、老女の懐旧）　撫　松　生

遅桜根来曙（発端、異賊退治段）　松　清　風　士

雑録

○毛利輝元公家訓○上杉謙信公家訓○それは昔これは今○法の栞（道歌十五首）

雑報

○御歌会始○皇女御降誕○無常○世界の人口土地○日本全国の戸口○酒毒の遺伝○夥しき嗜酒家○女子性質のト占法○道徳の腐敗○謝告

会告

○永続元資喜捨芳名表○名誉員○正会員○賛助員

※以下『法の雨』第二六編（明治二三年二月二十日）の附録を収録

祝詞
祝詞　陸軍中将黒川男爵令嬢　黒川千春子
仏教婦人会を開かるるよしつたへ聞て　大島　為足
道之友ノ発刊ヲ祝ス　横井智量ほか
祝詞　尾崎　吉従
祝詞　山本新次郎
仏教婦人会を起して女児の教育を改良する必要譚　林　陸夫
広告
規約
法雨協会規約／仏教婦人会規約

『道之友』第二号　一八九〇（明治二三）年四月一五日発行

道之友
会長伏見宮文秀女王殿下御詠
論説
無常の文　鳥尾　得庵
めかすの説　六々学人
法話
真宗高田派門跡御裏方御親話
演説
婦人の教育　岡　無外
小説
伽羅爐（上）　露　伴
遅桜根来曙（一名興教大師真実伝）　松清風士戯著
発端　異賊退治の段（接前）
文苑
○和歌二首（加藤吉啓）○同一首（木原清香）○同上（岡部長民）○同上（竹田晨正）○旋頭歌（内田成之）○仏教婦人会に寄する春興今様二節（東京松清風士）
雑録
○水戸光圀公家訓○紀伊治貞公家訓○法の栞…第二（道歌十首）○賢女の文二通（小永井解太郎氏郵寄、木村長門守の妻より夫へ送りし書状）
雑報
○両陛下（大演習）○廃娼論（不邪婬会）○醜聞（女学雑誌）○婚姻（犯罪）○婦人（演説）○外国信仏家（仏教婦人会）○教育（米国婦人）○名古屋（婦人教

育）○国祭日（耶蘇教）

会告

○永続元資喜捨芳名表○名誉会員○正会員○賛助員○入会金領収姓名

広告

十数件

規約

仏教婦人会規約

『道之友』第三号　一八九〇（明治二三）年四月二五日発行

論説

女子の本分　宮中顧問官高崎男爵令嬢　高崎胤子

命の長さ　帝国大学講師文学士　上田万年

法話

貴婦人法話会に於て　渥美　契縁

演説

外国拝崇…対…国性開発　岡　無外

婦人会演説（第一号の続）　平松　理英

小説

伽羅爐（中）　露　伴

遅桜根来曙（一名興教大師真実伝）　松清風士戯著

発端　異賊退治の段（接前）

学芸

和文学に就て　翠園女史

保育

愛知病院長医学士熊谷幸之輔の記事（予告）

文苑

○仏教婦人会（鶴岡八重子）○道之友（同上）○誠といふこころを（翠松園陸夫）○花下言志（同上）○道（同上）○道之友（岀芳野）○道之友（前野敬敏）

法話

○水戸武公の鞠歌○水戸烈公の鞠歌○七郷都落乱譜○名古屋歌○法の栞…第三（道歌十首）

雑報

○御還幸○御製○婚姻法○女学校及び生徒の数○本堂立柱式○百歳以上の長寿者○世界三大国の富○女学雑誌の横理窟○娼妓へ勧告○正誤

各雑誌之批評

○文明之母○婦人教会雑誌○仏教○反省会雑誌○伝道会雑誌○共潤会雑誌○扶桑新聞

会告

○寄贈雑誌一覧○永続元資喜捨芳名表○名誉会員○会員姓名○入会金領収姓名

広告

数十件

規約

仏教婦人会規約

『道之友』第四号　一八九〇（明治二三）年六月二五日発行

論説

婦人教育　華族女学校長宮中顧問官　西村茂樹

歌のはなし　文学博士　黒川真頼

法話

貴婦人法話会に於て（前号の続き）　渥美　契縁

演説

英学の流行に就て　岡　無外

小説

伽羅炉（下）　露　伴

保育

育児法　陸軍中将黒川男爵令嬢　黒川千春子

学芸

和文学に就て（前号のつゝき）　翠園女史

雑録

愛敬（家道訓）

似児草　故　香川景樹

杜鵑一声　無　外　生

○小嬢の発心○流行性感冒○二百年前の借用証文○悲哀なる同胞○往昔の米価○小栗栖香頂師○法城居士○外国人の信書

寄書

記者の大人たちにすゝめ参らす　双　樹　樵　夫

寄贈雑誌

数十誌，

会告

○永続元資喜捨芳名表○名誉会員○会員姓名

特別広告

三河国碧海郡北大浜村地方、碧南仏教婦人会の照会

広告　数十件

規約　仏教婦人会規約

『道之友』第五号　一八九〇（明治二三）年七月二八日発行

論説
婦人教育（承前）　華族女学校長宮中顧問官　西村茂樹
男性の注意を仰く　　　　　　　　　　　　梅渓女史

法話
軍人説教帰命三義
真宗大谷派一等学師　小栗栖香頂師説　（禿謙意筆記）

伝記
○松下禅尼（徒然草）○伊賀局（吉野拾遺）

衛生
普通衛生法　　陸軍々医総監　松本順先生口述
（愛生館主　高松保郎筆記）

学芸
和文学に就て（前承）　　　　　　　　　　翠園女史

特別掲告
歌道、兼題設定の知らせ

雑録
女訓（童子訓）
心相の問答　　　　　　　　　　　　　馬耶渓逸士
徳川家康公の遺訓

雑報
○皇后陛下の御仁慈○子守教育○七万九千の寡婦○悪
疫流行の微候

本会記事
○発会式○岡無外氏
本会報告
寄贈雑誌数十誌

会告
○永続元資喜捨芳名表○名誉会員○会員姓名○賛助員
○入会金領収姓名

広告　数十件

特別報告
　永続元資拝受報告
規約
　仏教婦人会規約
附録
　○発会式の概況○会長伏見宮殿下の御垂詞
祝辞
　○大谷恒子（大谷派門跡御裏方）○常磐井敬子（高田派門跡御裏方）○岩村高俊（愛知県知事）○小牧昌業（奈良県知事）○黒川千春子（陸軍中将黒川男爵令嬢）○宮裡仙峰（円照寺門跡）○従六位勲五等藤原朝臣陸夫（林陸軍大尉）○熊谷幸之輔（愛知病院長医学士）○岡無外（理事惣代）
答辞
　小林康任（仏教婦人会理事長）
電報祝辞
　○伏見宮文秀女王殿下○大谷派門跡御裏方○高田派門跡御裏方○香川葆光師○渥美南条両師○特志者○謝辞
広告
　数十件

『道之友』第六号

一八九〇（明治二三）年八月二五日発行

論説
　女子の感情と健康　学習院教授　加賀秀一
　道徳の本源とは何なるものぞ　真宗大谷派擬講　吉谷覚寿
法話
　軍人説教帰命三義（承前）
　真宗大谷派一等学師　小栗栖香頂師説（禿謙意筆記）
小説
　遅桜根来曙（第二、伊佐館弥千歳丸発心段）　松清風士戯著
保育
　乳汁の用法　医学士　堀内篤蔵（秋野定由筆記）
学芸
　和文学に就て（承前）　翠園女史
雑録
　○女の心もちひ（源氏物語夕霧巻紫式部）○心相の問答（承前、馬耶渓逸士）○楠正成公の訓誡○南龍公父

母帖

文苑

●（詩）凌霄花園（小栗栖蓮舶）○貽千岡無外居士（加藤行海）●（歌）学のうみの険しきをさとす（衛遠楼主人）○仏教婦人会の発会式に（大僧都藤村叡運）○同上（会員賤女）○道之友（加古千賀子）○夕立（琴水女史）○垣夕顔（同人）○或老僧の身まかりたまへるをいたみて（加藤卿子）○古寺雨（加藤正国）○国会（同人）●（兼題甲部）涼風入簾…宮崎秀竹…鶴岡八重子…溝口うら子…加藤卿子…木村きく子…加藤りむ子●（兼題乙部）学校…溝口うら子…加藤りむ子…鶴岡八重子…野村きく子

雑報

○婦人の建白○斯く申さば○結髪の人とて○淇園翁の六憎○中井竹子殿

寄書

仏教婦人会の設立を祝ひ併て道之友記者に一言せん
宮城県　耕学散史

本会記事

○岡無外氏○劉潮氏○団体発会式

本会報告

寄贈雑誌数十誌

会告

○永続元資喜捨芳名表○名誉会員○会員姓名○入会金領収表

法雨学会広告

広告

数十件

規約

仏教婦人会規約

『道之友』第七号

一八九〇（明治二三）年九月二七日発行

論説

自国の寸法を測る曲尺は自国の歴史なる歟
宮中顧問官正四位男爵　高崎正風

婦人教育（承前）　華族女学校長宮中顧問官　西村茂樹

法話

宗旨の事　故　福田行誡上人

演説
日本の国性と基督教　　岡　法城
伝記
○北政所○乙若丸（和論語）
衛生
健膚法　　愛生道人
学芸
和文学に就て（承前）　　翠園女史
雑録
小松内府より備前に流され給へる新大納言成親卿のもとへ（源平盛衰記）
心相の問答（承前）　　馬耶渓逸士
深草元政房の辞世
貴女の芳言　　門水居士
文苑
●（詩）贈巌護法城居士（小栗栖蓮舶）○秋江夜泊（友松つね子）●（歌）旧暦の七夕に当りて（琴水女史）○のこるあつさ（同上）○初秋虫（加藤西溝）○或大人の東へ行給へるをり別をおしみて（鶴岡八重子）●（兼題甲部）草むらに虫の鳴かた…会長但長…加藤卿子…こと子…野村菊子…加藤西溝…木原みや子…加藤てい子…木原貞子…加藤久枝子…大河内道子…加藤りむ子…林鏡作…桂恵声…溝口うら子…●（兼題乙部）誠実…溝口うら子…野村菊子…木原貞子…加藤りむ子…こと子…すえ子…林鏡作…但長
雑報
○日本婦人放逐論○男女両優の混合演劇○世界人類の衣服住居○軍人説教○豊橋偕行社婦人会○名誉員の逝去
寄書
会員の貴族達に望む　　大阪通信員　寸土暁岸稿
団体記事数件
○四家仏教婦人会○西枇杷島仏教婦人会○粂仏教婦人会○鳴海仏教婦人会○熱田仏教婦人会○祝詞○起仏教婦人会○小信中島仏教婦人会○正誤
本会報告
寄贈雑誌数十誌
会告
○永続元資喜捨芳名表○名誉会員○会員姓名○会費領収表

広告
　数十件
規約
　仏教婦人会規約

『道之友』第八号　一八九〇（明治二三）年一〇月二八日発行

論説
　再び会員姉妹に訴ふ　林　陸夫
　自国の寸法を測る曲尺は自国の歴史なる歟（承前）　宮中顧問官正四位伯爵　高崎正風
法話
　名古屋偕行社婦人法話会法話　文学博士　南条文雄
演説
　演劇と美術の関係　附男女混合演劇の利害　岡　法城
伝記
　山内一豊の夫人（藩翰譜）
保育
　小児生育の注意　医学士　堀内篤蔵口述（秋野定由筆記）
学芸
　和文学に就て（承前）　翠園女史
雑録
　見真大師臨末御書（西念房に与へられしもの）
　貴女の芳言（承前）　門水居士
　女訓以呂波歌（其一）　人の母東海道人　堀沢周安
　曾我五郎時致の遺書及和歌
文苑
　●（詩）偶感（珠堂日野湊）●（歌）仏教婦人会を祝ひてよめる（溝口うら子）○仏教婦人会てふ教会のひらけしをよろこひて（宮原繁雄）○寄月述懐（青木茂）○故郷のそら外一首（在東京深川とし子）○死をきゝて（同じく）●（兼題甲部）月前菊…溝口うら子…伴野秀子…野村菊子…宮裡仙峯…加藤卿子…鶴岡八重子…加藤晴月…宮沢さむ子…溝口うら子…横井久子…杉本八重子…秋丸…木原みや子…堀田百合子…加藤賢了…木原貞子…よしを●（兼題乙部）述懐…溝口うら子…横井久子…秋丸…大河内道子…桂恵声…加藤と

め子…よしを…天野みわ子…杉本八重子…伴野秀子…
無名子…溝口うら子…野村菊子
雑報
○御親織の打敷○婦人法話会○倫道破壊の一証○米国
宗教の腐敗○仏教女学校に入る○御詫
寄書
女子の四芸　尾張　友松女史
団体記事
○名古屋仏教婦人会第一団体○伊勢国一志郡高岡仏教
婦人会
本会報告
寄贈雑誌数十誌
会告
○永続元資喜捨芳名表○会員姓名
特別広告
『法雨玉滴』近刻の知らせ　法雨協会本部
広告
数十件
規約
仏教婦人会規約

『道之友』第九号

一八九〇（明治二三）年一一月二三日発行

論説
世の女子を有する人に告ぐ　文学士　井上円了
男女心意上の差異　学習院教授　加賀秀一
法話
名古屋偕行社婦人法話会法話（承前）　文学博士　南条文雄
演説
婦人の責任　日野湊演説（宮橋新作筆記）
伝記
赤染右衛門の伝（大日本史列伝漢文和訳）　関根　正直
保育
小児生育の注意（承前）　医学士　堀内篤蔵口述（秋野定由筆記）
学芸
和文学に就て（承前）　翠園女史
雑録

孝子品女に与へられし文　故 香川景樹翁
新尼をあはれむ文　（同上）
貴女の芳言（承前）　門 水 居 士
内訓　法城居士識
文苑
●（詩）天長節口占（日野珠堂）●（歌）天長佳説祝言（山田成子）○天長節（鶴岡八重子）○道之友をよみて（鳥尾広子）○道之友を得て（江川護城）○月前紅葉似霜（宮松たき子）○風前紅葉（加藤賢了）○仏教婦人会を祝して（橋本松吟）○名月（小早川暁窓）○ある舟場にて●（兼題甲部）もみちの上に霜の置たる…伴野秀子…堀田百合子…宮松たき子…林鏡作…富沢治…橋本松吟…桂恵声…田中玉子…加藤晴月…桂乙氏子…宮裡真嶺…宮裡泰雲…宮裡恵繁…宮裡仙峯…鳥尾広子…木原貞子…加藤賢了…木原みや子…青木茂…杉本八重子…溝口うら子…無名子…鍵谷えつ子…加藤りむ子…清岡祖孝…野村菊子●（兼題乙部）無常…鍵谷えつ子…梶田百合子…横井久子…野村菊子…木原みや子…木原貞子…田中玉子…清岡祖孝…宮裡恵繁…鳥尾広子…宮裡仙峯

雑報
○勅語○会長殿下○新民法の七去○モルモン宗○風俗の差異○南条文雄師
寄書
公正の愛は仏教に在て基督教に無し　大阪通信員　寸土暁岸
団体記事
団体発会式の祝辞　幹事長　佐分利茂子（しげ子）
○一宮仏教婦人会○仏教婦人会の発会式を祝して（小早川暁窓）○大和国奈良、山村、櫟本、摂津国大阪、河内国柏原、和泉国堺、京都の平安各仏教婦人会
本会報告
寄贈雑誌数十誌
会告
○永続元資喜捨芳名表○名誉会員○会員姓名○会費領収表
特別広告
地方巡回報告　仏教婦人会理事　岡法城
広告
数十件

規約
仏教婦人会規約

『道之友』第一〇号
一八九〇（明治二三）年一二月二一日発行

論説
謹て十月三十日勅語を読む　本会名誉会員跡見女学校主　花蹊女史
学門勉強　本会名誉会員棚橋文学博士北堂　棚橋絢子
法話
信の事　故　行誡上人
演説
仏教婦人会過去一周年の歴史　法城　岡無外
婦人の責任（承前）　日野湊演説（宮橋新作筆記）
伝記
高橋東岡の妻　関根　正直
衛生
牛乳と鶏卵のはなし　医学士　梶田恭一郎
学芸
庭のをしへ講義　関根　正直
雑録
内訓（承前）　法城居士摘録
東京釜淵紡績会社の請に応し工女の為に新作せる唱歌今様六節　土岐松清風士
貴女の芳言（承前）　門水居士
四季の評（徒然草）
文苑
●（詩）読道之友二首（養鸕松翁）○渦黙山（珠堂日野晴暉）●（歌）寄仏教婦人会祝（服部恒山）○国会の開けるを祝ひて（よしを）○読道之友外一首（菱川慈晃）○（舟）林鏡作○冬の一首（琴水女史）●（兼題甲部）遠山の雪…阿知波とみ子…加藤りむ子…加藤賢了…木原貞子…嵩よし子…桂恵声…杉本八重子…鳥尾広子…よしを…野村菊子…宮松たき子…加藤晴月…牟田口祐二郎…白翁…菱川慈晃…鈴木素梅子…溝口うら子●（兼題乙部）釈教…山田成子…木原みや子…加藤りむ子…無法子…よしを
雑報
○帝国議会開院之頌○皇后陛下の御倹徳○日本全国の

戸数と人口〇女学校設置の催促〇廃娼の建議〇本誌本年の終刊
団体記事
本会理事法城居士
本会報告
寄贈雑誌数十誌
会告
〇永続元資喜捨芳名表〇会員姓名〇会費領収表
特別掲告
会費滞納者納付願いなど
特別広告
法之雨三周年記念演説会案内（弁士南条文雄）
広告
数十件
規約
仏教婦人会規約

『道之友』第一一号

一八九一（明治二四）年一月二八日発行

御詠
会長伏見文秀女王殿下御詠
名誉御員善光寺大本願久我尼公御詠
論説
男性の好尚は女性の好尚如何に関す　梅渓女史
法話
真宗高田派門跡御裏方御親話
演説
廃娼論に就ての意見　法城　岡無外
小説
硬漢（第一）　露伴・麗水合著
衛生
牛乳と鶏卵の噺（接前）　医学士　梶田恭一郎
学芸
阿仏尼庭の訓抄（接前）　関根　正直
雑録
〇内訓（承前、法城居士摘録）〇貴女の芳言（承前、

門水居士）○変木屋物語

文苑

◎（詩）題白衣観音大士図外一首（名誉会員、養鸕松翁）◎新年所見外一首（日野珠堂）◎（歌）道の友を祝ひ侍りて外一首（長瀬鏡子）◎新年のこゝろをよめる（加藤はま子）◎御歌会始の御題を承りて（青木茂）◎早梅（菱川慈光）◎剃髪得度（加藤賢了）◎みちのとも五文字を句の頭に置て（服部可笑翁）◎（兼題甲部）新年…堀内浪枝子…杉本八重子…青木茂…加藤てい子…加藤晴月…加藤りむ子…鶴岡八重子…山田成子…菱川慈光…林鏡作…木原みや子…無法子…加藤はま子…富貴子…木原貞子…溝口うら子…長瀬鏡子◎（兼題乙部）むつき一日あつまりて宴する所…加藤久枝子…加藤りむ子…木原貞子…溝口うら子…無法子

雑報

○新年○新年の差異○常宮殿下の御質素○宮中月並御歌会兼題○帝国議会の焼失○流行性感冒

寄書

小児教育に就て　岩尾　昌弘

団体記事

○大井村仏教婦人会○豊橋偕行社○豊橋仏教婦人会○名古屋偕行社婦人会

本会報告

○寄贈雑誌数十誌○永続元資喜捨芳名表○名誉会員○会員姓名○会費領収表

特別広告

事務所移転の知らせ

広告

十数件

規約

仏教婦人会規約

『道之友』第一二号　一八九一（明治二四）年二月二四日発行

論説

女子を持てる親々に告ぐ　梅渓女史

婦女の智識　東京　鈴木千代子

講話

徒然草第七段の概要を示す　名誉員　島地黙雷

演説
廃娼論に就ての意見（接前）　法城　岡無外
小説
硬漢（接前）　露伴・麗水合著
衛生
衛生叢談　愛生子摘録
学芸
阿仏尼庭の訓抄（接前）　関根　正直
雑録
○貴女の芳言（承前、門水居士）○梶原源太左衛門の妻（堀内鶴山人）○法宿（八尾光平翁遺稿、村上玉吉補綴）○変木屋物語（承前）
文苑
◎（詩）少年志（服部恒山）◎庚寅除夕小集（日野珠堂）◎歌（道）之友外二首（法界究了）◎社頭新世（加藤賢了）◎同上（橋木松吟）鶯（宇治の家）◎朝霞外一首（青木茂）◎人生如露外二首（菱川慈晃）◎（兼題甲部）春山…大河内道子…堀内浪枝子…加藤千代子…富沢治…桂乙氏子…日高秀子…高柳鉼子…山田成子…青木茂…秀子…無名子…加藤りむ子…林鏡子…林智泉…富貴子…木原貞子…溝口うら子…白翁…長瀬鏡子…木原みや子…鍵谷えつ子…加藤晴月…本田鍵子◎（兼題乙部）梅の花に雪のかゝれるを見る…堀内浪枝子…富沢治…長瀬鏡子…青木茂…加藤りむ子…溝口うら子
雑報
○名誉御会員の薨去○勅作の仏像宮城に迎へらる○全国医師の現在員数○一家滅亡の系図○基督教徒の不敬○外国教会の御助学校○三条内大臣の薨去○名誉員の遷化
団体記事
○名古屋偕行社婦人会○一宮仏教婦人会○豊橋偕行社婦人会○岡理事
本会報告
○寄贈雑誌数十誌○永続元資喜捨芳名表○会員姓名
特別掲告
会費納付願い
広告
十数件
規約

仏教婦人会規約

『道之友』第一三号　一八九一（明治二四）年三月二八日発行

和歌
本会名誉員谷玖満子殿外三君の道之友を詠せし和歌六首
論説
十善の大意　文学士　沢柳政太郎
六日の菖蒲　華族女学校卒業生　詫摩登茂子
日本の教育主義を説きて女性完全の要に及ふ　哲学館講師　鈴木券太郎
法話
法話一則　大谷派勧令使　佐々木霊円
演説
廃娼論に就ての意見（接前）　法城　岡無外
小説
硬漢（接前）　露伴・麗水合著
衛生
衛生叢談（接前）衣服の事　愛生子摘録
学芸
阿仏尼庭の訓抄（接前）　関根　正直
雑録
○内訓（承前、法城居士摘録）○加賀の千代（堀内鶴山人）○法宿（承前、八尾光平翁遺稿、村上玉吉補綴）○変木屋物語（承前）
文苑
◎（詩）老父訪病来（山本湘湾）◎賀佐藤友石君新婚（日野珠堂）◎（兼題甲部）春野…堀内浪枝子…児玉種子…青木茂…木原みや子…木原貞子…本多鍵子…中川富貴子…織田清子…溝口うら子…井出信子…林智泉…桂乙氏子…加藤りむ子…長瀬鏡子◎（兼題乙部）女柳の枝をひかへてたてり…青木茂…加藤千代子…桂恵声…桂乙氏子…中川富貴子
雑報
○宮中御歌会始め○故三条内大臣○学士と大学卒業生○勅語の拝読式○耶蘇教学校の成績○我国にも長所あり○私立実業女学校○名誉員の遷化
団体記事

○岡理事○久居仏教婦人会○大阪仏教婦人会

本会報告

○寄贈雑誌数十誌○永続元資喜捨芳名表○役員撰定報告○会員姓名

特別掲告

岡法城巡回謝辞

広告

十数件

規約

仏教婦人会規約

『道之友』第一四号　一八九一（明治二四）年四月三〇日発行

論説

女子の心得　梅渓女史

日本の教育主義を説きて女性完全の要に及ふ　哲学館講師　鈴木券太郎

法話

軍人説教　大谷派嗣講　雲英晃耀

演説

酒は百薬の長なりとは禁酒の原理を含有す　文学士　沢柳政太郎

小説

硬漢（接前）　露伴・麗水合著

衛生

衛生叢談（接前）　愛生子摘録

伝記

阿綱の話　槐陰　小永井解太郎

遊女佐香保の逸事　堀内鶴山人

雑録

○貴女の芳言（承前、門水居上）○今日一日の事○法宿（摂前、八尾光平翁遺稿、村上玉吉補綴）○変木屋物語（承前）

文苑

◎（詩）辛卯歳旦（山本湘湾）◎偶感（日野珠堂）◎初春感懐（鈴木朝陽）◎遊西人谷外一首（市場路騰）◎（歌）道の友（橋本ますへ子）◎春月（中島すへ子）◎（兼題甲部）春里…橋本ますへ子…加治米子…青木茂…井出信子…加藤賢了…政尾…桂乙氏子…桂恵

声…無名子…溝口うら子…中島すへ子…中川富貴子…菱川慈晃…橋本松吟…伴野秀子…加藤りむ子…鶴岡八重子…林智泉…本多鍵子…窟よし子…白翁◎（兼題乙部）桜を折て人におくるとて…橋本ますへ子…無名子…中川富貴子…青木茂…林智泉…加藤賢了…溝口うら子

雑報

○皇后陛下の御慈善○東宮殿下の御食事○中山二位局の御寄附○三条公の御息女○いづれにしても○喜ふへき一報○悲しむへき一報○天恩枯骨に及ふ○小面にくきもの○全国仏教者大懇話会○嗚呼無常○天然痘の流行

団体記事

本会報告

○寄贈雑誌○永続元資喜捨芳名表○役員撰定報告○会員姓名

広告

十数件

規約

仏教婦人会規約

『道之友』第一五号

一八九一（明治二四）年五月二五日発行

論説

福田会へ　行啓に就て　名誉員　何多仁子

法話

軍人説教（接前）　大谷派嗣講　雲英晃耀

演説

酒は百薬の長なりとは禁酒の原理を含有す　文学士　沢柳政太郎

小説

硬漢（接前）　露伴・麗水合著

衛生

衛生叢談（接前）　愛生子摘録

襯衣の注意（無病之新法一節）　佐藤洋二君著

外報

マルシャル島土人の風俗談　哲学館講師　鈴木券太郎

学芸

生花の由来　故　豊財園主人

雑録

○貴女の芳言（承前、門水居士）○見真大師御得度の節慈鎮和尚の御消息○破邪顕正の歌（向井流浪居士）○物忌てふ事（高田達吉）○遊女吉野の話（小永井解太郎）

文苑

◎（詩）読明智光秀伝（日野珠堂）◎病中所惑（山本湘湾）◎秋夜宿山寺（鈴木朝陽）◎（歌）道之友をことほきて（井出信子）◎待恋（鈴木善富）◎待郭公（本多鍵子）◎（兼題甲部）夏朝…宝地政尾子…木原みや子…林智泉…白翁…桂恵声…桂乙氏子…無名子…柏樹恵鮮…木原貞子…加藤りむ子…中川富貴子…溝口うら子…井出信子◎（兼題乙部）山里に女ほとゝきすをきく無明子…中川富貴子

雑報

○皇后陛下の御仁徳○なほまた○現今和歌の十大家○御詠の下賜○仏教式婚姻の嚆矢○女子教育の四大変遷○教育と犯罪の関係○人間寿命の平均○人間生死の割合○貧民女子学校の創立

団体記事

○津田仏教婦人会発会式○相可仏教婦人会発会式○大石仏教婦人会発会式○宮前仏教婦人会発会式○祝詞○答詞一○和歌三○粥見仏教婦人会発会式○五ケ谷仏教婦人会発会式

本会報告

○寄贈雑誌○永続元資喜捨芳名表○会員姓名

広告

十数件

規約

規約の概略

『道之友』第一六号

一八九一（明治二四）年六月二〇日発行

論説

女子の教に就ておもひをのふ　鳥尾中将令嬢名誉員　鳥尾広子

女子教育談　華族女学校長名誉員　西村茂樹

法話

貴婦人会法話　真宗大谷派一等学師　小栗栖香頂師述

演説　（竹中善磨筆記）
　鏡に就て　佐々木　寛
小説
　硬漢（接前）　露伴・麗水合著
衛生
　衛生叢談（接前）　愛生子摘録
学芸
　玉耶経和解　宝の池迂老
実譚
　岡本お道の事　南瓜堂主人
雑録
　○貴女の芳言（接前、門水居士）○一休和尚の母公遺文○月照上人の遺歌○加賀の千代尼が真宗の法義を詠ぜし俳句○琉球の歌謡（節口説と名く）
文苑
　◎（詩）楊貴妃桜歌（名誉員長三州）◎（歌）水鶏（中島すへ子）◎更衣惜春二首（井出信子）◎（兼題甲部）夏夕…鶴岡八重子…無名子…木原みや子…えつ子…宝地政尾子…山田成子…桂乙氏子…加藤千鶴子…加藤晴月…本多鍵子…長瀬鏡子…中川富貴子…三好香山…加藤りむ子…溝口うら子…白翁…林さく子…木原貞子…中島すへ子…林智泉…林鏡子…臼杵てつ子◎（兼題乙部）蛍をとらへて童の袖につゝみたる…木原貞子…木原みや子…鶴岡八重子…加藤りむ子…梅渓かをる…長瀬鏡子
雑報
　○本派大法主殿の御詠歌○令嬢方の慈恵○軍人の禁酒○喜ふべき一報○四山瓢の供養○支那の婦人売買○悲むべき一報○御用心〳〵
寄書
　垢の説　伊勢　林豊水道人
本会報告
　寄贈雑誌数十誌
特別会告
　会費取り纏め依頼
広告
　数十件
規約
　規約の概略

『道之友』第一七号　一八九一（明治二四）年七月二五日発行

論説
女人往生　故　藤原近子
師岡綱治の妻長山氏の事を記して一言を述ふ
大学卒業生（摩尼庵主）小永井解太郎
法話
貴婦人会法話（承前）
真宗大谷派一等学師　小栗栖香頂師述
（竹中善磨筆記）
勧誡
十種用心　釈　円諦
伝記
老女関野の事外二件　伊勢　堀内鶴山人
衛生
衛生叢談（接前）　愛生子摘録
学芸
玉耶経和解　宝の池迂老
笑譚
和歌の功徳　南瓜堂主人
雑録
○慈雲尊者の十善近誡○慈鎮和尚の五常和歌○勇婦巴の遺書○其角翁の鉢叩歌○蝦夷の子引歌
文苑
◎道の友を祝ひて（中島すへ子）◎おなしく（近松総子）◎道の友（臼杵てつ子）◎雨中水鶏（中島すへ子）◎新樹風（近松総子）五月雨（宝池智暹）◎（兼題甲部）夏夜…桂乙氏子…伴野秀子…加藤賢了…木原貞子…長瀬鏡子…溝口うら子…無名子…木原みや子…中島ふき子…鶴岡八重子…臼杵てつ子…桂恵声…梅渓かをる…林泉子…中島すへ子…◎（兼題乙部）夏の夜ことひくをきく…桂乙氏子…木原貞子…長瀬鏡子…林智泉…溝口うら子…鍵谷えつ子
雑報
○皇后陛下○皇太子殿下○園祥典侍の御妊娠○両本願寺法主の名誉○盲唖生徒の吊歌○僧園の設立○山陵崇拝会○教育家の十二傑○明治文壇の十大家○歎息の至り
寄書

僧園設立に付大方の賛同を請ふ趣旨

団体記事

○山田仏教婦人会発会式の概況○諸答辞○大阪仏教婦人会

本会報告

○寄贈雑誌数十誌○永続元資喜捨芳名表○会員姓名表

広告

十数件

規約

規約の概略

『道之友』第一八号

一八九一（明治二四）年八月二五日発行

論説

真理　名誉員　釈雲照律師述（侍者沙弥某記）

法話

貴婦人会法話

真宗大谷派一等学師　小栗栖香頂師述（飯田実伝筆記）

勧誡

十種用心（接前）　釈円諦師

伝記

節婦僊女の事外一件　慈悲の家晃

保育

小児滋養法の原則に就て其概要を述ふ

医学士　吉村源太郎述（酒落堂貫記）

学芸

玉耶経和解（接前）　宝の池迂老

笑譚

福相になる伝授　南瓜堂主人

雑録

○毛利洞春公の遺誡○幼公の即吟○芭蕉翁の率兜婆小町賛○水戸義公の逸話○子孫延命丹

文苑

◎世諺千題の中金か敵（小出粲）◎楠公（石黒務）◎伯耆国名和神社に詣て（井関美清）◎（兼題甲部）秋海…木原みや子…加藤りむ子…大橋駒野子…桂恵声…溝口うら子…中川富貴子…菱川慈晃…中島すへ子◎（兼題乙部）松のもとに泉のなかれたるところ…菱川

慈晃…中川富貴子…木原みや子…林智泉…加藤てい子…桂恵声…溝口うら子

雑報

○皇后陛下の御美徳○皇女の御降誕○先帝の御念持仏○皇太后陛下の御写経○皇太子殿下行啓の概要○美婦善行の表彰○人間よりも象○兄弟姉妹よりも夫婦○井上瑞枝女史

寄書

婦女子の責任　成川露明子

本会報告

○寄贈雑誌数十誌○永続元資喜捨芳名表○特別義捐金芳名表○会員姓名表

広告

数件

規約

規約の概略

『道之友』第一九号　一八九一（明治二四）年九月二二日発行

論説

儀式的の交際を廃めて親交的の交際と為すへし　梅渓女史

法話

貴婦人会法話（承前）　真宗大谷派一等学師 小栗栖香頂師述（飯田実伝筆記）

勧誡

十種用心（接前）　釈円諦師

小説

黒谷伝法源（吉水庵室段）　土岐松清風士

保育

小児滋養法の原則に就て其概要を述ふ　医学士 吉村源太郎述（酒落堂貫記）

学芸

鏡の由来　菱之家慈晃

伝記

野本いさ女の事外二件（十四夜の事／傾城瀬川の事）　南瓜堂主人

雑録

○天桂禅師の船唄○新井白蛾翁の冠言○幼公の心情○室鳩巣翁の大学詠歌○近松門左衛門の辞世

文苑

◎蓮（勝安芳）◎初秋旅（小出粲）◎地方官（税所敦子）◎閑居虫（中島すへ子）◎（兼題甲部）秋月…木原みや子…菱川慈晃…溝口うら子…桂恵声…林鏡子…宝池智暹…大橋駒野子…加藤賢了…木原貞子…林智泉…梅渓かをる…長瀬鏡子…◎（兼題乙部）山寺に月の明かりけるに経の声す…後藤三郎平…橋本松吟…木原貞子…桂恵声…林智泉…長瀬鏡子…無名子

雑報

○皇太后陛下の京都行啓○かしこき御令旨○北米の日本婦人美徳会○新博士○印度仏蹟興復会○英国の人口○受洗者の減少

寄書

印度仏蹟興復会創立之趣意　創立発起者

団体記事

○松坂仏教婦人会発会式○祝詞一○祝歌四○岡理事南勢地方巡回

本会報告

○寄贈雑誌数十誌○永続元資喜捨芳名表○特別義捐金芳名表○会員姓名表

広告

十数件

規約

規約の概略

『道之友』第二〇号

一八九一（明治二四）年一〇月三一日発行

論説

我か同胞姉妹の位地に就て　法学士　不偏居士

法話

静岡別院法話　真宗大谷派一等学師　小栗栖香頂師述（竹中善磨筆記）

勧誡

十種用心（接前）　釈円諦師

小説

黒谷伝法源（吉水庵室段）　土岐松清風士

衛生

衛生小談　愛生子摘録

学芸

鏡の功徳（接前）　菱之家慈晃

伝記

児島ナカ子の事　南瓜堂主人

雑録

○伏明師の婦人警訓○恵心僧都の法話○慈眼大師の真蹟○貝原益軒先生の教育談○木村重成の書翰

文苑

◎歌よむ人の心得（翠松園主人）◎（月次兼題甲部）秋湖…加藤てい子…木原みや子…木原貞子…宝池政尾子…中川富貴子…桂恵声…白翁…伊達源四郎…宝池智暹…林智泉…桂乙氏子…大橋駒野子…光景堂…橋本松吟…中島すへ子…梅渓かをる◎（同乙部）いたく野をきしたるあした…中島富貴子…光景堂…溝口うら子…伊達源四郎…中島すへ子…呉三…木原みや子

雑報

○皇太后陛下の京都行啓○また○浜田博士の談話○女学生の言語矯正策○文部大臣の意見○耶蘇教信者の統計○驚くべき転変進化

寄書

仏教は固より人情を外れたものなり　在東京　空室主人

団体記事

○大野仏教婦人会発会式○答辞○百高仏教婦人会発会式○摂河和勢巡回○大阪仏教婦人会○大阪新町婦人会○第四師団大阪偕行社婦人会

本会報告

寄贈雑誌数十誌

広告

十数件

規約

規約の概略

『道之友』第二一号

一八九一（明治二四）年一一月三〇日発行

論説

修身談　華族女学校教授文学博士　南条文雄

法話

静岡別院法話（接前）　真宗大谷派一等学師　小栗栖香頂師述（竹中善磨筆記）

演説

古歌に就て所感を述ふ　夢笑道人

小説

黒谷伝法源（吉水庵室段）（承前）　土岐松清風士

衛生

衛生小談（接前）　愛生子摘録

学芸

鏡の功徳（接前）　菱之家慈晃

雑録

○明遍僧都の一紙法語○西有穆山師の出山釈迦画賛○加茂季鷹翁の逸話○家作用の十喩誡○慈雲律師北堂の

書牘

文苑

●（月次兼題甲部）冬風…菱川高尾子…菱川慈晃…林鏡子…木原みや子…伊達源四郎…加藤りむ子…中川富貴子…加藤賢了…林智泉…高松種子…●（月次兼題乙部）大井川の浅瀬にもみじなかれたり…菱川慈晃…中川富貴子…林智泉…高松種子…溝口うら子

雑報

○御製と御歌○久邇宮殿下の御薨去○震災の概要○両陛下の御仁徳○皇太后陛下の御救恤○大谷派御門跡の尊命○救恤慰問彙報○聖恩の辱なきに感涙す○教育家の大栄○皇太后陛下の御還啓○御歌会始御題○大谷派御門跡の巡慰○大地震の年代時期○滅苦土砂加持法会

本会報告

寄贈雑誌数十誌

特別広告

○明治二十四年十月二十八日震災について○震災義捐者芳名表○本会へ御見舞金芳名表

特別広告

小栗栖香頂御巡回

広告
　十数件
規約
　規約の概略

『道之友』第二二号
一八九一（明治二四）年一二月二六日発行

論説
　修身談　華族女学校教授文学博士　南条文雄
　我か同胞姉妹の位地に就て（二十号の続）　法学士　不偏居士
勧誡
　十種用心（接前）　釈円諦師
演説
　仏教婦人会発会式演説　真宗大谷派一等学師　小栗栖香頂師述（丹波香含筆記）
伝記
　阿花の伝　小永井解太郎
学芸
　三宝の名義因縁　長谷川弘道
衛生
　衛生小談（接前）　愛生子摘録
雑録
　○雲棲大師無常の信○貧女の一灯○支考の祭猫文○豊太閤の逸話○鬼貫翁の四季の辞
文苑
　●（月次兼題甲部）冬雨…木原みや子…青木小浪子…木原貞子…桂乙氏子…井出信了…無名氏…桂恵声…林鏡子…山田竹丸…加藤りむ子…林智泉…山田玉田…●（月次兼題乙部）山里の雪のあしたまらうと門にたてり…中川富貴子…加藤賢了…林鏡子…木原貞子…加藤りむ子…林智泉…●明治二十五年兼題
雑報
　○皇后陛下の御仁徳○閑院宮殿下の御結婚○大谷派御門跡の巡慰○別院追吊会の群参○佐々木霊円師の圧死○慈恵女学院乃設立○女学院生出発の模様○大阪仏教婦人会の美挙○大垣別院の追弔会○世界一周の旅行日数○耶蘇教は男尊女卑○世はさま〴〵

本会報告
○寄贈雑誌数十誌○震災義捐芳名表○本会へ御見舞金芳名表○震災義捐品芳名表
広告
十数件
規約
規約の概略

『道之友』第二三号
一八九二（明治二五）年一月二九日発行

論説
我か同胞姉妹の位地に就て（二十号の続）　法学士 不偏居士
法語
迷悟の事　天桂禅師
演説
仏教婦人会発会式演説（接前）
真宗大谷派一等学師 小栗栖香頂師述
（丹波香含筆記）
伝記
春日の局小伝　南瓜堂主人
学芸
三宝の名義因縁（接前）　長谷川弘道
鏡の功徳（二十一号の続）　菱之家慈晃
衛生
衛生小談（接前）　愛生子摘録
雑録
○理綱院の教誡○沢庵禅師の教誡○利休翁の逸話○大乗の十来○石川楽翁公茶室の壁書
文苑
●日出山（井出信子）●（月次兼題甲部）新年鶴…近松総子…青木茂…山田竹丸…林知泉…大橋駒野子…中山誠…溝口うら子…山田玉田…木原貞子…梅渓かをる…井出信子…●（月次兼題乙部）…早梅…菱川たかを子…近松総子…大橋駒野子…林知泉…中川富貴子…中山誠…寺内信一…梅渓かをる…●（月次兼題別題）神功皇后…溝口うら子…中川富貴子…青木茂…中山誠…寺内信一
雑報

○新年○御歌会始○和歌詠進の総数○皇太后陛下○慈恵女学院○会長殿下の御詠○法雨学会の女子部○藕糸の観世音○外国婦人の帰仏○長寿者の結婚○無家と裸体の人民○本会の会議

団体記事

○伊勢一志郡団体○大阪偕行社婦人会○名古屋偕行社婦人会

特別広告

規約改正のための会議報告

本会報告

○寄贈雑誌数十誌○永続元資喜捨芳名表○特別義捐金芳名表○会員姓名表○震災義捐金芳名表○本会へ御見舞金芳名表○震災義捐品芳名表

広告

十数件

新年挨拶

仏教婦人会理事　岡無外

『道之友』第二四号

一八九二（明治二五）年二月二九日発行

論説

仏教家は何故に女学校を設立せさるや　哲学館主文学士　井上円了

法話

貴婦人会法話　真宗大谷派一等学師　小栗栖香頂師述

（竹中善磨筆記）

演説

婦人の得失（第一席）　江村　秀山

伝記

三宝の名義因縁（接前）　長谷川弘道

鏡の功徳（接前）　菱之家慈晃

衛生

衛生小談（接前）　愛生子摘録

雑録

○恵然講師の雑記○紀友則卿の逸話○沢庵禅師茶の湯の文○不殺生の十徳○理綱院の教誡

文苑

●道之友（恒名恒二郎）●（月次兼題甲部）鶯告春…山田竹丸…加藤賢了…木原みや子…井出信子…弁沢澄…橋本千太郎…青木茂…山田玉田…溝口うら子…長洲長丸…加藤てい子…中川富貴子…●（月次兼題乙部）若菜…山田玉田…木原貞子…橋本千太郎…林鏡子…溝口うら子…中川富貴子…林知泉…●（月次兼題別題）紫式部…溝口うら子…青木文子…木原みや子…林知泉…中川富貴子

雑報

○宮中月並御歌題○全国高等女学校の総数○女学校の衰頽○子女の亀鑑二件○明治聖代の賜物○七十歳の官吏○天然痘の流行○本会の会議

本会報告

○寄贈雑誌数十誌○震災義捐金芳名表○本会へ御見舞金芳名表

広告

十数件

『道之友』第二五号

一八九二（明治二五）年三月二五日発行

論説

風俗習慣の説　華族女校学長宮中顧問官　西村茂樹

法話

貴婦人会法話（接前）　真宗大谷派一等学師　小栗栖香頂師述（竹中善磨筆記）

演説

婦人の得失（第二席）　真宗学師　江村秀山

譚叢

貞婦松女の事　以津美小史

学芸

三宝の名義因縁（接前）　長谷川弘道

衛生

妊娠中の摂生　静岡　中村俊士郎

雑録

○菅丞相の遺訓○鳥居強右衛門の剛勇○理綱院の教誡○芭蕉翁の逸話○松平楽翁公酒弊の誡

文苑

●春寒外一首（竹田智山）●（月次兼題甲部）暁帰雁…山田竹丸…溝口うら子…木原みや子…橋本ますへ子…山田玉田…森さく子…林鏡作…臼杵弥太郎…菱川慈晃…中川富貴子…林知泉…鳥尾広子…●（月次兼題乙部）翠柳…溝口うら子…林峯之助…菱川慈晃…林鏡作…加藤りむ子…木原貞子…林知泉…鳥尾広子…●（月次兼題別題）楠公夫人…木原貞子…林鏡作…青木茂…林知泉…鳥尾広子

雑報

○教育費の御下賜○華族女学校へ行啓○大覚世尊の降誕会○小笠原島へ新寺院創設○全国民の貯金額○百一歳の老媼と篤孝者○追善紀念の大学校

団体記事

○大阪仏教婦人会○南勢各地仏教婦人会

本会報告

寄贈雑誌数十誌

特別広告

真宗大谷派相続講員御定宿案内

広告

数件

『道之友』第二六号

一八九二（明治二五）年四月二五日発行

論説

風俗習慣の説（接前）　華族女学校長宮中顧問官　西村茂樹

法話

大師堂法話　真宗大谷派御連枝　大谷勝尊

同上　真宗大谷派二等勧令使　不二門諦観

演説

男女同権　目白之沙弥

譚叢

陰徳の話　桐陰居士

雅語　故　慧然講師

学芸

三宝の名義因縁（接前）　長谷川弘道

衛生

妊娠中の摂生（接前）　静岡　中村俊士郎

雑録

○円珠庵契沖師の遺言○成就院月照師の十善和歌○堀田正盛侯の逸話○和歌の功徳（其一）○松平楽翁公酒弊害の誡（接前）

文苑

◎中将姫伝序（南条文雄）◎（月次兼題）和歌甲部田家蛙…森策子…臼杵てつ子…溝口うら子…山田玉田…加藤てい子…木原美屋子…木原貞子…臼杵弥太郎…林知泉…鳥尾広子…◎同乙部山吹…木原美屋子…木原貞子…臼杵弥太郎…橋本ますへ子…溝口うら子…中川富貴子…林知泉…鳥尾広子…◎同別題小督…並木鏡子…林知泉…青木茂…鳥尾広子

雑報

○跡見女学校卒業式○名古屋離宮○大須の火災○当世十六名媛○下婢改良会社○耶蘇教厳禁の高札○日本女子の名誉○日本の織物は世界第一○南条文雄師

広告

数件

『道之友』第二七号

一八九二（明治二五）年五月二五日発行

論説

風俗習慣の説（接前）　華族女学校長宮中顧問官　西村茂樹

法話

大師堂法話（接前）　真宗大谷派二等勧令使　不二門諦観

演説

青山善光寺に於て（前席）　真宗大谷派一等学師　小栗栖香頂師説
（武田路太郎筆記）

譚叢

雅語（接前）　故　慧然講師

学芸

三宝の名義因縁（接前）　長谷川弘道

衛生

乳汁談（附牛乳営養法）　中村俊士郎

雑録

○西山公の遺訓○郭公（更科日記）○武田信玄の顕智
○和歌の功徳（其二）○松平楽翁公酒弊の誡（接前）
文苑
◎（月次兼題甲部）橋上蛍…森策子…長洲長丸…溝口うら子…林峯之助…橋本ますへ子…橋本松吟…青木茂…中川富貴子…臼杵弥太郎…林泉子…木原貞子…◎（月次兼題乙部）新樹…鳥尾広子…臼杵弥太郎…中川富貴子…長洲長丸…橋本松吟…青木茂…林泉子…森策子◎（同別題）松下禅尼…長洲長丸…木原貞子…中川富貴子
雑報
○御救恤金の下賜○女子高等師範学校へ行啓○皇太皇后陛下の御仏事○孝子の受賞○福田会育児院○女学生の服装○老翁の尋常小学卒業○寺院の御所号○東本願寺の酬徳会
広告
数十件

『道之友』第二八号　一八九二（明治二五）年六月二五日発行

論説
方便の解　鳥尾　得庵
法話
大師堂法話　真宗大谷派嗣講師　広陵了栄
演説
青山善光寺に於て（後席）
真宗大谷派一等学師　小栗栖香頂師説
（武田路太郎筆記）
譚叢
列婦藤女の事　慈悲之家晃
学芸
三宝の名義因縁（接前）　長谷川弘道
衛生
乳汁談附牛乳営養法（接前）　静岡　中村俊士郎
雑録
○行誡上人の教誡（比丘尼某に示さるもの）○いまわの物語（雲窓間話）○楽翁公の教誡○月照僧の入水を

いたみて読める歌（平野次郎国臣作）○和歌の功徳（其三）

文苑

◎（月次兼題甲部）杜時鳥…加藤賢了…菱川慈晃…森策子…並木鏡子…溝口うら子…岡侯子…高山登茂子…林泉子…木原貞子…◎（月次兼題乙部）早苗…加藤賢了…高山登茂子…青木茂…青木文子…林泉子…木原貞子…◎（同別題）常磐…青木茂…林泉子…木原貞子

雑報

○地久節○女学校の臨時休業○大日本婦人教育会○大須観音の遷仏式○酬徳会の参詣人○天然痘患者の統計○ボアソナード氏の嫌忌○鶴亀の寿命○桓武天皇祭

広告

十数件

『道之友』第二九号

一八九二（明治二五）年七月二五日発行

論説

邪教の女子を娶るへからす　陸軍教授　内藤耻叟

法話

貴婦人会法話　真宗大谷派一等学師　小栗栖香頂師説（侍者　菅日蔵筆記）

演説

盂蘭盆会の説　土岐善静師講演（数岬松太郎筆記）

譚叢

おるむの話　大学得業士　小永井解太郎

学芸

三宝の名義因縁（接前）　長谷川弘道

衛生

乳汁談（附牛乳営養法）（接前）　中村俊士郎

雑録

○慧然講師の教誡○本多重久の逸話○清少納言の文○和歌の功徳（其四）

文苑

○歌仙之連歌…名古屋大島為足／東京土岐善静…◎（月次兼題甲部）沢水鶏…富田易麿…長洲長丸…青木茂…森策子…井出信子…岡庚子…林泉子…中川富貴子…◎（同乙部）瞿麦…森策子…加藤賢了…中川富貴子

…林泉子…井出信子…◎（同別題）湯谷…長洲長丸…青木茂…林泉子…中川富貴子

雑報

○皇后陛下の御精励○依仁親王殿下の御結婚○仏教の新結婚式○一娠に三男児を分娩す○女子師範学校の有無府県別○土岐善静師の来名○アーノルド氏の叙勲○孤児万里を横行す○小栗栖老子の巡教○西参仏教会の講筵

広告

十数件

『道之友』第三〇号　一八九二（明治二五）年八月二五日発行

論説

風俗改良策　従三位子爵　岩下方平

安心立命話　河南　長谷川弘道

法話

貴婦人会法話（接前）　真宗大谷派一等学師　小栗栖香頂師説

演説　（侍者　日蔵筆記）

盂蘭盆会の説　土岐善静師講演（数岬松太郎筆記）

譚叢

妙好人初女外二女の事　南瓜堂主人

学芸

三羽大人の歌よむ心得　一癖散士

衛生

汗疹の素人療治　中村俊士郎

虎列刺病に就ての注意　愛生子摘録

雑録

○明慧上人の遺訓○応挙翁の逸話○理斎翁の遺言状○理綱院の教誡○和歌の功徳（其五）

文苑

●（月次兼題甲部）樹陰蝉…森策子…鷺静子…桂恵声…加藤てい子…井出信子…加藤賢了…富田絹江子…山田玉田…宮田易麿…岡庚子…林泉子…中川富貴子…溝口うら子…並木鏡子…青木茂…（同乙部）朝顔…室賀善之…溝口うら子…加藤賢了…富田易麿…鷺静子…林泉子…中川富貴子…青木茂子…●（同別題）巴…中川

富貴子…青木茂

雑報

○両陛下の御救恤○華族女学校へ行啓○皇太子殿下の御卒業○華族在官者の数○汽車汽船の賃金割引○米国大博覧会日本婦人会○悲惨の報頻々たり○両高僧の遷化○宣教師の失望

広告

十数件

『道之友』第三一号　一八九二（明治二五）年九月二五日発行

論説

信仰の順序　文学士　沢柳政太郎

法話

変成男子の説　真宗大谷派嗣講師　広陵了栄師説（門人立川祐明筆記）

演説

大師徹鑑　真宗大谷派一等学師　小栗栖香頂師説（菅日蔵筆記）

譚叢

列女おてるのはなし　渡辺　定周

学芸

倹約心得　故　香樹院講師

衛生

産蓐中の摂生　中村俊士郎

虎列刺病に就ての注意　愛生子摘録

雑録

○存覚上人の法語○白石先生の逸話○一休和尚の戯文○清少納言の虫（枕草子三）○理綱院の教誡○和歌の功徳（其六）

文苑

◎和歌月前虫…有点の部…林逸美子…桂乙氏子…青木茂…大橋駒野子…加藤てい子…楠井正敬…中川富貴子…井出信子…加藤賢了…森策子…◎同乙部…草花…森策子…長洲長丸…楠井正敬…林逸美子…同祇王…森策子…青木茂…林逸美子

雑報

○景曜光院景子殿下の薨去○九条家の新婚○大谷旭子

方の遺詠○両陛下の風水災害○人生大厄の時期○婦人の徒歩旅行○幼児虐待の報告○欧州帝王の不運命○高知仏教婦人会○仏教婦人会発会式二件○南条博士の来名

特別広告

発行所移転の知らせ

広告

十数件

『道之友』第三二号

一八九二（明治二五）年一〇月二五日発行

論説

倹約心得（前号学芸欄の続） 故 香樹院講師

法話

特別教会法話 華族女学校教授文学博士 南条文雄

女囚教誨 名古屋監獄元教誨師 小笠原篤実

演説

大師徹鑑（接前）

真宗大谷派一等学師 小栗栖香頂師説（菅日蔵筆記）

鏡のはなし 釈 大智

譚叢

妙好人さよ女の事 南瓜堂主人

学芸

連歌のはなし 東京 松清風士

衛生

仏教衛生談 竹中 茂磨

雑録

○陳善院の教誡○和歌老の七首○大黒天の事（知足録）○金の生る木○和歌の功徳（其七）

文苑

◎（月次兼題甲部）深山鹿…木原みや子…青木茂…桂乙氏子…室賀善之…溝口うら子…山田竹子…桂恵声…木原貞子…中川富貴子…菱川慈晃…井出のふ子…井出信子…林逸美子…◎（同乙部）落栗…梅渓かをる…碓水すゝ子…森策子…林逸美子…青木茂…◎（同別題）清少納言…木原貞子…木原みや子…青木茂○しらへのはなし

雑報

○御救恤金の下賜○三浦中将の法華経○大谷家の新婚

○松方伯爵の家庭教育○女学生の質問○日本婦人会の出品○結婚及未婚者の死亡割合○瑞西の大学女生徒○桑名仏教婦人会○大家説教演説

特別広告

○新名誉会員紹介○会員姓名表

広告

十数件

『道之友』第三三号

一八九二（明治二五）年一一月二五日発行

論説

倹約心得（接前）　故　香樹院講師

人の道端詞　釈　大智

法話

貴婦人会法話

真宗大谷派一等学師　小栗栖香頂師説（菅日蔵筆記）

演説

大阪仏教婦人会演説（前席）　藤岡　了空

譚叢

島屋半兵衛妻倉女伝　大学得業士　小永井解太郎

学芸

連歌のはなし（第二）　松　清風　士

衛生

眼病と社会との関係　医学博士　河本重太郎

雑録

○陳善院の教誡（接前）○和歌老の七首（接前）○偽らぬ人（老談一言記）○安心いろは歌（高志末野子）○和歌の功徳（其八）

文苑

◎（月次兼題甲部）朝水鳥…鈴木花子…青木茂…宮松鉄子…鍵屋雅年…森策子…円尾正晴…井出信子…橘ふて子…木原貞子…林逸美子…中川富貴子…宮松義重…◎（同乙部）紅葉…伊達源四郎…溝口うら子…青木茂…井出信子…楠井正敬…加藤賢了…畠重信…中川富貴子…（同別題）小式部…中川富貴子…宮松義重

雑報

○皇太子殿下の御昇進○歌御会始の御題○全国民籍戸口総数○百歳以上の高齢者○震災一周年の法会○善行賞与二件○静岡仏教婦人会の発会式○ウエスト嬢の来

名○山田伯の薨去○天然痘流行の兆候

特別広告

○道之友との特約締結案内○会員姓名表

広告

十数件

『道之友』第三四号

一八九二（明治二五）年一二月二五日発行

論説

倹約心得（接前）　故 香樹院講師

人の道（接前）　雲照大和上口説（小沙弥大智筆授）

法話

貴婦人法会話

真宗大谷派一等学師　小栗栖香頂師説（菅日蔵筆記）

演説

大阪仏教婦人会演説（後席）　藤岡 了空

譚叢

官女尾張のはなし　殿水 快順

孝婦お初のはなし　菱川 慈晃

学芸

連歌のはなし（第三）　東京 松清風士

衛生

「ニキビ」を治する法　中村俊士郎

医師と病者の十慎　愛生子摘録

雑録

○威力院の遺訓○元祖杵屋の長歌○佐久間象山先生の書簡○くるしみ（般若童子）○和歌の功徳（其九）

文苑

○（月次兼題甲部）夕鷹狩…宮松鉄子…菱川慈晃…木原貞子…中川富貴子…福寿きみ子…林逸美子…橘ふて子…宮松義重…井出信子…円尾正晴…山本園子…○（同乙部）寒草…宮松鉄子…円尾正晴…木原貞子…中川富貴子…並木鏡子…林逸美子…宮松義重○（同別題）静…林逸美子…円尾正晴…木原貞子…橘ふて子

雑報

○勅語及祭粢の御下賜○故山田伯の葬儀○中山二位局の御受戒○御硯巻絹等の拝領○東本願寺の本堂上棟式○東京府立高等女学校○印度仏蹟興復会○老女の心操○ウエスト嬢の死去○本誌の終刊

仏教婦人会広告
○会員姓名表
広告
十数件

『道之友』第三五号

一八九三（明治二六）年一月二五日発行

歌
仏教婦人会々長伏見宮文秀女王殿下御歌短冊
論説
古書を読みて得る所あり　文学博士　南条文雄
人の道（接前）　雲照大和上口説（小沙弥大智筆授）
法話
婦人法話会法話　嗣講師　占部観順
演説
仏教演説の功能　真宗大谷派二等学師　吉谷覚寿師説（伝道教会員筆記）
譚叢
聴聞仏法功徳の説　長谷川弘道
孝女とせの事　南瓜堂主人
学芸
連歌のはなし（第四）　東京　松清風士
衛生
病の原因に就て　洒落銅主人貫
雑録
○老がこゝろ（上杉治憲公作）○良忍上人の御文（御両親へ遣はされしもの）○顔は心の姿見（石門性理叢書）○和歌の功徳（其十）
文苑
◎長歌一篇（碩果）南条文雄◎発巳元日（加納浜子）◎（月次兼題甲部）貴賤迎年…福寿きみ子…菱川慈晃…加藤賢了…宮松鉄子…長洲長丸…林逸美…中山誠…井出信子…木原貞子…伊達源四郎…筒井渓堂…中川富貴子…青木茂…森策子…林知泉…◎（同乙部）都新年…木原みや子…宮松鉄子…福寿きみ子…中山誠…木原貞子…宮松義重…林知泉…◎（同別題）護良親王…森策子…中山誠…長瀬鏡子
雑報

○新年の慶賀○皇后陛下の御仁慈○御誕辰の祝賀○御床上の御祝○九条家の御婚儀○女王殿下の御婚儀○令夫人の帰敬式○仏教女学院の設立○各地の天然痘○盲唖失官の原因
広告
十数件

『道之友』第三六号

一八九三（明治二六）年二月二五日発行

論説
古書を読みて得る所あり（接前）　文学博士　南条文雄
人の道（接前）　雲照大和上口説（小沙弥大智筆受）
法話
一心専念
真宗大谷派一等学師　小栗栖香頂師説（菅日蔵筆記）
演説
仏教演説の功能（接前）
真宗大谷派二等学師　吉谷覚寿師説
（伝道教会員筆記）
譚叢
孝女とせの事（接前）　南瓜堂主人
学芸
連歌のはなし（第五）　東京　松清風士
衛生
病の原因に就て（接前）　酒落銅主人貫
雑録
○老がこゝろ（接前、上杉治憲公作）○月庵和尚の法語（病者に示されしもの）○楽亭壁書（白川楽翁公作）○和歌の功徳（其十一）
文苑
◎蟲（普照院）◎鶯告春外一首（加納浜子）◎（月次兼題甲部）初春朝露…福寿きみ子…菱川慈晃…橘ふて子…山本園子…千秋千歳子…杉田政尾…伊達源四郎…宮松鉄子…宮松義重…青木茂…森策子…木原宮子…円尾正晴…畠重信…長瀬鏡子…林智泉…中川富貴子…山田順二…（同乙部）岡暁鶯…加藤賢了…林智泉…林智泉…林逸美子…山本園子…木原宮子…中川富貴子…青木茂…福寿きみ子…◎（同別題）藤原藤房…山田順二…宮松義重…千秋千歳子…林智泉…木原貞子…筒井渓

堂

雑報

○御歌会始○愛知県の名誉○詠進和歌の編纂○宮中月並御歌会御題○御手製の帷帳○御永住の請願○子守学校○外務省訓令第一号○名誉会員の逝去○岐阜仏教婦人会

特別広告

○加藤行海講演案内○会員姓名表

広告

十数件

『道之友』第三八号　一八九三（明治二六）年四月二五日発行

論説

倹約心得（三拾四号の続き）　故 香樹院講師

女人往生（接前）　篠塚　不着

法話

御文法話　占部　観順

演説

変成男子　土岐善静師説（萩倉耕造筆記）

譚叢

女子亀鑑阿喜美の話　光景堂主人

学芸

連歌のはなし（第七）　東京　松清風士

衛生

衣食に就ての注意　中村俊士郎

衛生

病の原因に就て（接前）　酒落堂主人貫

雑録

○老かこゝろ（接前、上杉治憲公作）○月庵和尚の法語（在家の人に示されしもの）○漢土廿四孝詠史（木崎素明）○小野寺十内の手翰（其妻におくれるもの）

文苑

◎福島中佐帰朝祝詠（仏教婦人会々長）宮殿下外三名（大谷光勝／大谷勝尊／近衛秀山）◎（月次兼題甲部）春月朧々…森策子…山田成子…宮松鉄子…井出信子…宮松義重…中川富貴子…並木鏡子…小笠原徳臨…松景…林知泉…（反歌）…千秋千歳子…山田順二…橘ふて子…林逸美子…福寿きみ子…◎（同乙部）野春駒…無

明子…宮松義重…森策子…小笠原徳臨…富田易麿…山田俊子…山田順二…◎（同別題）新田義貞…山田俊子…森策子…林知泉…山田順二…宮松鉄子…山田成子

雑報
○天皇陛下の御孝徳○皇太后陛下の御仁恵○御救恤金の下賜○伊勢松阪町の大火○和服を以て制服とす○日曜休暇の廃止○大垣の連合開扉○真宗婦人教会○高僧の巡教彙報

特別広告
○雑誌代金案内○永続元資喜捨芳名表○新入会員姓名表

広告
十数件

道之友稟告
◎本誌定価◎配達規則◎送金規則◎御注意◎本誌広告掲載料

『道之友』第六四号

一八九五（明治二八）年六月二五日発行

論説
家庭一日の和楽　藤岡　了空

法話
尊号要文（接前）　講師　故　妙音院了釈師述
貴婦人会法話（接前）　小栗栖萍舶師説（藤原厳龍筆記）

演説
正像末和讃に就て　文学博士　南条文雄師演述（猪飼鉄太郎速記）

譚叢
老婆の真情　南瓜堂主人

学芸
連歌のはなし（第三十三）　東京寂羅坊　松清風士

衛生
虎列刺病に関する素人の心得

雑録
○上杉治憲公が千年の基（接前、規外生写）○禁酒進

徳の歌（大内青巒作）○あの牛荘の戦に（釈大智戯作）

文苑

◎（月次兼題甲部）閑庭瞿麦…河渡雪子…鈴木善富…楠井民次郎…加藤西溝…星野君枝…星野静枝…中島とみ子…夜寒里人…高志峰雄…伊藤祐典…加藤賢了…林逸美…稲垣よね子…中島富次郎…木原貞子…◎（同乙部）洲鷺…高志峰雄…加藤賢了…林逸美…坂井扶桑子…夜寒里人…志貴瑞芳…木原貞子…梅亭…双葉舎…松浦うら子

雑報

○大元帥陛下の御還幸○皇后宮陛下の御還啓○御救恤金の下賜○皇太后陛下の御下賜金○貴夫人方の美挙○佐藤大佐の帰朝○戦死者の総数○追悼法会二件

広告

十数件

道之友稟告

◎本誌定価◎配達規則◎送金規則◎御注意◎本誌広告掲載料

『道之友』第六五号

一八九五（明治二八）年七月二五日発行

論説

女子の教育に就て　夜寒里人

法話

尊号要文（接前）　講師　故　妙音院了釈師述

特別教会法話

学師　吉谷覚寿師演述（猪飼鉄太郎速記）

演説

正像末和讃に就て（接前）

文学博士　南条文雄師演述（猪飼鉄太郎速記）

譚叢

きた女の事　南瓜堂主人

学芸

連歌のはなし（第三十四）　東京寂羅坊　松清風士

衛生

虎列刺病に関する素人の心得（接前）

雑録

○天皇陛下御製成歡駅謡曲○皇后陛下御製平壌謡曲○

上杉治憲公が千年の基（接前、規外生写）○第四博覧会にものして（禿真子）

文苑

◎（月次兼題甲部）樹陰納涼…三好つる子…谷啓覚…鈴木善富…前賀千種…阪井潔…双葉舎…加藤西溝…司田みち子…林鏡子…山水春子…志貴瑞芳…丹羽たみ子…丹羽太三郎…円尾正晴…夜寒里人…楠井民次郎…木原貞子…林貞子…林逸美…◎（同乙部）道芝…三好つる子…前賀千種…阪井扶桑子…鈴木才次郎…山水春子…中島富次郎…小笠原徳臨…楠井民次郎…島田南海…河渡雪子…阪井潔…丹羽太三郎…松本まさ子…志貴瑞芳…木原貞子

雑報

○義眼下賜の御沙汰○山階宮殿下の御遠慮○大谷派新門主の婚儀○第三師団の凱旋○陸軍歩兵の死亡総数○本願寺派大門主の来名○姉弟隔日の通学

広告

十数件

道之友稟告

◎本誌定価◎配達規則◎送金規則◎御注意◎本誌広告掲載料

『道之友』第六六号　一八九五（明治二八）年八月二五日発行

論説

女子の普通教育　夜寒里人

法話

尊号要文（接前）　講師 故 妙音院了釈師述

貴婦人会法話（接前）

学師 吉谷覚寿師演述（猪飼鉄太郎速記）

演説

武の七徳（第一席）

文学博士 南条文雄師演述（猪飼鉄太郎速記）

譚叢

いと女の事　南瓜堂主人

学芸

連歌のはなし（第三十五）　東京寂羅坊 松清風士

衛生

虎列刺病予防法概略（時事新報転載）

雑録

○上杉治憲公が千年の基（接前）○大日本孝子教会○遷仏遷座奉祝之歌大谷の流（藤岡宜正）

文苑

◎紫式部（小野湖山）◎寄題月窓（大沼湖雲）◎（月次兼題甲部）野外萩露…伊藤ゆう子…嶺（領）涯隠士…三好つる子…阪井潔…岡杞憂…鈴木善富…阪井扶桑子…梅谷松比古…伊藤祐典…丹羽太三郎…中尾実之助…小笠原徳臨…楠井民次郎…美浦八重子…楠井正之助…高志峰雄…丹羽太三郎…嶺涯隠士…丹羽たみ子…円尾正晴…阪井潔…夜寒里人…木原貞子…伊藤ゆう子…三好つる子…伊藤祐興…楠井民次郎

雑報

○東京感化院の御下賜金○運用汽車の顚覆○御見舞金の下賜○各地の風水害○御救恤金の下賜○戦死将校の肖像○帝国教育大会の決議○博覧会の閉場式

広告

　十数件

道之友稟告

◎本誌定価◎配達規則◎送金規則◎御注意◎本誌広告掲載料

『道之友』第六七号　一八九五（明治二八）年九月二五日発行

論説

女子の普通教育（接前）　夜寒里人

法話

特別教会法話（接前）
　学師　吉谷覚寿師演述（猪飼鉄太郎速記）

演説

武の七徳（第一席、接前）
　文学博士　南条文雄師演述（猪飼鉄太郎速記）

譚叢

名誉の戦死者村田岩吉氏（上）　南瓜堂主人

学芸

連歌のはなし（第三十六）　東京寂羅坊　松清風士

衛生

耳病者の心得　愛生子摘録

雑録

○浄土宗の心をよめるなか歌（頓阿法師）○従軍布教の俗歌（霜露閣主人）○上杉治憲公か千年の基（接前、規外生写）

文苑

◎（月次兼題甲部）山中秋興…楠井民次郎…河渡雪子…もりのや…阪井扶桑子…林泉子…かしわや…志貴瑞芳…小岳子…小笠原徳臨…梅亭…梅谷松比古…円尾正晴…林逸美…丹羽太三郎…夜寒里人…森策子…鈴木善富…松崎うら子…阪井潔…◎（同乙部）幽夕…楠井民次郎…西垣良胤…梅谷松比古…中島富次郎…加藤西溝…小笠原徳臨…三好つる子…夜寒里人

雑報

○皇太子殿下の御軽快○東宮御附諸氏へ金円下賜○山階菊磨王殿下の御婚儀○陸海軍大勝利の一周年○義民村の恩賜金○真宗大谷派の諭達○平安遷都紀念祭○平安遷都記念踊の歌○救世軍の渡来

広告

十数件

道之友稟告

◎本誌定価◎配達規則◎送金規則◎御注意◎本誌広告掲載料

『道之友』第六八号　一八九五（明治二八）年一〇月二五日発行

論説

誰人も念仏するに宜し　長谷川弘道

法話

特別教会法説

文学博士　南条文雄師演述（猪飼鉄太郎速記）

演説

武の七徳（第二席）

文学博士　南条文雄師演述（猪飼鉄太郎速記）

譚海

名誉の戦死者村田岩吉氏（下）　南瓜堂主人

学芸

連歌のはなし（第二十七）　東京寂羅坊　松清風士

衛生

衛生小談　愛生小僧

雑録

○上杉治憲公が千年の基（規外生写、接前）○日本弘道会要領十条○われこそ死なじ（釈大智）

文苑

◎仏教婦人会の開会を祝して（武藤八重子）◎仏教婦人会開会を喜ひて（同人）◎おなじく（武藤きい子）◎（月次兼題）月照紅葉…三好つる子…中島富次郎…高志峰雄…新三…三芳女史…鈴木善富…丹羽太三郎…河渡雪子…木原貞子…西垣たね子…志貴瑞芳…阪井潔…谷啓覚…林逸美…渡辺勝治…小笠原小僊…小笠原徳臨…円尾正晴◎（同上）麓庵…林逸美…鈴木善富…阪井潔…木原貞子…鯉城士…加藤賢了…加藤四溝…河渡雪子…稲垣よね子…丹羽太三郎

雑報

○天皇陛下の御盛徳○御苑の菊花凱旋○御救恤金の下賜○養老金下賜の人員○四百人の子孫○伊勢の来信○貞婦梅菊の美事○大谷派別院の大法要

広告

十数件

『道之友』第九一号

一八九七（明治三〇）年一〇月二五日発行

論説

恩及禽獣　釈　大智

女僧問題をよみて　禿　真子

法話

特別教会法話

文学博士　南条文雄師説話（猪飼鉄太郎速記）

説教譬因録（接前）　志貴小岳子

演説

仏教広徳会に於て　今村大善師演述（今村雲峰筆記）

譚叢

まつひめ（其五、其六）　鯱　磨

学芸

連歌のはなし（第六十）　東京寂羅坊　松清風士

衛生

近視眼に就ての心得（接前）　野村　朗

雑録

○法然上人の法語○芭蕉と幽斎（家庭新聞転載）○破

れし窓（釈大智）

文苑

◎（月次兼題甲部）水鳥…稲垣よね子…三好義雄…立松須磨子…中島富次郎…伊藤遇…安原元子…志貴よし子…千秋芳麿…溝口貞子…夜寒里人…三好義太郎…柿崎義雄…阪井潔…志貴瑞芳…安原やえ子…鈴木幸松…かしわや…溝口勝英…高志峯雄…花月舎…鈴木善富…溝口茂吉…高志垣尾…三好かめ子…三好つる子…作間東塢…◎（同乙部）暮秋紅菊…千秋芳麿…岡山まさ子…作間東塢…安原元子…立花須磨子…柿崎新…溝口鋭吉…三好つる子…鈴木幸松…かしわや…河渡よし子…三好かめ子…鈴木善富…柿崎義雄…溝口貞子…中島富次郎…夜寒里人…溝口勝英…河渡善蔵…伊藤遇

雑報

○皇太子殿下の還御○両内親王殿下の御学問○皇女御降誕と御命名式○御救恤金の下賜○御歌所員の拝命○高田派新法主の御卒業○慧灯大師の四百年大法要○不二門老師の遠逝○孝子鮎を買ふ○愛知県下の大洪

特別広告

山内鶴太郎（美濃国郡上郡野添村）永続元資金寄附

広告

数件

道之友稟告

◎本誌定価◎配達規則◎送金規則◎御注意◎本誌広告掲載料

『道之友』第九二号

一八九七（明治三〇）年一一月二五日発行

論説

道義の回復に就て　杞憂道人

法話

特別教会法話（接前）

文学博士　南条文雄師説話（猪飼鉄太郎速記）

説教譬因録（接前）　志貴小岳子

演説

改悔枇判（第一席）

小栗栖蓮舶師説話（門人藤笮大春筆記）

譚叢

二人の行脚僧　黄葉

学芸
連歌のはなし（第六十一）　東京寂羅坊　松清風士
衛生
肺結核の予防　横浜　子春子
雑録
○無住長老の法話○白川楽翁公の鍋の賛○一休和尚の伊呂波歌
文苑
◎（月次兼題甲部）鶴…かしわや…阪井潔…阪井扶桑子…鳳水生…鈴木善富…織田久子…織田錦月…立松真砂子…柿崎新…柿崎喜三雄…作間東塢…小岳子…吉田鈴子…涓々庵主人…竹香女史…伊藤愚…三好義太郎…織田久丸…柿崎義雄…花月舎…溝口徳子…幽翠仙史…高志ひてを子…夜寒里人…千秋芳麿…溝口貞子…立松須磨子…溝口鋭吉…箕浦谷子…岡山まさ子…箕浦円遵…河渡善蔵…溝口勝英…鈴木幸松…志貴瑞芳…◎（同乙部）竹林雨…作間東塢…箕浦竹千代…河渡善蔵…三好義太郎…溝口鋭吉…伊藤愚…柿崎喜三雄…かしわや…鈴木幸松…小岳子…溝口貞子…立松須磨子…柿崎新…織田錦月…箕浦円遵…志貴瑞芳…岡山正利…千秋芳麿…柿崎義雄…溝口勝英…織田久丸
雑報
○天長節御祝典の御見合○御救恤金の下賜○貞宮殿下の初御参内○京都の仏教婦人教会○春畝候の揮毫○宇都宮の子守学校○当師団の臨時招魂祭○露国に於ける宗教の勢力○アーノルド氏の結婚
広告
数件
道之友稟告
◎本誌定価◎配達規則◎送金規則◎御注意◎本誌広告掲載料

『道之友』第九三号

一八九七（明治三〇）年一二月二五日発行

論説
直正の信者　杞憂道人
法話
特別教会法話（接前）
文学博士　南条文雄師説話（猪飼鉄太郎速記）

説教譬因録（接前）　志貴小岳子

演説

改悔批判（第二席）

小栗栖蓮舶師説話（門人藤竿大春筆記）

譚叢

忠信以呂波弁（接前）　伊勢櫟景子

学芸

連歌のはなし（第六十二）　東京寂羅坊　松清風士

衛生

血族結婚より来る眼病　野村　朗

雑録

○光明皇后内裏の御屏風にかゝせ給ひし事○心の鏡（椰陰道人）○上杉鷹山公の庭訓

文苑

○寄月恋（溝口勝英）…籬菊（指月）…紅葉（村上末）○（月次兼題甲部）歳暮…阪井潔…鳳水生…涓々庵主人…竹香女史…高志ひてを子…幽翠仙史…織田久丸…溝口鋭吉…鈴木善富…箕浦梅野子…河渡雪子…瀬古帰舟…作間東塢…伊藤遇…溝口徳子…箕浦円遵…高志つねを子…溝口勝英…箕浦竹千代…瀬古白浪散史…仲上勝次郎…志貴瑞芳…無妄居士…柿崎義雄…鈴木幸松…岡山まさ子…高志峯雄…岡山正利…○（同乙部）心静延寿…稲垣よね子…鈴木亨松…岡山まさ子…箕浦竹千代…作間東塢…岡山正利…鈴木善富…伊藤おろか…千秋芳麿…河渡雪子…吉田すゝ子…溝口勝英…伊藤遇

雑報

○東宮常御殿の御建増○英照皇太后御遺愛の樹木○歌御会始の御題○老忠碑の受賞○髪綱の保存○細川千巌師の遷化○本誌本年の終刊

広告

数件

道之友稟告

◎本誌定価◎配達規則◎送金規則◎御注意◎本誌広告掲載料

『道之友』第九四号

一八九八（明治三一）年一月二五日発行

詠歌

仏教婦人会名誉員真宗大谷派御連枝大谷勝尊師詠歌短冊

論説
　畜類の道義心　禿　真子

法話
　和讃法話（第一席）
　小栗栖蓮舶師説（侍者藤竿大春筆記）
　説教譬因縁（接前）　志貴小岳子

演説
　教学振起
　文学博士　南条文雄師説話（猪飼鉄太郎速記）

譚叢
　忠信以呂波弁（接前）　伊勢　櫟景子

学芸
　連歌のはなし（第六十三）　東京寂羅坊　松清風士

衛生
　梅毒性眼病　野村　朗

雑録
　十善小話（第一回）　藤岡了空口述

文苑
土岐善静…岡山正利…岡山まさ子…夜寒山人…立松須广子…立松竹枝…立松真砂子…溝口勝英…井林周平…鳥岡天真●外一首…佐々木龍寛…○三始…湖月…湖仙…湖友…○（月並兼題甲部）…稲垣よね子…鈴木幸松…阪井潔…阪井扶桑子…渡辺勝治…水野慈声…鈴木清兵衛…鈴木きよ子…伊藤新吉…柿崎新吉…志貴瑞芳…吉田すゝ子…渡辺梅太郎…岡山まさ子…幽翠仙史…箕浦竹千代…同円遵…大藤信勇…鈴木善富…花月舎…溝口鋭吉…伊藤遇…鳳水生…佐藤英俊…夜寒山人…立松須广子…箕浦梅野子…溝口勝英…箕浦谷子…仲上勝次郎…箕浦現遵…○（同乙部）閑居…立松竹枝…岡山まさ子…柿崎安子…織田錦月…箕浦円遵…無妄居士…溝口鋭吉…伊藤新吉…水谷可一…阪井扶桑子…伊藤遇…渡辺勝治…立松須广子…仲上勝次郎…箕浦谷子…柿崎義雄…溝口勝英…渡辺梅太郎…鈴木善富…鈴木清兵衛

雑報
○本年元旦の光景○英照皇太后の御一周年祭○英照皇太后の御遺詠○御所号の取調○近衛忠煕公の栄誉○彰善会の設立

特別広告

喪期中、賀辞差し控え案内

広告　数件

道之友稟告

◎本誌定価◎配達規則◎送金規則◎御注意◎本誌広告

掲載料

『道之友』第九五号

一八九八（明治三一）年二月二五日発行

論説

妖怪論　　城　南　子

十善小話（第一回）　藤岡了空口述

法話

和讃法話（第二席）　小栗栖蓮舶師説（侍者藤竿大春筆記）

説教誓因縁（接前）　志貴小岳子

演説

教学振起（接前）

文学博士　南条文雄師説話（猪飼鉄太郎速記）

譚叢

三浦京子の君　　釈　大智

学芸

連歌のはなし（第六十四）　東京寂羅坊　松清風士

衛生

梅毒伝染に就ての心得　　野村　朗

雑録

○安心ほこりた、記（白隠禅師作）○高山彦九郎氏鞠

文苑

つき歌

○道之友（藤原数馬）○雪中早梅（溝口勝英）○富士
山（藤原かま子）○（月並兼題甲部）早春鶯…溝口鋭
吉…作間東塢…阪井潔…吉田す、子…伊藤愚…箕浦う
め子…夜寒里人…吉田徳子…屍洲了証…岡山正利…箕
浦竹千代…無法子…溝口貞子…石神鐘子…柿崎義雄…
鈴木きよ子…鈴木善富…箕浦現遵…井林周平…溝口勝
英…織田久丸…渡辺勝治…鈴木幸松…楠井正敬…鈴木
清兵衛…○（同乙部）舟…鈴木善富…阪井潔…楠井正
敬…藤原数馬…箕浦竹千代…渡辺梅太郎…立松須広子
…作間東塢…石神鐘子…柿崎義雄…夜寒里人…箕浦現

遵…溝口勝英

雑報

○山階宮殿下薨去○英照皇太后御霊代奉還○青山御所の改称○離宮及び御用邸○御歌会始の御式見合○御紋付御杯の御下賜○本願寺新法主の婚儀○条約実施と宗教々育

広告

数件

道之友稟告

◎本誌定価◎配達規則◎送金規則◎御注意◎本誌広告掲載料

『道之友』第三四八号　一九一九（大正八）年五月五日発行

論説

忍の二種　隠忍持久　道友第一子

参らせ心悪し　高尚院超然師

釈尊の降誕　文学士　小林康詮

歌

数十首　栗田大人撰

論説

仏の知ろしめすやうに　住田嗣講師

平生の覚悟　布教使　伊藤大忍師述

達磨の画の賛に　寺松　円純

私が幼時の感化　文学博士　三上参次氏談

私の奮闘的意志は父祖の賜　中山　太一

編輯便り

編輯局便り（七件）

雑誌『心の鏡』総目次

発行兼編輯人　中山　理賢
印刷人　因幡　寛励
発行所　東京浅草区北清島町百一番地　連合婦人会

『心の鏡』第一号

一八九〇（明治二三）年七月二七日発行

主意
主意賛成諸会（東京貴婦人法話会／同特別婦人会／北海婦人会／山形貴婦人会／秋田貴婦人会／太田婦人会／長林婦人協会／其他照会中の婦人会五会なり）

祝章
○佐々木弘綱○佐々木信綱○佐々木光子○成瀬春久○野田いく子○成瀬聴子○田村てう子○土岐善静○竹屋雅子○寂羅坊湖子（以上筆者成瀬大域翁）

祝文（附録）
○跡見花蹊（女史）○佐々木祐寛○渥美契縁○貴婦人法話会々長公爵夫人三条治子○大谷派本願寺御裏方大谷恒子（親辞）

本会広告
お詫び／祝辞投稿依頼／小説予告／仮名遣い注意

会説
心の鏡発行の趣意
山形貴婦人会法話　小栗栖香頂

論説
京に田舎あり　編者

講話
徒然草抜萃講義　緒言　佐々木弘綱
年々教育談　緒言　M．R．生

伝記
瀧川寿子の小伝　平松　理英

雑報
○皇后陛下の恩賜○女学生の貧民救助○名古屋仏教婦人会発会式○教師の手品遣ひ○奇童（挿画）○南条文雄博士○女丈夫の失敗○教育ある女子の弊風○流行物

文苑
和歌八首

小説
節婦と孝女　鮮血美談　撫松隠士
雑録
調理法緒言　養軒主人
挿書画
二歳童日高寛一揮毫の図（写真石版摺）
節婦なか孝女あさの遺書（写真木版摺）
本会広告
次号掲載内容／入会手続き／雑誌・図書広告／広告料
など

『心の鏡』第四号

一八九一（明治二四）年一月二〇日発行

新年の詞
挿画　松本楓湖
論説
明治廿四年を迎へて
謹て十月三十日の勅語を読む　花蹊女史
本邦女子教育改良案中一項（第二号のつゝき）
徳　育
村椿　又作
法話
東京特別婦人会法話　村上専精説
演説
よき子をもつはなし
陸軍々医総監従四位勲二等　松本順先生
講話
連歌のはなし（第三）　松清風士（土岐善静）
蒐録
落穂集抜書
心草子（第三）　故　白川楽翁公
雑報
○皇帝皇后両陛下○皇太后陛下○連歌初の式○節口説
○十歳以下の後家四万八千人○運動の程度○女子の著
述○婦人商工会○舞踏会参会の謝絶○かな習字帖○世
は様々○福引○流行物
文苑
（和歌）○佐々木弘綱○佐々木光子○佐々木信綱○土
岐善静（発句）寂羅坊湖月（子）

雑誌『心の鏡』総目次

小説
好結果（第二回）　幸田露伴
挿画　荒木寛友
連合会報告
貴婦人法話会報告
広告
数件

『心の鏡』第五号

一八九一（明治二四）年三月二〇日発行

附録
祝章　五条良子
会説
国民新聞記者に答ふ
講話
徒然草俚諺解（三号のつゝき）　佐々木弘綱
徳育談話第一（続）　南条文雄
演説
よき子をもつ話し（前号のつゝき）　松本順
論説
かな習字帖に就て　小野鶩童
北海道土人風俗一班　巴灣　本多澄雲
女子教育改良案中の一項（前号のつゝき）　村椿又作
雑報
○女子高等師範学校○女子師範学校に関する意見書○婦人の為めに冤を雪がん○女子修身鑑○驚くべき童女○女子に関する倫理上の問題及び答議○耶蘇は止めて下され○欧米に於ける女服改良方案
文苑
歌御会始　御製御歌并に預撰歌
心草紙（其五）
小説
好因果（第三）　幸田露伴
本会報告
今号編輯人を本多良観が務めたことの御断　中山理賢
広告

雑誌『姫路城北女教会雑誌』総目次

発行兼編輯人
兵庫県播磨国姫路市威徳寺寺町六番屋敷ノ第一　藤川　量暢
印刷人　兵庫県播磨国姫路市大野町十八番屋敷　河野　瀬一
発行所
兵庫県播磨国姫路市威徳寺寺町六番屋敷ノ内　姫路城北教会

『姫路城北女教会雑誌』第二号

一八九〇（明治二三）年七月一一日発行

法話
両揖婦人教会に於て　大谷　朴子
見真大師御降誕会席上　編　者
教訓
○正信偈大意抄出（蓮如上人慧灯大師御一代聞書云）○実悟記抄出○和語灯録抄出○黒谷上人和語灯録云○いろはうた玉林和歌集抄出
伝記
○佐々木了智伝（本願寺真実談）○赤穂小松女（妙好人伝）
寄書
姫路城北女教会々員に望む　山科　凌雲
嫁入土産　木村　円淳
祝文　通常会員　松原まきえ
祝詞　七十一翁　芹田月山第
祝歌　柳　所
茶碗によせて　河野　老
説教
本会三周年説教の大意　編者　藤川量暢
雑記
○玉織女史の事○因果の写真（貫心会幹事中川恵輪氏報）○京都連合京都婦人教会○田中忠次郎氏の事○神智学会に就て○姫路婦人共愛会○姫路女教会○姫路の三大老○奉迎○両本願寺の施米○空中船○外国人にも茶人あり○仏教婦人会記事

本会記事
　姫路城北女教会規則／本会創立費寄附／本会永続資金寄附／物品寄贈／会員
広告数件

『姫路城北女教会雑誌』第五号
一八九一（明治二四）年七月一一日発行

広告
　本会永続資金寄附依頼
報告
　永続資金寄附
稟告
　発刊主意・価格など
説話
　仏の真似を為せ！
蒐録
　蓮如上人法語
　法のみちびき（新体詩）　貫心生
寄書
　祝詞に代ゆる　東京石川島監獄教誨師　藤岡了空
　母の心得
　吾人の仏教を信ずる所以　横井金蔵
雑報
　○婦女子の感情○女学校を起せ○釈迦仏の霊跡を買はんとす○賛助会員○篤志
会告
　寄贈雑誌／姫路城北女教会本部規則／会告（岡沢陸軍少将栄転）／本会支部広告（第一支部下市之郷／第二支部東市之郷／第三支部中市之郷／第四支部阿保村／第五支部尹伝居村／第六支部白国村）／法話／本会永続資金寄附／月並説教
広告
　数件

『姫路城北女教会雑誌』第六号
一八九一（明治二四）年八月一一日発行

広告
　本会永続資金寄附依頼

報告
　永続資金寄附
会告
　発刊主意・価格など
説話
　真俗二諦
蒐録
　蓮如上人法語
　僧樸師法語抜抄
　見真大師降誕会祝歌　貫心生
寄書
　姉妹の注意　S.H.
　生花の心得（第一回）　小泉長次郎
　三世の説　代言人　横井金蔵
　寄藤川量暢氏　水山　金井利信
雑報
　○崇徳学校移転開校式○両派法主殿へ御恩賞を賜ふ○
　七月中本会記事
特別広告
　寄贈雑誌／姫路城北女教会本部規則／資金寄附者など／月並説教
広告
　数件

『姫路城北女教会雑誌』第七号

一八九一（明治二四）年九月一一日発行

広告
　本会永続資金寄附依頼
報告
　永続資金寄附
会告
　発刊主意・価格など
目録
　筑前博多明月女肖像
説話
　真俗二諦（承前）　K.N.
　真実の慈愛　S.H.
蒐録
　月詮師の法語（法の国）

励め信徒！（新体詩）　貫　心　生
詩二首（有威、有威其二）　念仏庵主人
寄書
祝詩に代ゆる（接前々号）
東京石川島監獄教誨師　藤岡了空
何ぞ女子に家無けんや　高井利七朗
仏教を信ずるに就て二個の障害物あり　六角　迷者
雑報
○牛に牽れて善光寺参り○感ずるに堪たり
会告
八月中本会記事／特別会告／姫路城北女教会本部規則／資金寄附者など
広告
数件

『姫路城北女教会雑誌』第八号

一八九一（明治二四）年一〇月一一日発行

広告
本会永続資金寄附依頼
報告
永続資金寄附
会告
発刊主意・価格など
目録
陸軍次官岡沢精君題字
説話
恩徳広大釈迦如来の讃によりて　忍辱道人
道徳の必要　愛　蒙　生
蒐録
蓮如上人法語
松丸君御出生の事（真実談）
唱歌　貫　心　生
詩一首　赤坂道人
寄書
如何して日本婦女の徳性を改良せんか　龍野　今井貞吉
父兄の責任　代言人　横井金蔵
生花の心得（第二回）　小泉長次郎
雑報

○題字下附○懇親会○福田一等勧令使の逝去○飾西仏教青年会第三年大演説会

会告

姫路城北女教会本部規則／資金寄附者など

広告

数件

『姫路城北女教会雑誌』第九号

一八九一（明治二四）年一一月一一日発行

広告

本会永続資金寄附依頼

報告

永続資金寄附報告

稟告

発刊主意・価格など

目録

姫路別院御連枝題字

大谷派御門跡御直命幷に御親書（当御門跡御直命／新御門跡御直命／前御門跡御親言）

演説

大谷派御門跡御直命に付て　渥美執事

蒐録

蓮如上人法語

松丸君御出生の承前（真実談）

念仏行者十種用心　播磨国揖東郡東南村　改野重五郎謹言

法話

高田派御裏方の法話

寄書

家庭教育小言一　東京石川島監獄署教誨師　藤岡了空

法律と宗教の関係　賛助員代言人　横井金蔵

生花の心得（第三回）　小泉長次郎

雑報

○婦人慈善会○物代撰挙○岡本法浣氏○姫路の地震

会告

姫路城北女教会本部規則／資金寄附者など

広告

数件

雑誌『をしへ草（姫路女教会々誌）』総目次

発行兼編輯人　兵庫県姫路市西紺屋町十番地平民　府川　恵音
印刷人　兵庫県葛東郡国衙村ノ内豊沢村六十五番地平民　高橋　金治
発行所　兵庫県姫路市西紺屋町十番地　光蓮寺

『をしへ草（姫路女教会々誌）』第一号
一八九〇（明治二三）年一一月三日発行

稟告　編　者
詠草一首　大谷　朴子
誡め　大塩平八郎の誡め
趣旨　本誌発行の趣旨
祝詞
　祝詞　賛助会員　脇坂法瑍（春圃道人）
　祝詞（同盟姉妹に望む）　賛助会員　長谷岡唯一
　教へ草の発行を祝す　賛助会員　永田元太郎
　祝詞　習芸　内藤織へ子
祝歌
　祝歌数首
教へ草
　教へ草　法蔵窟々人
　法の道志ば（故僧純師法語）　僧　純
　智徳並進スベシ　芝順誠（司馬山人）
雑記
　六字冠頭の歌／老人の六歌仙／感心な御話し／お医者の頓智／漢の蔡友の女誡／桶屋の誡め／歌句一連／各地女教会彙報
会報
　本会永続資金預ケ金／教授員姓名／習芸会員姓名／正会員姓名／特別会員姓名／賛助員姓名／発起者姓名／姫路女教会規則／演説々教定日広告／会誌頒布広告

雑誌『智慧之光』総目次

発行兼印刷人　加藤平次郎
編輯人　広島　覚寿
発行所　大阪市東区本町四丁目本願寺別院内　相愛社

『智慧之光』第一一号　一八九三（明治二六）年四月二三日発行

祝詞
祝詞　大谷　文子
智慧の光り　操觚者　清水亭
演説
大阪真宗婦人教会追吊会に於て　赤松　連城
論説
人心を膠結するは宗教に若くはなし
歴史
神武天皇
雑録
○月○夢の世の中○天目なきに非す挙動をつ、しめ○烟草の害○事を処するに憶測を以てする勿れ
文苑
漫言（五種）
百人一首俗解　蓬　庵
和歌（六首）
雑話
○西洋の人豈に孝心なからん乎○安寧を保つは徳義に在り○盗賊過ちを悔いて僧となる○孝婦○玉に適なし
雑報
○皇太后陛下の御仁恵○相愛女学校卒業証書授与式（外数件）

『智慧之光』第一二号　一八九三（明治二六）年五月二一日発行

演説
大阪婦人教会例会に於て　赤松　連城
論説
相愛女学校新築幷火防工事趣意書

歴史
日本武尊
文苑
百人一首俗解（承前）　蓬　庵
和歌（二首）
雑録
○因果応報○流転輪廻○時節到来○人の男となり女となるの因縁○恒星○書を読て字句に拘泥する勿れ○浄瑠璃文句の解
雑話
○孝行○貞節○友弟○廉潔○幼児の放火
雑報
大法主殿の御来跋
寄書
婦人の鏡改題に就て　禿　真子
広告
数件

『智慧之光』第一三号

一八九三（明治二六）年六月一八日発行

論説
道徳の振起策を講ずるに今の紳士紳商を捨て其れ誰也
歴史
乙橘媛
文苑
慢言
百人一首人物小伝　蓬　庵
伝記
阿藤の伝　蓬　庵
雑録
○空気○理窟○又○埒明不申○猶予を願○猿戸のおこり○人を泣かす○京大阪の風俗あらためたき者多し○一人の恥は一国の恥○楞厳経を読て感あり
雑話
○貪欲○瞋恚○愚痴○悪矣哉かの小娘
広告
数件

『智慧之光』第一四号

一八九三（明治二六）年七月一五日発行

論説
富豪家はかならず一読せられよ
歴史
神后皇后
雑録
○以て非なるもの○理窟○人の心はその持論を以て其賢愚を示す○軍歌○別院の古狸○伝記及電光　附たり雷のはなし○浄瑠理文句の解（蓬庵）
雑話
○智○信○仁○勇
広告
数件

『智慧之光』第一五号

一八九三（明治二六）年八月二七日発行

論説
女学校の建築に就てちよいと一言す
演説
同権とは何物ぞ　若原観幢
歴史
仁徳天皇（挿画）
文苑
百人一首人物小伝　蓬庵
伝記
文覚上人
雑録
大阪の大豪傑（挿画二頁）
仏恩報謝
夫妻の道　高田道見
瓦斯の話
雑話
石井常右衛門（挿画二頁）
俳優善行（挿画）
広告
数件

『智慧之光』第一六号　一八九三（明治二六）年九月三〇日発行

論説

智慧の光のこゝろ

歴史

上毛野形名の妻

演説

法話　船見　恵眼

文苑

百人一首人物小伝　蓬　庵

伝記

文覚上人伝

雑録

○直接と間接（挿画半頁）○秋茄子（挿画半頁）○雲と雨○昔の人と今の人の月のみやう（挿画半頁）○月日は人と遊ばず（挿画半頁）

雑話

富田の栄え　蓬　庵

貞婦髪を剪て伉儷を全す

広告

数件

『智慧之光』第一七号　一八九三（明治二六）年一〇月二二日発行

論説

他の醜態を見て己が醜態を顧よ

演説

女子教育の方針　小野島行薫

歴史

鎌足（挿画二個）

文苑

百人一首人物小伝　蓬　庵

伝記

文覚上人伝

雑録

○偏聴は人を誤る○茸狩（挿画）○秀吉の眼力○自信

雑話

教人信

○野末の秋○三河のけん女（挿画）○その親に孝ある者主に事に必ず忠あり

広告

数件

『智慧之光』第一八号

一八九三（明治二六）年一一月二六日発行

論説

一心とは何ぞ

演説

十一月十一日真宗婦人教会に藤里順乗師が演説大略

歴史

和気清麻呂

文苑

百人一首人物小伝　蓬　庵

伝記

文覚上人伝（承前）

雑録

○干芬○楓を観て感あり（挿画）○宗論は論が負ても釈迦の愧ぢ

雑話

○活仏亦首を縊る乎○有為転変○妻のつとめ○賢女阿けん子孫の為めに禍を未萌に防ぎし話（挿画）○貞婦お初髪を断て再嫁を拒みて孝行せし話

寄書

婦人教会に望む　同会賛成員　忠告子

閑話記　横川　秋外

口を守ること瓶の如くせよ

子そだて草々

広告

数件

雑誌『防長婦人相愛会誌』総目次

発行兼編纂者　山口県都濃郡徳山村第千三十五番屋敷　浅田サタ子

印刷者　山口県都濃郡徳山村第八百二十番屋敷　河野　泉助

（第一一冊〜）山口県都濃郡徳山村第百六十六番屋敷　石田善次郎

発行所　山口県都濃郡徳山村第七百七十一番屋敷　防長婦人相愛会

『防長婦人相愛会誌』第一一冊　一八九一（明治二四）年一一月一五日発行

説話

海外渡航の醜業婦女取締方案につきて　参事員　赤松照幢

女学の目的（私立徳山女学校生徒への演説）　会員　藤岡トラ子

佳伝

旌孝阿米碑（原漢文）

稲生恒軒氏の室波留子の話

本会記事

常会報告

同報告

入会者／寄贈雑誌／義捐金品録

会告

吾県風害遭難者救恤のため義捐金を募る詞　山口県積善会　赤松照幢　防長婦人相愛会　神保さだ子

要報

私立徳山女学校要報／学科及授業科／教職員／生徒及試験

附録

寄附物件

雑件

一月十八日勅語捧読式を行ふ◎五月廿八日　皇后陛下の御誕辰を祝し奉る◎八月都濃郡小学校教育品展覧会へ参考品として蔵書及生徒製品を出品し褒状一通領受

す◎三月児玉源太郎氏（陸軍少将）参観せられ維持金寄附の申込ありたり◎六月大内青巒氏（尊皇奉仏大同団幹事長）参観せられ生徒へ対し一場の演説ありたり

『防長婦人相愛会誌』第一二冊

一八九一（明治二四）年五月二六日発行

説話

「善」　赤松やす子

報告

徳山女学校第二回報告／（二学年修業生）豊嶋きみ／（教員）与謝野寛／演説（教員）藤岡とら子／演説（幹事）赤松やす子

雑件

廿四年一月第一回卒業試験を挙行す〇都濃郡小学校教育品展覧会へ参考品として蔵書及生徒製品を出し賞状を領受す〇大内青巒氏来校一場の演説あり〇濃美の震災遭難者へ教職員及生徒中より救恤金を寄贈せり〇志願者へ外科に刺繍の教授を始む〇撮音器使用者太田浩氏来校撮音器を使用せしむ〇文学士幷上田了氏来校一場の演説あり〇杉民治氏来校一場の演説あり〇附属幼稚園設置の義を其筋へ出願し右建物を新築せり〇廿五年四月第二回卒業式を挙行す（記事前にあり）

要報

私立徳山女学校要報／生徒及試験／雑件／寄附物件（書籍・拡張費・雑事費）／決算入学生徒氏名録

本会記事

会告

第三部　関係復刻資料

中西直樹

解説

本書第三部には、史料的価値が高く一般に閲覧が困難と考えられる関係資料を選び、復刻掲載することにした。その概要は以下のとおりである。

（一）『心の鏡』第一号（連合婦人会、一八九〇（明治二三）年七月）

本書で取り上げた婦人雑誌のなかには、すでに復刻されているものも少なくない。一九八六年に大空社が刊行した『復刻　日本の婦人雑誌』には、『婦人教会雑誌』と『婦人教育雑誌』の創刊号が収録されている。また、一九九二年には日本図書センターがマイクロフィルム版『婦人教会雑誌』を刊行しており、これには後継誌の『婦人雑誌』も収録されている。さらに二〇一七年には柏書房が、『婦人教会雑誌』と『婦人世界』とを復刻した。

これら復刻された雑誌がすべて本願寺派系であるのに対し、ここでは大谷派系の『心の鏡』第一号を掲載することにした。この時期の婦人会活動の研究は本願寺派系のものに対象が集中しているが、大谷派の婦人会活動にも活発なものがあった。その動向に関しては、本書第二章の碧海論文を参照されたい。

本書第二部の「各誌総目次」に見るように、この時期の婦人雑誌には欠号が多い。『心の鏡』は、東京大学大学院法学政治学研究科附属近代日本法政史料センター（明治新聞雑誌文庫）に第一号、第四号、第五号が所蔵されており、今回の第一号復刻に当たっても、同センター所蔵本を使用した。今後欠号が見つかり、復刻されることが望まれる。

なお、『反省会雑誌』五年八号（一八九〇年八月）は、本誌のことを「東京連合婦人会より発兌す仏教世界婦人雑誌のキングなり」と評している。

（二）『相愛女学校規則』『相愛女学校設置方法書』（一八八八（明治二一）年三月）

（二）は、大阪の相愛女学校の創設期の資料である。相愛女学校は、いわゆる「鹿鳴館時代」に設立された仏教系女学校の代表的存在であり、その設立時の状況は、本書第四章の近藤論文に詳しい。

その後、相愛女学校は一九〇六年に高等女学校としての認可を受け、相愛大学・相愛高等学校・相愛中学校を設置する相愛学園に発展し今日に至っている。戦災等で草創期の関係資料はほとんど失われ、同学園には残っていないようであるが、本資料は筆者が偶然古書店で入手したものである。

（三）『京都婦人教会規約』（一八九二（明治二五）年四月）

京都における婦人会活動の嚆矢は本願寺派系の令徳会だったようであり、同会のことは本書第三章の吉岡論文に詳しい。しかし、この令徳会は一八九〇年頃に早くも活動を終え、姿を消したようである。代わって京都に設立されたのが、『婦人教会雑誌』発行母体の東京婦人教会と連合する京都婦人教会であった。

東京連合京都婦人教会は、一八九二年一月に東京婦人教会本部より長岡乗薫が本願寺派本山の報恩講に出張して有志に婦人教会設置の必要性を説いたことが機縁となり、同年二月に発会した（『婦人教会雑誌』第二五・二六号）。長岡乗薫は大分県の出身であり、『婦人教会雑誌』の印刷人を長くつとめ、『通俗仏教百科全書』などの刊行にも関わった。後に藤里に改姓して大阪府北河内郡山田村（現枚方市）妙教寺（本願寺派）に入寺し、関西での婦人会の普及に尽くした。

また同会では、大谷派と本願寺派の有力者が特別賛助教員に名を連ね、両派が協力して活動していたことが注目される。本資料も筆者が古書店から入手したものである。

なお、復刻資料は原寸掲載を基本としたが、『相愛女学校規則』の科程表に関しては、掲載上の都合により若干縮小した。

（中西直樹）

（一）『心の鏡』第一号

こゝろの華

第一號

本會雜誌ハ素より各地婦人教會の聯合を謀り互ニ其氣脈を通せんか為ニ發兌せし雜誌なれハ本欄へハ各地婦人會の開會定日幷ニ各會の編輯委員等を掲載すへきの處聯合會中委員等御報道無之向も有之ニ付各地婦人會の開會定日幷ニ編輯員姓名ハ次號より掲載すへし

本誌ハ右の主意を以て發行する雜誌なれハ各地婦人會ニ於て聯合御同意の向も有之候ハヽ郵券二錢を御贈らるれハ直ニ聯合規約書送呈可仕候也

本會の主意を賛成せられし諸會ハ左の如し

○東京貴婦人法話會○同特別婦人會○北海婦人會○山形貴婦人會○秋田貴婦人會○太田婦人會○長林婦人協會（其他照會中の婦人會五會なり）

第壹號目次

七月廿七日發兌

○祝章
○佐々木弘綱○仝信綱○仝光子○成瀬春久○野田いく子○成瀬聽子○田村てう子○土岐善静○竹屋雅子……○寂羅坊湖月……（以上筆者成瀬大域翁）
○祝文
○跡見花蹊○佐々木祐寛○渥美契縁
○貴婦人會々長公爵夫人三條治子殿同會祝辭
○大谷派本願寺御裏方大谷恒子殿同親辭
○會説
○心の鏡發行の趣意　小栗栖香頂
○秋田貴婦人法話
○論説
○京ニ田舎あり　編者
○講話
○徒然草講義緒言　佐々木弘綱
○年々教育談緒言　二日生
○傳記
○瀧川壽子の傳　平松理英
○雜報
○后皇陛下の恩賜○女學生の貧民救助○名古屋佛教婦人會○教師の手品遣ひ○奇童○南條文雄師○女丈夫の失敗○教育ある女子の弊風○流行物
○文苑
○小説
○節婦と孝女　撫松隱士
○雜話○和洋料理法　養軒主人
○插書畫
○二歳童日高寛一揮毫の圖　寫眞石版摺
○節婦なか孝女あさの遺書　寫眞木版摺

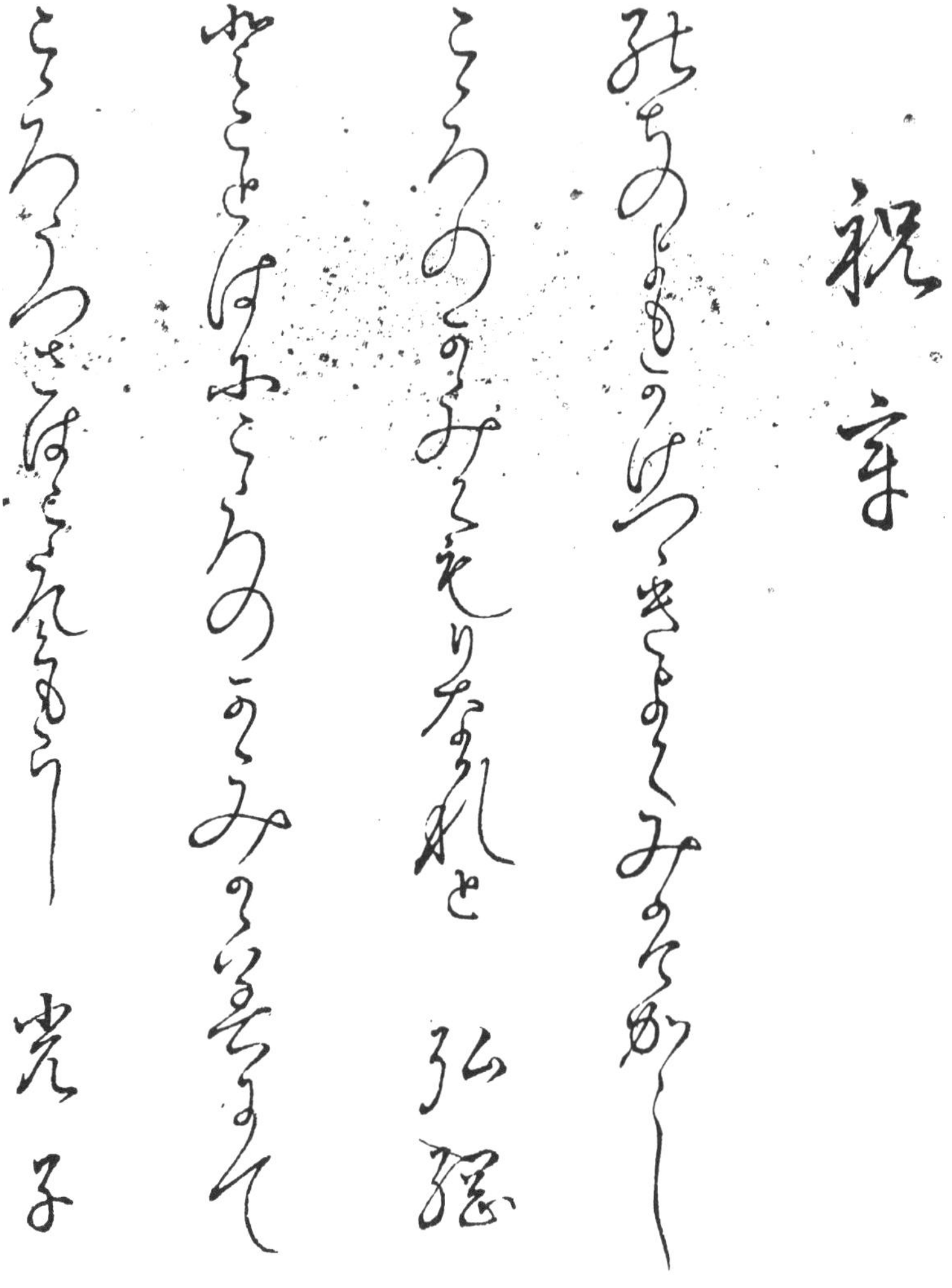
親子

おやのおもひの[illegible]

こころのみそへりなれと　弘綱

ゆくすゑはふこころのこのみの[illegible]

こころつくさは[illegible]　光子

（一）『心の鏡』第一号

そも里（ら）き人の心ゝの
あきをうつして
ともまれしもそらる
清のひとのりよ
うみふして

信綱

いく子

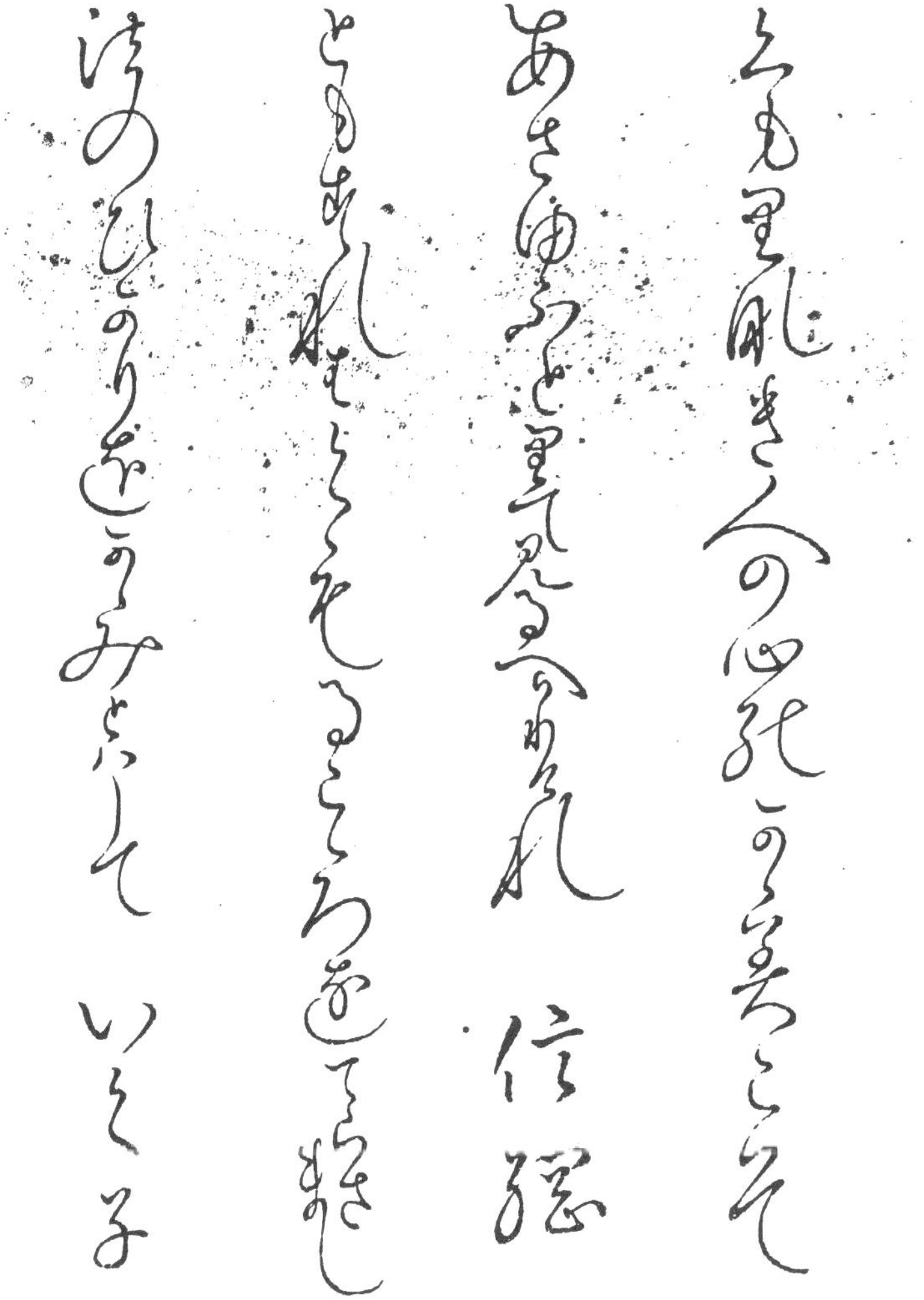

ふしにゆくその日花まつのみ

百あせせ花にきはらそまりそり　すえ

そまみまつろのみそもりすく

うつまみた花まりり　硯子

まつろのうみそかりてすあの

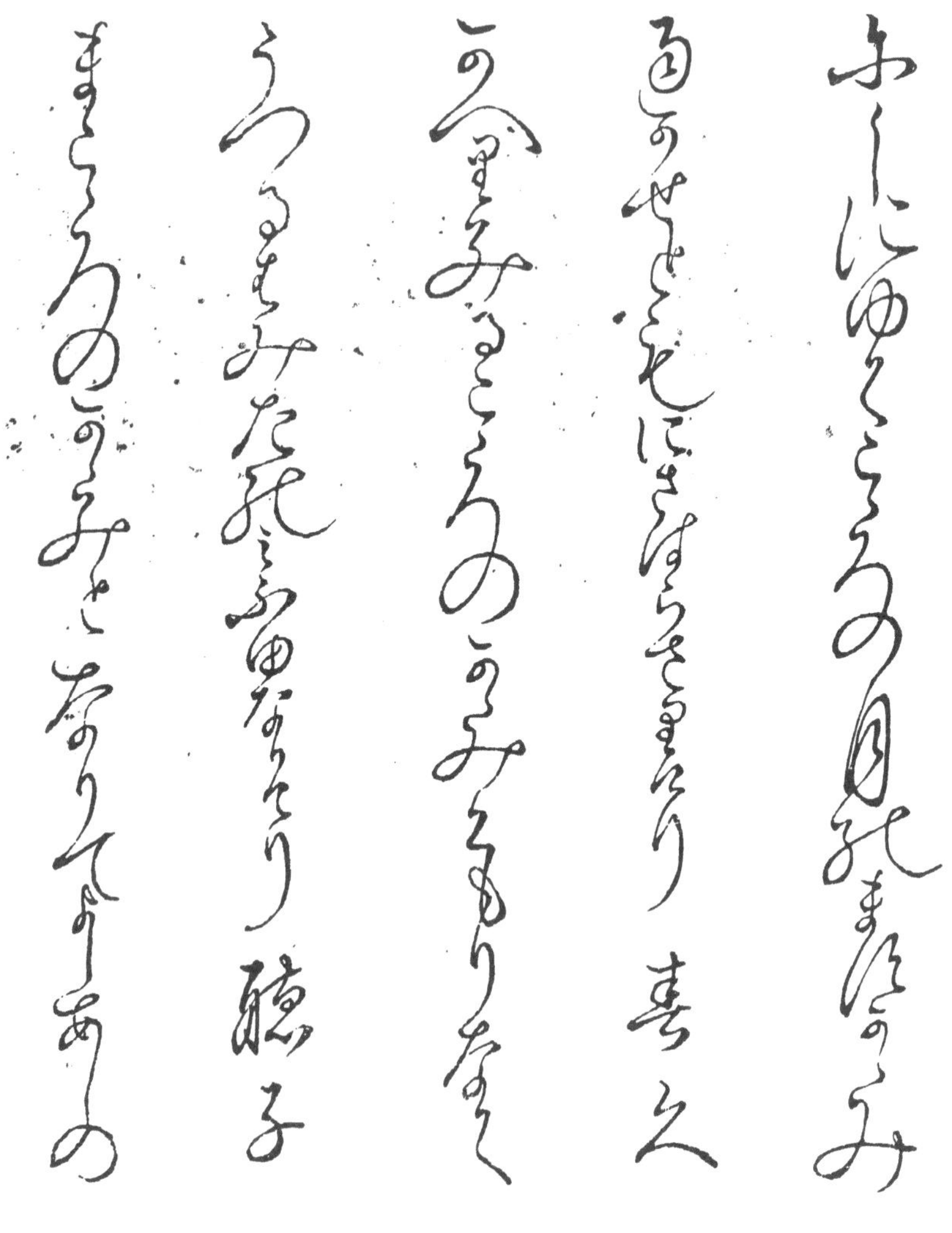

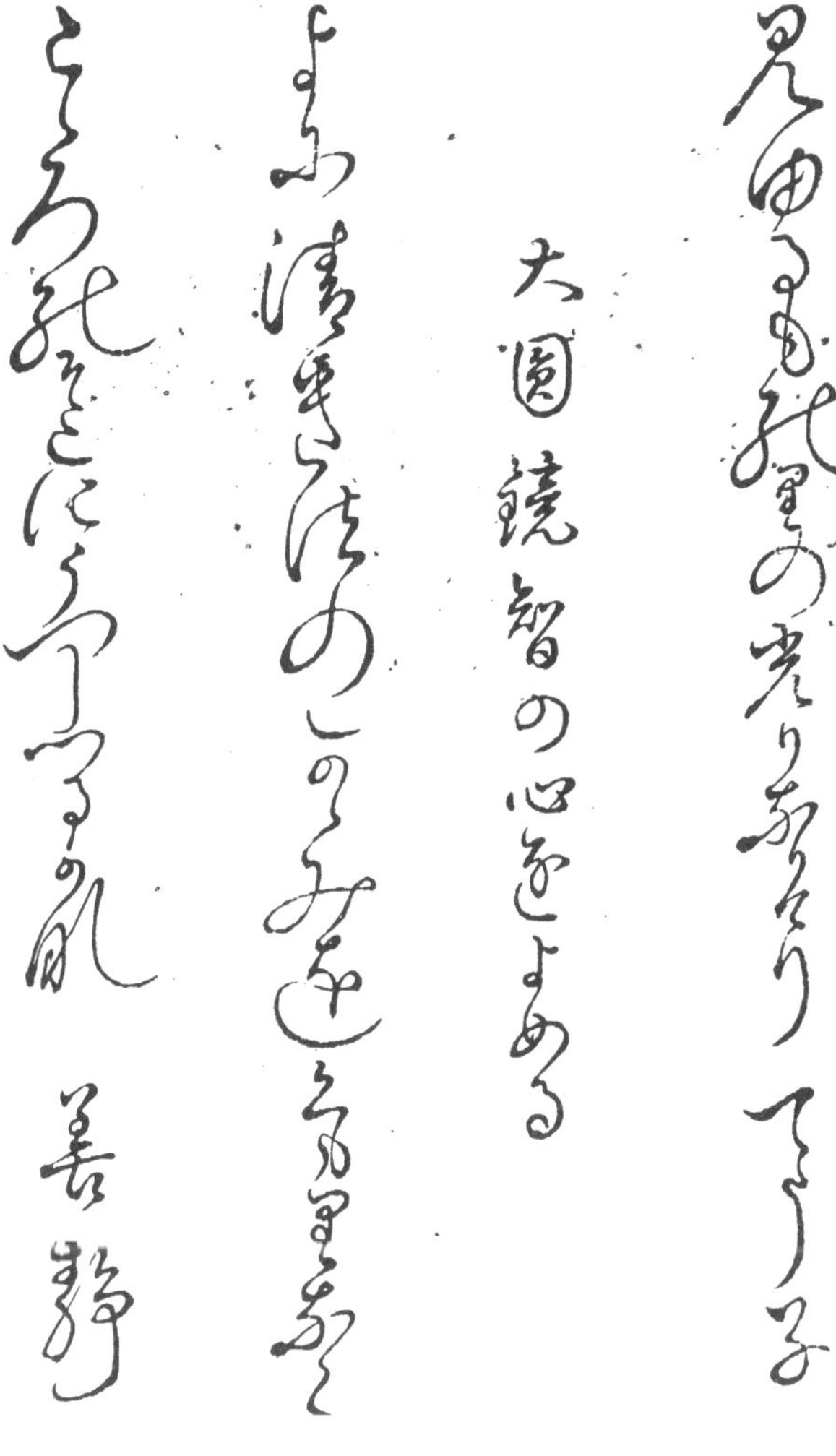
大圓鏡智の心をよめる

みの重れ光照てはる

さ乃のうみ揮見れゝ

ゝり乱ゝのよふ重人ゝ

心乱のみといふ出を

尽てよする空様

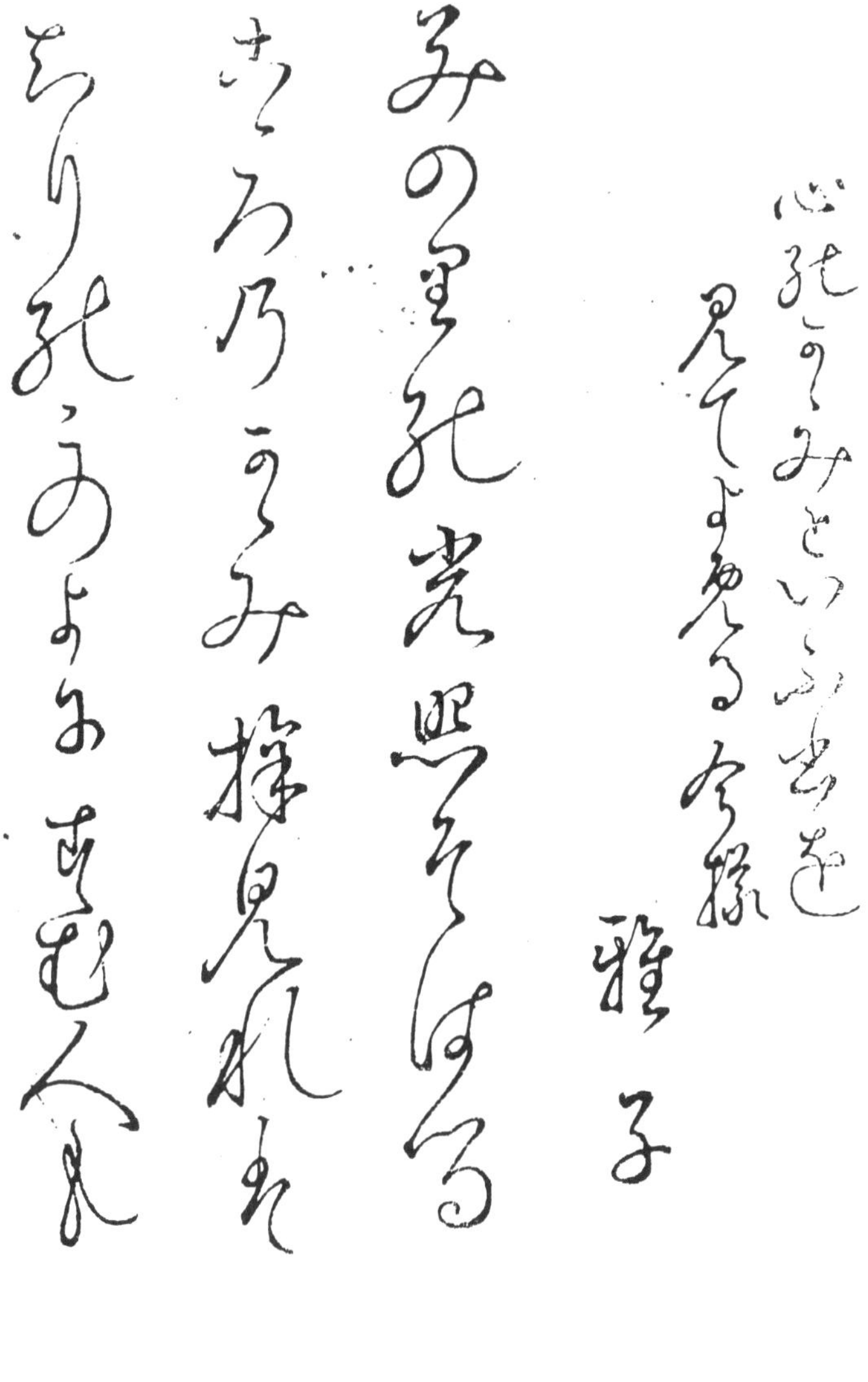

雅子

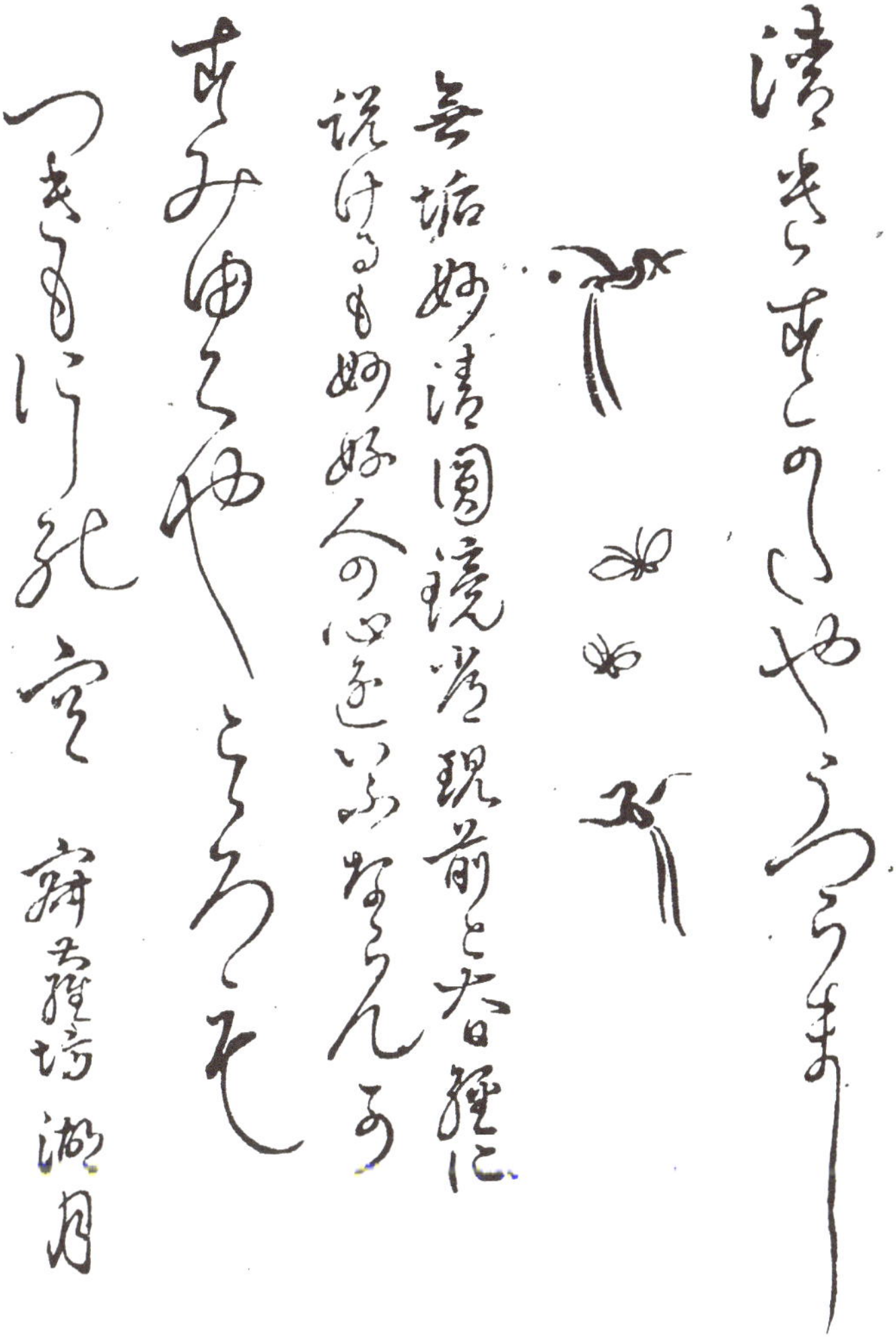
無垢妙清圓鏡智現前と大日経に
説けるも妙好人の

心の鏡第壹號附錄

心の鏡の發行を祝す

跡見花蹊女史

維新以降《ゐしんいかう》、文運隆興《ぶんうんりうこう》し、人智《じんち》日《ひ》に開《ひら》け、百般《ぱん》の事物《じぶつ》、美《び》を採《と》り善《ぜん》を擇《えら》ひ、利《り》に就《つ》き便《べん》に赴《おもむ》き、典章制度《てんしやうせいど》より以《もつ》て利用厚生《りようこうせい》の具《ぐ》に至《いた》るまて、日《ひ》に備《そな》はり月《つき》に進《すゝ》み、煥然燦然《くわんぜんさんぜん》として、前古《ぜんこ》を空《むな》しふせり、制度《せいど》文《ぶん》物《ぶつ》の盛《さかん》なること既《すで》に此《かく》の如《ごと》し、國風《こくふ》宜《よろ》しく日《ひ》に忠厚《ちうこう》に趣《おもむ》き、民俗《みんぞく》宜《よろ》しく日《ひ》に淳良《じゆんりやう》に進《すゝ》むへきなり、然《しか》るに、社會《しやくわい》の實況《じつきやう》を目擊《もくげき》すれは、大《おほひ》に之《これ》に反《はん》するものあるは何《なん》ぞや、是《こ》れ他《た》無《な》し、智育《ちいく》の法《はふ》益々《ます〳〵》備《そな》はりて、德育《とくいく》の術《じゆつ》未《いま》た至《いた》らさるに由《よ》るのみ、外美《ほかび》を務《つと》めて、内德《うちとく》を忽《ゆる》かせにするに由《よ》るのみ、夫《そ》れ、心《こゝろ》は萬《ばん》事《じ》の本《もと》なり、善惡正邪《ぜんあくせいじや》は心《こゝろ》の發《おこり》なり、吉凶禍福《きつきようかふく》は心《こゝろ》の報《むくい》なり、故《ゆゑ》に、天下《てんか》の民《たみ》、各々《おの〳〵》其心《そのこゝろ》を正《たゞ》しふして後《のち》に、太平無事《たいへいぶじ》得《え》て期《き》すへきなり、文明《ぶんめい》の眞相《しんさう》得《え》て觀《み》るへきなり、天下《てんか》の民《たみ》をして、各々《おの〳〵》其心《そのこゝろ》を正《たゞ》しふせしむるは、唯《たゞ》宗教《しうけう》あるのみ、諸種宗教《しよしゆしうけう》の中《うち》、美《び》を盡《つく》すものは、佛教《ぶつけう》に若《し》くはなし、其最《そのもつと》も久《ひさ》しく我邦《わがくに》に行《おこな》はれ、且《か》つ遍《あま》ねきもの、亦佛教《またぶつけう》に若《し》くはなし、然《しか》れは則《すなは》ち、今日《こんにち》の佛教家《ぶつけうか》たるもの、宜《よろ》しく百方濟《はうさい》渡《ど》の法《はふ》を求《もと》め、上《かみ》は以《もつ》て聖明《せいめい》の化《くわ》を賛《たす》け、下《しも》は以《もつ》て衆生《しゆじやう》の苦《く》を救《すく》ひ、以《もつ》て先覺者《せんかくしや》たるの務《つとめ》を盡《つく》さゝるへからす、其任《そのにん》亦《また》重《おも》しと謂《い》ふへきなり、頃《このこ》ろ、友志《ゆうし》の諸師《しよし》一の雜誌《ざつし》を發行《はつかう》し、名《な》つけて心《こゝろ》の鏡《かゝみ》と曰《い》ふ、其書《そのしよ》

祝詞

一

祝詞

たるや、佛教《ぶつけう》を以《もつ》て骨髓《こつずゐ》とし、國体民俗《こくたいみんぞく》を考《かんが》へ、孔《こう》孟仁義《まうじんぎ》の道《みち》を參酌《しんしやく》し、廣《ひろ》く現來《げんらい》二世《せ》の法《ほふ》を說《と》き、空《く》理《り》に失《しつ》せず、奇怪《きくわい》に陷《おちい》らず、直實平易《ちよくじつへいい》、實踐實行《じつせんじつかう》を旨《むね》とし、讀者《どくしや》をして、知《し》らず識《し》らずの中《うち》に、轉迷開《てんめいかい》悟《ご》せしめんとす、能《よ》く先覺者《せんかくしや》たるの務《つとめ》を盡《つく》すものと謂《い》ふへきなり、嗚呼《あゝ》心《こゝろ》は是《これ》、明鏡《みやうきやう》なり、時々《じゞ》拂拭《はつし》せされは、塵埃之《じんあいこれ》を蔽《おゝ》ふ此《こ》の雜誌《ざつし》の如《ごと》きは實《じつ》に世人《せじん》の爲《ため》に其塵埃《そのじんあい》を拭《ぬぐ》ふて其虛靈不昧《そのきよれいふまい》の本眞《ほんしん》を全《まつた》ふせしむるものなり、世《よ》の善男善女《ぜんなんぜんによ》、朝夕之《てうせきこれ》を熟讀《じゆくどく》せは、縱令《たとひ》煩惱《ぼんなう》を回《めぐら》して菩提《ぼだい》と爲《な》し、無明《むみやう》を回《めぐら》して大智《だいち》となすこと能《あた》はさるも、猶《な》ほ庶《こひねが》はくは、日々安心命立《にち〳〵あんしんりつめい》の地《ち》に近《ちか》つき、生《いき》て聖世《せいせ》の民《たみ》となり、死《し》して淨土《じやうど》の生《しやう》を得《え》て、永劫自在《やうこふぢざい》の身《み》と爲《な》るに幾《ちか》からんか、妾深《せふふか》く天下《てんか》の爲《た》めに本誌《ほんし》の發行《はつかう》を賀《が》し、其謭劣《そのせんれつ》を顧《かへり》みず、敢《あへ》て一言《げん》を陳《のぶ》ること此《かく》の如《ごと》し、

心《こゝろ》の鏡《かゞみ》の發刊《はつかん》を祝《しゆく》す　佐々木祐寛

世《よ》の進《すゝ》みゆくにつれて、人《ひと》の心《こゝろ》のさかしうなり、もてゆき、そをかへりみるおもひもなきさまの、鏡《かゞみ》にうつらは、いかにみにくきすがたならん、まいて、おみなは、家《いへ》をおさめ、子《こ》をそだて、三《み》ツ子《こ》のたましひ、つくるもとゝも、なりぬるものゝ、いと惜《を》しとなけく折《をり》しも、上《かみ》をならふ下《しも》のたとへとて、貴婦人會《きふじんくわい》まうけたまへる、我派《わがは》の宗主《きみ》のみこゝろ、いともしく、深《ふか》くはありける、いまや、そのくわいさかりになりゆきて、かく報告《はうこく》の新誌《ふみ》さへ、世《よ》に公《おほやけ》にするま

てに、はこひゆくことのうれしさ、たふとさ老《おい》の身《み》のふたつのたもと、よろこひのなみたにうるほひて、珠數《じゆず》のくり言《こと》めきたれと。

我法《わがのり》のひかりと共《とも》に眞心《まこゝろ》の
鏡《かゝみ》を世々《よゝ》にうつせとそおもふ

とうたひ、侍《はべ》りぬ

心の鏡の發刊を祝す　渥美契縁

近時《きんじ》、婦人《ふじん》の智徳《ちとく》を進《すゝ》むるの目的《もくてき》を以《もつ》て、雜誌《ざつし》を發《はつ》行《かう》する者《もの》極《きは》めて多《おほ》し、余《よ》を以《もつ》て之《これ》を觀《み》れハ、各《おの〳〵》偏《へん》する所《ところ》あるを免《まぬか》れす、某雜誌《それざつし》ハ、歐化主義《おうくわしゆぎ》に偏《へん》して、日本固有《にほんこいう》の美徳《びとく》を汚《う》なりとし、某雜誌《それざつし》ハ之《これ》に反《はん》して、日本主義《にほんしゆぎ》に偏《へん》して、泰西《たいせい》の學術《がくじゆつ》ハ婦人《ふじん》に害《がい》ありとし、或《あるひ》ハ耶蘇教《やそけう》に偏《へん》して、父子《ふし》君臣《くんしん》の大倫《たいりん》を蔑如《べつぢよ》にし、或《あるひ》ハ文學《ぶんがく》に偏《へん》して、育兒《いくじ》家政《かせい》の要事《えうじ》を等閑《なほざり》にす、此《これ》皆《みな》撓《た》むるに過《す》ぎて、直を失《うしな》ふ者《もの》といふへし、其《そ》の利害《りがい》を判《はん》するに、苦《くるし》むことなしとせず、頃日《このごろ》東京《とうけ》の有志者《いうししや》相議《あひぎ》して、又《また》一雜誌《ざつし》を發刊《はつかん》し、名《な》けて心《こゝろ》の鏡《かゞみ》といふ、余乃《よすなは》ち、嘗《かつ》て唱説《しやうせつ》する所《ところ》を擧示《こた》して、以《も》て記者《きしや》諸子《しよし》に告《つ》げ、以《もつ》て祝辞《しゆくじ》に代《か》ふと云爾《しかいふ》、

後拾遺集　　閑院贈太政
くもりなき鏡のひかります〳〵もてらさん影にかくれさらめや

後千載集　　了然上人
曇りなくいにしへいまをへたてぬハこゝろにみかく鏡なりけり

千載集　　俊秀法師
清くすむこゝろの底をかゝみにてやかてそうつるいろも姿も

○貴《き》婦《ふ》人《じん》法《ほふ》話《わ》會《くわい》第《だい》五回《くわい》年《ねん》祝《しゆく》辞《じ》

貴婦人法話會々長公爵夫人　三條治子

さきつとしより、大《おほ》谷《たに》法《ほふ》主《しゆ》の、この法《のり》のむしろ志かれしより、はやくもいつとせの、春《しゆん》秋《しう》をハ送《おく》りむかへけり、そも〳〵大《だい》無《む》量《りやう》壽《じゆ》經《きやう》となん、いへるほとけのをしへハ、この世《よ》かの世《よ》のまよひの海《うみ》を、やすらかにわたすべき、法《のり》の船《ふな》長《をさ》にて、棹《さを》とり梶《かぢ》とり、いとねもごろに、とき志めしたまひける、みのりとかや、されバこの法《のり》のみちによらんもの、誠《まこと》のすぢ、ふみたがへんことハあらしと、うれしさのあまり、けふのむしろにひとことを、ほきまをすになん、

左《さ》の筆記《ひつき》は、去《さ》る六月廿八日、東京淺草貴婦人法話會《とうきやうあさくさきふじんはふわくわい》に於《おい》て、御裏方恒子樣《おうらかたつねこさま》の、御親辞《ごしんじ》の大意《たいい》なり、

何方《どなた》も今日《こんにち》は善《よ》くこそ御來臨《おいで》被下《くだされ》ました……私《わたくし》も久《ひさ》しく上京《じやうきやう》致《いた》し、皆樣《みなさま》に御面會《ごめんくわい》申《まを》すこと、深《ふか》く滿足《まんぞく》に存《ぞん》じます、斯《か》く賑々敷《にぎにぎしく》御參《ごさん》詣《けい》被下《くだされ》ました段《だん》、喜《よろこ》ばしく存《ぞん》じます、私《わたくし》は唯《たゞ》、皆樣《みなさま》に御近付《おちかづき》になれば夫《それ》でよいので御座《ござ》ります……兎《と》に角《かく》皆樣《みなさま》が、斯《か》く敎法《けうほふ》の話《はなし》を御聽《おきゝ》なさるゝは、實《じつ》に結構《けつこう》なことで御座《ござ》りまする、御互《おたがひ》に眞俗《しんぞく》二諦《たい》の法《はふ》門《もん》を信《しん》ずる上《うへ》は未來《みらい》の一大事《だいじ》は佛智《ぶつち》の御《お》はからいに任《まか》せ、此《こ》の世《よ》一生《しやう》は、安穩《あんをん》に夫婦《ふうふ》親子《おやこ》諸共《もろとも》睦《むつま》しく日《ひ》送《おく》りを被成《なさる》のが、何《なに》よりと存《ぞん》じます……私《わたくし》は女子《おなご》のことで御座《ござ》りますから、深《ふか》いことは存《ぞん》じませぬから、委細《ゐさい》は、法話《ほふわ》の上《うへ》で充分《じうぶん》御聽聞《ごちやうもん》なされるが、何《なに》よりのことゝ存《ぞん》じます……何分《なにぶん》これからは御《お》心安《こゝろやす》く、御交際《おつきあひ》の程《ほど》を偏《ひとへ》に願《ねが》ひますることで……（終）

本會廣告

○本《ほん》會《くわい》も第《だい》一《いち》號《がう》ハ創《さう》業《ぎやう》の際《さい》にて万《ばん》事《じ》不《ふ》歷《ゆき》頓《とゞき》なりし事《こと》ハ奉《おわ》深《び》謝《まをし》候《そろ》尚《なほ》次《じ》號《がう》よりハ一層《そう》注《ちう》意《い》を加《くわ》へ完《くわん》全《ぜん》なる雑《ざつ》誌《し》を發《はつ》兌《だ》可《いたす》仕《べく》候《そふら》へハ續《ぞく》々御《お》申《まうし》込《こみ》の程《ほど》奉《を》希《ねが》望《い》候《そろ》

○本《ほん》會《くわい》雑《ざつ》誌《し》の發《はつ》兌《だ》を祝《しゆく》し貴《き》婦《ふ》人《じん》令《れい》孃《じよう》其《その》他《た》諸《しよ》先《せん》生《せい》方《がた》より祝《しゆく》文《ぶん》祝《しゆく》詞《し》等を御《ご》送《そう》附《ふ》被《くだ》下《され》候《そろ》段《だん》奉深謝候《ふかくしやーしたてまつりそろ》右《みぎ》ハ一々本《ほん》號《ごう》へ掲《の》載《せ》可申《もうすべき》の所《ところ》去《さ》る十九日後《ご》原《げん》稿《こう》到《たう》着《ちやく》の分《ぶん》ハ印《いん》刷《さつ》の都《つ》合《ごう》により次《じ》號《ごう》に掲《けい》載《さい》可仕候間《つかまつるべくそろあいだ》此《この》段《だん》御《お》斷《ことは》り申候《まうしそろ》

○次《じ》號《ごう》よりハ南《なん》條《じよう》文《ぶん》雄《ゆう》博《はか》士《せ》の華族《ぞく》女《ぢよ》學《がく》校《こう》に於《おい》ての德《とく》育《いく》談《たん》話《わ》と幸《こう》田《だ》露《ろ》伴《はん》子《し》の小《しよう》説《せつ》を掲《か》載《げ》可《もうす》申《べく》候《そろ》

○本《ほん》紙《し》ハ元《もと》より假《か》名《な》遣《つかひ》等《とう》に注《ちう》意《い》すへきハ無《もち》論《ろん》の事《こと》に候《そふら》へ共《ども》通《つう》續《とく》の便《べん》ならしむるが爲め講《こう》義《ぎ》雑《ざう》録《ろく》等和《わ》文《ぶん》學《がく》に關《くわん》する文章の外《ほか》ハ「まをす」を「もをす」「さもらい」を「さむらい」「かうぶり」を「こうむり」等《とう》爲《な》したれハ大《たい》方《はう》の諸《しよ》君《くん》幸《さいはひ》に其《その》蕪《ぶ》雑《ざつ》を咎《とが》むる事《こと》なかれ

心の鏡第壹號

明治二十三年七月二十七日發兌

○心《こゝろ》の鏡《かゞみ》發行《はつかう》の趣意《しゆい》

天地《てんち》萬物《ばんぶつ》何《いづれ》にもあれ、平準《つりあひ》てふことのあるハ、理數《りすう》の免《まぬか》れかたき處《ところ》にして、其《そ》の平準《つりあひ》を失《うしな》ふ時《とき》ハ、必《かなら》ず過不及《くわふきふ》の差《さ》を生《しやう》ず、事物《ものごと》過不及《くわふきふ》あれハ、善事《ぜんじ》も惡事《あくじ》となり、好物《よきもの》も不好物《あしきもの》となる、例《たと》へバ花《はな》の香風《かかぜ》につれて匂《にほ》ふハ快《こゝろよ》きものなれども、木犀《かつら》の花《はな》を數多《かずおほ》く、小室《こざしき》に挿《はさ》まハ、却《かへつ》て厭《いと》ハしく、鳥《とり》の聲《こゑ》ハ聞《き》きて心《こゝろ》のすむものなれども、囂々子《よしきり》の窓近《まどちか》く終日《ひめもす》鳴《なき》つゞくるハ、聞《き》くに懶《ものう》し、況《いはん》や人《ひと》の行《おこな》ふ道《みち》、學《まな》ぶ術《じゆつ》の如《ごと》きハ、殊《こと》に平準《つりあひ》を持《たも》たざるへからず、近來《きんらい》歐化主義《おうくわしゆぎ》とて、一も二もなく西洋《せいやう》の風《ふ》を尊崇《そんそう》し、婦人《ふじん》の衣服《いふく》髪飾《かみかざり》ハ更《さら》にもいはず、我國《わがくに》婦人《ふじん》の美徳《びとく》として、天晴《あつぱれ》外國《とつくに》にまでも誇《ほこ》るに足《た》るべき、温順閑雅《ものしづかにやさし》き風《ふ》までも、棄《す》つる傾向《かたむき》あるハ、既《すで》に平準《つりあひ》を失《うしな》ひたる者《もの》なれバ、かゝる弊風《へいふ》を改《あらた》め、善良《ぜんりやう》の風《ふ》を維持《ゐぢ》せんにハ、其《そ》の美《び》徳《とく》の父母《ふぼ》たる、佛《ほとけ》の教《をしへ》をおしひろむるにあり、されハ近頃《ちかごろ》、諸國《しよこく》に興《おこ》りたる、婦人《ふじん》の教會《けうくわい》ハ、大率《おほむね》これを以《もつ》て目的《もくてき》とす、故《ゆゑ》に、そを聯合《れんがふ》して、其《そ》の會《くわい》々々のありさまを報告《はうこく》し、教會《けうくわい》の婦人達《ふじんたち》をして、居《ゐ》ながらにして、全國《ぜんこく》各《かく》婦人《ふじん》教會員《けうくわいゐん》との交際《かうさい》を開《ひら》かんとて、今回《こんくわい》本誌《ほんし》を發行《はつかう》するなれハ、本誌《ほんし》の取《と》る所《ところ》の主義《しゆぎ》ハ、日本主義《にほんしゆぎ》にして、歐化主義《おうくわしゆぎ》の弊《へい》を除《のぞ》き、又《また》佛教《ぶつけう》の眞理《しんり》に由《よつ》て、我國《わがくに》に固有せる婦人《ふじん》の美徳《びとく》を、愈《いよ〳〵》益《ます〳〵》發達《はつたつ》せしめ、又《また》泰西《たいせい》學術《がくじゆつ》の精粹《せいすゐ》をあつめて、婦人《ふじん》の知識《ちしき》を增進《ぞうしん》せしめ、平準《つりあひ》を失《うしな》ハしめさるを本意《ほんい》とすれバ、江湖《かうこ》の貴婦人《きふじん》淑女《しゆくぢよ》、願《ねがは》くハ本誌《ほんし》を購《こう》讀《ぞく》して、智徳兩全《ちとくりやうぜん》の母《はゝ》若《もし》くハ妻《つま》となられんことを請《こ》ふ左《さ》の一篇《ぺん》ハ小栗栖《をぐるす》香頂師《かうちやうし》が山形縣山形市專稱《やまがたけんやまがたしせんしよう》寺《じ》貴婦人法話會《きふじんはふわくわい》ニ於《おい》ての法話《はふわ》なるを譽田慶順《よだきやうじゆん》武田《たけだ》智《ち》藏大江《ぞうおほえ》志幹《しかん》の諸氏《しよし》か筆記《ひつき》せられしものなるが簡單《かんたん》ニしてよく貴婦人會《きふじんくわい》開會《かいくわい》の旨趣《しじゆ》を盡《つく》されたる者《もの》なれバこゝニ掲《かゝ》げて會員諸姉《くわいゐんしよし》の瀏覽《りうらん》ニ供《そな》ふ

○山形貴婦人會法話《やまがたきふじんくわいはふわ》　小栗栖香頂

私《わたくし》ハ眞宗大谷派本願寺一等學師《しんしうおほたにはほんぐわんじいつとうがくし》小栗栖香頂《おぐるすかうちやう》と申《まを》す六十才《さい》の老僧《らうそう》てあります、偖《さ》て私《わたくし》ハ東京《とうけい》ニおいて、明治《めいぢ》十九年以來《ねんいらい》貴婦人會《きふじんくわい》ニ從事《じうじ》いたして居《お》ります、そこて此山形縣《このやまがたけん》へ參《まへ》りましても、貴婦人會《きふじんくわい》をつとめませねバ、東京《とうけい》ニ戻《もど》りまして東京《とうけい》の貴婦人方《きふじんがた》へ御土産《おみやげ》かありませぬ、そこで去《さ》る三日《か》當縣《とうけん》の柴原知事《しばはらちじ》へ、御《ご》相談申《さうだんまを》して、今日《こんにち》貴婦人會《ふじんくわい》を開《ひら》くことゝなりました、曇《くも》りてハおりますれども、雨《あめ》ハ降《ふ》りませぬ、私《わたく》しも喜《よろこ》んて居《お》ります、爾《しか》るニ曇《くもり》て居《お》りましたゆへニ御《ご》參詣《さんけい》ハいかゝてありませうかと、實《じつ》ハ氣遣《きつか》ふて居《お》りましたが、知事公《ちじこう》の御家内《ごかない》を初《はじ》めとして、賑々《にぎ〲》敷滿堂《しくまんどう》の御參詣《ごさんけい》のありますことハ、私《わたくし》ニ於《おい》てハ此上《このうへ》もなき嬉《うれ》しいことてあります、この嬉《うれ》しい味《あぢは》ひハ申《まを》し上《あ》けても、彼方々《あなたかた》ハ御分《おわか》りなされぬほどの嬉《うれ》しいことであります、明治《めいぢ》十九年我法主大谷派本願寺現《ねんわがはふしゆおほたにはほんぐわんじげん》如上人《によせうにん》が貴婦人會《きふじんくわい》を開《ひら》きまして、私《わたくし》のやうなる不束《ふつゝか》なる老僧《らうそう》へ貴婦人會增々繁昌《きふじんくわいます〲はんじやう》するようニ勉强《べんきやう》せよと申《まを》されましたことてありますか、此貴婦人會《このきふじんくわい》と申《まを》すハ、實《じつ》ニ時機相應《じきさうおう》の貴婦人會《きふじんくわい》てあります、全体《ぜんたい》舊御大名方《たいめうがた》の奧方《おくがた》、舊堂上方《きうどうせうかた》の奧方《おくがた》、尙又只今《なほまたたゞいま》の勅任《ちよくにん》、奏任《そうにん》の奧様方《おくさんがた》て、世間交際《せけんこうさい》の道《みち》を御知《おし》りなされぬかたか、たんとあります、今日《こんにち》ハ鎖港《さこう》の世《よ》でハありませぬ開港《かいこう》の世《よ》でありますゆへ、内地《ないち》の人民《じんみん》へ御交際《ごこうさい》

二

ハ申《まを》すニ及《およ》バず、外國《ぐわいこく》の貴顕婦人《きけんふじん》ニも御交際《ごこうさい》をなされねハなりませぬ、西洋各國《せいやうかくこく》ニ於《おい》てハ、上下《じやうげ》一般《ぱん》無《む》宗旨《しうし》の者《もの》と云《い》ふハありませぬ、尚又《なほまた》己《おの》か宗教《しうけう》を知《し》らぬものハありませぬ、そこで東京《とうけい》ニハ英吉利《いぎりす》も佛《ふ》蘭西《らんす》も、獨逸《どいつ》も、魯西亞《おろしや》も、亞米利加《あめりか》も、其外西洋《そのほかせいやう》各國《かくこく》より全權公使《ぜんけんこうし》と申《まを》すものか參《まへ》りて居《お》ります、其《その》全權公使《ぜんけんこうし》の貴婦人方《きふじんかた》へハ、我日本《わがにほん》の貴婦人方《きふじんかた》ハ御交《ごこう》際《さい》をなされぬことハならぬ、男子方《だんしかた》と違《ちが》ふて、御婦《ごふ》人方《じんがた》の御交際《ごこうさい》ハ世《よ》の中《なか》の政治《せいじ》の話《はなし》ハ多《おほ》くあるものではありませぬ、みな宗教《しうけう》の話《はなし》ばかりか多數《たすう》を占《し》めることてありまそ、爾《しか》るニ私《わたくし》か東京《とうけい》の貴婦人方《きふじんがた》へ毎々《まい〳〵》申《まを》し上《あげ》ることとて、彼方《あなた》々《かた》ハ西洋《せいやう》の奥樣方《おくさまかた》より宗旨《しうし》のことを尋《たづ》ねられたときニハ何《なん》と返答《へんたう》を遊《あそ》ばすぞ、御《ご》返事《へんじ》か出來《でき》ますまひ、これか貴婦人會《きふじんくわい》を開《ひら》く第《だい》一の原因《げんいん》てあります、私《わたくし》か東京《とうけい》の貴婦人方《きふじんかた》へ段々《だん〴〵》御尋《おたづ》ね申《まを》したことかあります、彼方《あなた》ハ何宗《なにしう》てありますそ、其時御答《そのときおこたへ》ニハ私《わたくし》ハ存《ぞん》じませぬ、存《ぞん》じませぬと云《い》ふてハ西洋人《せいやうじん》へ對《たい》してハ御交際《ごこうさい》ハ出來《でき》ませぬ、其中《そのうち》ニ御年《おとし》召《めし》の御方々《おんかた〴〵》ハ私《わたくし》ハ天台宗《てんだいしう》てあります、私《わたくし》ハ眞言宗《しんごんしう》てあります、私《わたくし》ハ淨土宗《じやうどしう》てありますと立派《りつぱ》な御返事《ごへんじ》かあるゆへニ天台宗《てんだいしう》と申《まを》せハ、何方《どなた》か御開《おひら》きなされた宗旨《しうし》てありますぞと申《まを》せは、私《わたくし》ハ存《ぞん》じませぬと御答《おこたへ》ニなる御方《おかた》かたんとあります、祖師《そし》の名《な》さへ御知《おし》りなされぬことゆへ、天台宗《てんだいしう》ならハ天台宗《てんだいしう》の佛《ほとけ》ニなる道《みち》を御知《おし》りなさらふ道理《どうり》ハなひ、夫《それ》てハ外國《ぐわいこく》の婦人《ふじん》方《がた》と御交際《ごこうさい》は出來《でき》まひと存《ぞん》じます、そこで小栗栖《おぐるす》香《こう》頂《ちやう》か日本古來《にほんこらい》の宗旨《しうし》のとを御話《おはな》し申《まを》すか、此貴婦人《このきふじん》會《くわい》てあります、二ニハ舊大名《きうだいめう》、舊堂上《きうどうじやう》、それニ限《かぎ》らす歴々《れき〳〵》の奥樣方《おくさまかた》ハ、人民《じんみん》を目《め》の下《した》ニ見《み》て御交際《ごこうさい》をなされることを御嫌《おきら》ひのやうニあります、全体上《ぜんたいかみ》たるものは下《しも》たるものを可愛《かあい》がらねはなりませぬ、下《しも》たるものは上《かみ》たるものを御《お》慕《した》ひ申《まを》すやうになければはなりませぬ、そこて上下《じやうげ》の交際《こうさい》と申《まを》しますは人間《にんげん》の運《うん》動《どう》のやうなものてあります、人間《にんげん》と云《い》ふものは運動《うんどう》せぬは氣血《きけつ》の循環《じゆんかん》か悪《わる》くなります、頭《あたま》の血《ち》は足《あし》に通《かよ》ふか善《よ》くあります、足《あし》の血《ち》は頭《あたま》に通《かよ》ふかよくあります、氣血《きけつ》か循環《じゆんかん》すれは人身《じんしん》か健康《けんこう》になります、頭《あたま》の血《ち》か足《あし》に通《かよ》はす、足《あし》の血《ち》か頭《あたま》に運《かよ》はぬ様《やう》になりますれは病人《びやうにん》になります、或《あるひ》は頭《あたま》へ逆上《ぎやくぜり》して眩暈《めまひ》を發《はつ》したり、足《あし》はしびれて脚氣《かつけ》を生《せう》したり、後《あと》ては一身《しん》か叶《かな》はぬやうになりまして、私《わたくし》の如《ごと》く四肢不仁《しふじん》の中風《ちうふう》となります、世《よ》の中《なか》に天刑病《てんけいびやう》と申《まを》しましてかつたい、或《あるひ》は癩病《らいびやう》と申《まを》します病氣《びやうき》は、血《ち》のめくりか悪《わる》ひから起《おこ》ると申《まを》します、今大日本全國《いまだいにほんぜんこく》を一人《にん》の身《み》に喩《たと》へますれは。上《うへ》たる貴人婦方《きふじんかた》は、下々《しもじも》の令閨令孃《れいけいれいじよう》へ御《ご》交際《こうさい》をなされるのか即《すなは》ち運動《うんどう》にして、氣血循環《きけつじゆんかん》の療《りやう》法《はう》と思《おも》ひます、それを貴婦人方《きふじんかた》は高《たか》く上《かみ》に位《くらゐ》して、豪農豪商《ごうのうごうしやう》の令閨令孃《れいけいれいじよう》は下《しも》に卑屈《ひくつ》を甘《あま》んしては血《ち》のめくりは悪《あし》ふなりませう、頭《あたま》の血《ち》か滞《とゞこ》ふりて眩暈《めまい》となり、足《あし》の血《ち》か滞《とゞこ》ふりて脚氣《かつけ》となるやも計《はか》り難《かた》ひ、大《だい》日本《にほん》を私《わたくし》のやうなる四肢不仁《しふじん》の中風《ちうふう》躰《から》だとしてはなりますまひ氣血《きけつ》の循環《じゆんかん》せぬ天刑癩病《てんけいびやう》となされてはなるまいと思《おも》ひまする處《ところ》より、貴婦人會《きふじんくわい》を開《ひら》ひて上下《じやうげ》の交際《こうさい》を圖《はか》りまするか私共《わたくしども》の存念《ぞんねん》であります

論説

〇京《きやう》に田舎《ゐなか》あり

京《きやう》に田舎《ゐなか》ありとは古《ふる》き諺《ことわざ》にて、都《みやこ》なれバとて、何事《なにごと》も鄙《ひな》に勝《まさ》りたりといふにもあらず、事柄《ことがら》によりては、京《きやう》の方却《かたかへり》て、田舎《ゐなか》に劣《おと》りたるもあるは、世《よ》の常《つね》の

ことなれハ、京《きやう》にも亦田舎《またゐなか》ハあるものぞ、何事《なにごと》も、一概《がい》にハいひがたけれバ、よくよく見定《みさだ》め考《かんが》へて、玉石混淆《ぎよくせきこんかう》し、鑑識《かんしき》なき人《ひと》と、笑《わら》ハるべからずとの意《い》にて、古人《こじん》がのこされたる諺《こと》なるべし、かゝる習《ならひ》ハ、古《いにしへ》と今《いま》とを問《と》ハず、まゝある事《こと》にて、何《いづれ》の國何《くにいづれ》の處《ところ》にも、見《み》もし聞《きく》もすることなり、

昔支那《むかししな》の或《あ》る國王《こくわう》が、瘠《やせ》たる美人《びじん》を愛《あい》したまひしにぞ、宮中《きうちう》の婦人《ふじん》たちハ、あれハ我儕《わなみ》瘠《やせ》て、大王《だいわう》の御《おん》目《め》にとまらんと食《しよく》をひかへ、帶《おび》を緊《きつ》く結《むす》び、ひたすらに瘦《やせ》んとす、夫《それ》さへいと愚《おろか》なる業《わ》くれなるに、まして笑《わら》ふべきハ、片田舎《かたゐなか》の賤《しづ》の女等《めら》が、都《みやこ》の風《ふ》を倣《なら》ふを、よきことゝ思《おも》ひ、是《これ》も亦食《またしよく》をひかへ、樣々《さまざま》に心《こゝろ》を盡《つく》せども、固《もとよ》り肥《こえ》ふとりたる田舎娘《ゐなかむすめ》の、なにしに、柳腰《やなぎごし》のなよ〱と、海棠《かいだう》の露《つゆ》を含《ふく》みたるが如《ごと》くに、瘦《や》すべきぞ、更《さら》に其《そ》の功驗《しるし》なければ、次第《しだい》に食《しよく》を減《げん》じ、遂《つひ》に餓《うゑ》て死《し》にし者《もの》ありしとぞ、又宮中《またきうちう》にて、太《ふと》き眉《まゆげ》の流行《りうかう》したる時《とき》、地方《ちはう》にて、ひき眉《まゆげ》のハゞ、額《ひたひ》の半《なかば》に及《およ》びたることもありしと、或《あ》る書《しよ》に出《いで》たり、是《これ》ハ、彼《か》の上《かみ》を學《まな》ぶ下《しも》にて、宮中《きうちう》にてせらるゝ事《こと》ハ、すべてよき事《こと》と思《おも》ひ、衛生《ゑいせい》にも、容儀《ようぎ》にも、關《くわん》せず、ひたすらに、かゝる愚《おろか》なる事《こと》せしものと見《み》ゆ、

されども、我國今日《わがくにこんにち》のありさまを思《おもひ》合すれハ、これと餘《あまり》に、相違《さうゐ》せぬ嗚呼《をこ》なる業《わざ》を爲《な》す人《ひと》あり、わけて、世《よ》の上流《じやうりう》に立《た》つ貴婦人令孃《きふじんれいぢやう》に多《おほ》かるハ、いとはづかしき事《こと》にはあらずや、そは何故《なにゆゑ》ぞなれバ、近來世《きんらいよ》の士君子《しくんし》ともいハるゝ人《ひと》の中《なか》にわ、やゝもすれハ、歐米《おうべい》の風俗《ふぞく》を、最勝無上《さいしようむじやう》の事《こと》と思僻《おもひひが》め、京風《きやうふう》も田舎流《ゐなかりう》も差別《しやべつ》せず、只歐米《たゞおうべい》の風儀《ふうぎ》とだにいハゞ之《これ》を學《まな》び、其《そ》の野蠻《やばん》の遺俗《ゐぞく》なるや、文明《ぶんめい》の美風《びふう》なるやをさ

五

へ、見《み》わくるの明《めい》なく、殆《ほとん》ど餓死《がし》せんとするまでに至《いた》りし、支那《しな》の田舎娘《ゐなかむすめ》にひとしき事多《ことおほ》かり、

今其《いまそ》の例《れい》を擧《あ》げんに、二三年前《ねんぜん》、東京《とうきやう》にて、婦《ふ》人洋《じんやう》裝《さう》の流行《りうかう》せし頃《ころ》、某貴婦《それきふ》人《じん》は、己《おの》か躰格《たいかく》の如何《いかん》に關《くわん》せず、彼《か》の「コーセット」といへる、鯨若《くぢらもし》くは剛鉄《がうてつ》にて造《つく》りたる、腹帶《はらおび》を、緊《きつ》く〆《しめ》られたるより、或《あ》る宴《えん》會《くわい》の席《せき》にて、苦痛《くつう》に堪《た》へずして、氣絶《きぜつ》せられたることとありき、此等《これら》は彼《か》の、支那婦人《しなふじん》と甚《はなはだ》しき逕庭《ちがひ》はなからん、

國柄今《くにがらいま》は如何《いか》に文明《ぶんめい》なりとも、其《そ》の國《くに》の古《いにしへ》、まだ野蠻《ばん》の民《たみ》といはれし頃《ころ》の風俗等《ふぞくなど》も、間殘《まゝのこ》り居《を》る者《もの》なり、之《これ》を見わくるは、其《そ》の人《ひと》の智慧《ちゑ》と見識《けんしき》となり、

頃日南條文雄師《このころなんでうぶんゆうし》の物語《ものがたり》に、印度婦人《いんどふじん》は、小鼻《こばな》に小《ち》さき穴《あな》を穿《うが》ち、金或《きんあるひ》は銀《ぎん》の環《わ》を下《さ》けるを飾《かざり》とし、最《いと》も虚飾《きよしよく》を好《この》む婦人《ふじん》などは、いくつも環《わ》を聯結《つなぎ》て、唇《くちびる》の邊《あたり》までも、ブラ下《さ》け居《を》る風《ふ》なるが、或《あ》る時《とき》、英國《えいこく》の貴婦人《きふじん》が、印度婦人《いんどふじん》に邂逅《であひ》し時《とき》、心竊《こゝろひそか》に其《そ》の陋《いや》しき風習《ふうしふ》を嘲《あざけ》りければ、生得滿足《うまれつきまんぞく》なる小鼻《こばな》へ穴《あな》と穿《うが》つは、如何《いか》にも見苦《みくるし》く、又其《またそ》の痛《いたみ》も甚《はなはだ》しからんと、且笑《かつわら》ひ、且嘲《かつあざけ》りしに、印度婦人《いんどふじん》は、更《さら》に恥《はづ》る色《いろ》なく、妾《せふ》が小鼻《こばな》に穿《うが》つ穴《あな》は、苦痛《くつう》には相違《さうゐ》はなけれども、一ッなれば、倘《な》ほ忍《しの》ぶべきも、貴國《きこく》の婦人《ふじん》が、兩《りやう》耳《みゝ》に穴《あな》を穿《うが》ち、環《わ》を下《さ》げらるゝは、さこそ痛《いた》きこととならん、これにて思《おも》ひしらせたまへかしと、をめず臆《おく》せず答《こた》へければ、流石《さすが》に國自慢《くにじまん》なる英國婦人《えいこくふじん》も、返《かへ》すべき辭《ことば》なく、赤面《せきめん》してありしと物語《ものかた》られたる事《こと》ありき、實《げ》に天質《てんしつ》を損《そん》じて、虚飾《きよしよく》をなすの弊風《へいふ》は、支那人《しなじん》の足《あし》を縮少《ちゞめ》、日本婦人《にほんふじん》の眉《まゆげ》を剃《そ》るなども、事《こと》こそかはれ、同一《どう》のありさまにして、我彼《われかれ》を野蠻《やばん》と笑《わら》はゞ、彼亦我《かれまたわれ》を未開《みかい》といはん、されば、我國《わがくに》の風《ふ》

六

習《しふ》ハ尚《な》ほ忍《しの》ぶべきも、強《しひ》て、他國《たこく》の惡風習《あくふうしふ》を倣《なら》ふてとあるへきかハ、されハ、我《われ》より之《これ》を評《ひやう》すれハ、歐米婦人《おうべいふじん》の耳《みゝ》の環《くわん》、腹部《ふくぶ》の「コーセツ」の如《ごと》きハ、我《わ》か眉《まゆげ》を剃《そ》ることに比《ひ》すれハ、更《さら》に甚《はなはだ》しき、（害多《がいおほ》き）風習《ふしふ》なれバ、是即《これすなは》ち、都人《とじん》の田舎《ゐなか》風俗《ふぞく》として、決《けつ》して學《まな》びたまふべからず（以下次號）

講話

徒然草拔萃講義

佐々木弘綱

緒言

兼好法師《けんかうほふし》の事《こと》

徒然草《つれ〴〵ぐさ》の作者《さくしや》兼好法師《けんかうほふし》ハ、吉田《よしだ》の社司《しやし》卜部《うらべ》兼顯《かねあき》の四子《し》にて、後宇多《ごうだ》の朝弘安《てうこうあん》六年《ねん》に生《うま》る、長《ちやう》するに及《およ》びて文才《ぶんさい》あり。花園《はなぞの》の朝延慶《てうえんけい》二年《ねん》後宇多法皇《ごうだほふわう》、兼好及《けんかうおよび》兄兼雄《けいかねを》兼矩《かねのり》に勅《ちよく》し、神詠部類《しんえいぶるい》十五卷《くわん》を撰《えら》ハしめ給《たま》ふ。書《しよ》の成《な》りし功《こう》により、各《おの〳〵》位官《ゐくわん》を給《たま》ふ。兼好從《けんかうじゆ》六位下《ゐげ》に叙《じよ》し、左馬助《さまのすけ》に任《にん》し、次《つい》で左兵衞佐《さひやうゑのすけ》に任《にん》す。時《とき》に二十七歳《さい》なり。正中元年後宇多《しやうちうぐわんねんごうだ》法皇崩御《ほふわうほうぎよ》ありしかハ、かなしひにたへず、やがて遁世《とんせい》して兼好法師《けんかうほふし》とよべり。時《とき》に年《とし》四十二なり。兼好天台《けんかうてんだい》の學《がく》に通《つう》し、又老莊《またらうさう》を好《この》みたり。又歌《またうた》よむ事人《ことひと》にすぐれ、頓阿《とんあ》、兼好淨辨慶運《けんかうじやうべんけいうん》とて、當時《たうじ》の四天王《てんわう》とよハれ、風雅《ふうが》、新千載《しんせんざい》、新拾遺《しんしふゐ》、新後拾遺《しんごしふゐ》、新續古今集等《しんぞくこきんしふとう》の勅撰《ちよくせん》に、歌數多《うたかずおほ》く入《い》れり。家集《かしふ》とて一卷《くわん》あり。今世《きんせい》にうつしもてあそべり。正平五年《しやうへいねん》二月《げつ》十八日《にち》、伊賀國國見山《いがのくにくにみやま》の麓《ふもと》、田《た》中莊密乘院《なかのしやうみつじようゐん》にて卒《しゆつ》す、年《とし》六十八。双岡吉《ならびがをかよし》田山《たやま》及橫川《よかは》に住《す》める事《こと》あり。世《よ》に双岡《ならびがをか》の法師《ほふし》とよぶハ此故《このゆゑ》なり。

徒然草《つれ〴〵ぐさ》をかきし時代《じだい》の事《こと》

土肥經平《どひつねひら》の春湊浪話《しゆんさうらうわ》に云《いはく》、徒然草上巻《つれ〴〵ぐさじやうくわん》に、冷泉万《れいせんま》里小路《でのこうじ》の内裏《だいり》を、今《いま》の内裡《だいり》と書《かき》たり。此内裏《このだいり》ハ、建《けん》武《ぶ》三年正月《ねんしやうげつ》に焼亡《せうばう》せしかバ、此上巻《このじやうくわん》ハ建武《けんぶ》三年《ねん》より以前《いぜん》に書《かき》たる事明《ことあきらか》なり。又同巻《またどうくわん》に、藤公明卿《ふぢきんあききやう》を大納言《だいなごん》と云《いふ》。是《これ》ハ建武《けんぶ》三年《ねん》五月《ぐわつ》に大納言《たいなごん》に補任有《ほにんあり》し人《ひと》なれバ、此下巻《このげくわん》ハ建武《けんぶ》三年《ねん》の夏《なつ》より後《のち》に書《かき》し事又《ことまた》知《し》られたり。國見山《くにみやま》の麓《ふもと》に菴《いほり》を結《むす》びしハ延元《えんげん》三年《ねん》に當《あた》れバ、徒然草《つれ〴〵くさ》の上巻《じやうくわん》ハ建武《けんぶ》に吉田双岡《よしだならびがをか》にてかき、下巻《げくわん》ハ延元《えんげん》に國見山《くにみやま》の菴《いほり》にうつりてかきし也《なり》。下《げ》巻《くわん》の始《はじめ》の詞《ことば》に「心《こゝろ》あらん友《とも》もがなと都戀《みやここひ》しうおぼゆる」とあるぞ、誠《まこと》に國見山《くにみやま》の菴《いほり》にて書《かき》し筆《ふで》のすさびと自《おのづから》みえたり。兼好《けんかう》の俗《ぞく》なりし時《とき》、後醍醐天皇《ごだいごてんわう》のいまだ坊にて二條万里《でうまでの》小路《こうじ》の御所《ごしよ》にまし〳〵し時《とき》より仕《つか》へ奉《たてまつ》り、始終此君《しじゆうこのきみ》に心《こゝろ》をゆだねて仕《つか》へ、法師《ほふし》になりぬる後《のち》まで心《こゝろ》を變《へん》せざる人《ひと》とみえて、此草子《このさうし》の下巻《げくわん》、此帝《このてい》の吉野《よしの》にうつらせたまひし後《のち》まで、先帝《せんてい》とかゝず當代《たうだい》と書奉《かきたてまつ》り、又南朝《またなんてう》へ奉公《ほうこう》ありし公卿《くげ》の事《こと》を多《おほ》くあげしるしたり。又思《またおも》ふに帝《みかど》の吉野《よしの》の宮《みや》に移《うつ》らせ給《たま》ふ間《ま》もなく、都《みやこ》をさけて、伊賀《いが》に行《ゆき》て終《つひ》にこゝにて身《み》まかりしも、南朝《なんてう》へ心《こゝろ》をよせて、折々《をり〳〵》参《まゐ》り仕《つか》ふるたよりよきを思《おも》ひし故《ゆゑ》なるにやとあり。

弘綱《ひろつな》按《あんずる》に此説《このせつ》いとよし。南朝《なんてう》より召給《めしたま》へハ、使廳《しちやう》に告《つ》げずして直《たゞち》にいたり、北朝《ほくてう》より召《め》さるれハ、辞《いな》びて其賜物《そのたまもの》を受《う》けず、又宇都宮公綱薬師寺《またうつのみやきんつなやくしじ》公義《きんよし》と共《とも》に來《きた》りて、歌道《かだう》をとひしに、足利氏《あしかゞうじ》に仕《つか》ふるをいやしみ、更《さら》にものいハざりしなど、皆兼好《みなけんかう》か南朝《なんてう》に忠《ちう》節《せつ》をつくしたる證《しよう》なり。此事《このこと》ハ野之口隆正《のゝくちたかまさ》の兼好傳《けんかうでん》考證圖會《かうしようづゑ》に、委《くわ》しく記《しる》したるを見《み》て知《し》るへし。

（講義ハ次號より連載すへし）

八

○年々《ねん〳〵》教育談《けういくだん》 緒言《ちよげん》

M. R. 生

王政《わうせい》の故《いにしへ》ニかへりしより、萬般《よろづ》の事改《ことあらた》まり、鎖國《さこく》孤立《こりつ》の日《ひ》の本《もと》も、萬國交際《ばんこくかうさい》の國《くに》となり、六十餘州《よしう》と數《かぞ》へしも、三府《ぶ》數《そ》十の縣《けん》となり、太陰暦《たいいんれき》も今《いま》ハはや、太陽暦《たいやうれき》と新玉《あらたま》の春《はる》ハ昔《むかし》の冬《ふゆ》の最中《もなか》、九ツ時《どき》も十二時《じ》と、移《うつ》れハ變《かは》る猫《ねこ》の目世界《めせかい》、暗《やみ》の晦日《みそか》ニ月出《つきいで》て、昔聳《むかしそび》えし城砦《しろとりで》も、今《いま》ハ野廣《のひろ》き原《はら》となり、二本《ほん》さしたる侍《さむらひ》も、一《ひとつ》の口《くち》をしめしかね、三人扶持《にんぶち》の足輕《あしがる》も、駟《し》馬《ば》の車《くるま》ニ笞《むち》をうちつゝ打《う》つて變《かは》りし世《よ》の樣《さま》ハ、天地《てんち》も昔《むかし》の天地《てんち》ニあらず、これ皆知識《みなちしき》の有無《あるとなきと》ニよりて起《おこ》りし差別《ちがひ》なり、これ是《こ》れ既《すで》ニ過去《すぎさ》りたる操言《くりごと》なれど、今暫《いましばら》く過去《くわこ》を以《もつ》て未來《みらい》を推考《おしかんが》ふるニ、我國開《わがくにひら》け始《はじ》めしより、未曾有《みぞう》の珍事《ちんじ》とし謂《い》ふべき國會開設《こくくわいかいせつ》ハ、最早百日《もはやもゝか》の間《ひま》もなく、彼《か》の人々《ひと〴〵》が囂々《やかましく》評判《ひやうばん》なせし、内地雜居《ないちざつきよ》も遠《とほ》き世《よ》の事《こと》ニハあらざるべし、然《さ》れハ我國《わがくに》の將來《ゆくすゑ》の有樣《ありさま》ハ、知識《ちゑ》の開戰近《たゝかひちか》つきたる、時《とき》とやいハまし、偖《さ》て此度《このたび》の初陣《うひぢん》ニ功名手柄《こうみやうてがら》を爲《な》さんニハ、先《ま》づ身躰《からだ》の健全《すこやか》なるを計《はか》り、次《つぎ》ニ腦力《なうりよく》を練習《やしなひ》て、其他何《そのたなに》か彼《か》ニつけて充分《じゆうぶん》なる、準備《ようい》をなすニあらざれハ、西洋諸國《せいやうしよこく》の人々《ひと〴〵》の、鋭《するど》き鋒先《ほこさき》ニあたることハ、なか〳〵以《もつ》てかなひがたし、こゝニ甚《はなは》だ困難事《こまること》こそあれ、それハウエヴスターといへる、教育學者《けういくがくしや》の言葉《ことば》ニも、眞誠《まこと》の教育《けういく》ハ、眞誠《まこと》の教育《けういく》を受《う》けし人《ひと》ニあらされハ、これを人《ひと》ニほどこすこと能《あた》ハずとのことばニて、實《げ》ニ然《さ》もあるべきことなり、若然《もしさ》もあるべきことゝせば、今我國《いまわがくに》の人《ひと》の父母《ちゝはゝ》ともなり、又姉《またあね》兄《あに》ともなり居《を》らるゝ輩《ともがら》ハ、多《おほ》くハ明治以前《めいぢいぜん》の出生《うまれ》ニて、教育《けういく》などゝいふ事《こと》ハ、未《ま》だ我國《わがくに》ニ開《ひら》けざる頃《ころ》ニ、生長《そだち》し人《ひと》なれバ、善良《よき》教育《けういく》とてハ、受《う》けたまハざる人《ひと》のみならん、よしや教育《けういく》の學《がく》、開《ひら》け居《ゐ》たりとす

九

るにもせよ、當時《そのころ》ハ我國《わがくに》大改革《だいかいかく》の時《とき》なれバ、てゝにも戰爭《せんさう》、かしこにも鬪《たゝかひ》といふ有様《ありさま》にて、完全《まつたき》敎育《をしへ》を受《う》くへき猶豫《いうよ》なきハ、不得止事情《よんどころなきわけあひ》にて、人《ひと》をも身《み》をも恨《うら》むべきにハあらざるなり、さりとて前《まへ》にも示《しめ》せる如《ごと》く、現時《げんじ》の世《よ》の有様《ありさま》にてハ、智體《ちたい》の敎育《けういく》ハ、忽《ゆるかせ》にすべき時《とき》にハあらずと、思《おも》ふものから、いで子供《こども》等《ら》を敎育《けういく》せんと、奮發《ふんぱつ》しても、身《み》に受《う》けし、ためしもあらぬ敎育《けういく》を、人《ひと》に施《ほどこ》すてふ事《こと》ハ、到底《つまり》爲《な》しがたき事《こと》なれバ、老《おい》の學問《がくもん》めきたれども、余《よ》も止《や》むことを得《え》す書《かき》しるし、「會員姉妹《くわいゐんしまい》に其《そ》の一斑《あらまし》を知《し》らしめん」或《あるひ》ハ世《よ》の父《ちゝ》兄《あに》ともいハるゝ人《ひと》の中《なか》に、此《こ》の敎育《けういく》といへる事《こと》を、たゞ六ケ敷事《しきこと》と思《おも》ひ誤《あやま》りし人《ひと》ありて、學者《がくしや》か敎員《けうし》ならでハ知《し》るにも及《およ》バす、又學得《またまなびう》ることもならぬ様《やう》に、思《おも》ハるゝ人《ひと》も多《おほ》かるべけれども、決《けつ》してかゝるものにハあらず、苟《かりそめ》にも人《ひと》の父母《ちゝはゝ》たる人《ひと》ハ、必《かなら》ず學《まな》びて置《お》かねバならぬ事柄《ことがら》にて、又左程《またさほど》に六ケ敷事《しきこと》にハあらず、古《いにしへ》の人《ひと》の言葉《ことば》にも、養《やしな》ふて敎《をし》へざるハ父《ちゝ》の過《あやまち》といひて、たゞ養《やしな》ふのみにて敎《をし》へざるハ、恰《あだか》も我子《わがこ》をハ、犬猫《いぬねこ》と同《おな》し取扱《とりあつか》ひにするといふものなり、かく親《おや》の方《はう》にて、先《ま》づ我子《わがこ》をバ取扱《とりあつか》ふゆゑ、其子《そのこ》生長《せいじん》の後《のち》、又親《またおや》を扱《あつか》ふに敬恭《うやま》ハず、親《した》愛《しみ》もせで、たゞ飢《うゑ》らさぬバかりにて、犬馬《いぬうま》を畜《か》ふと、同様《どうやう》にせらるゝものなしとせず、是《これ》ぞ佛法《ぶつぱふ》に所謂《いはゆる》順現業《じゆんげんごふ》にて、又人《またひと》を恨《うら》むるところにハあらざるなり、されハ其《そ》の敎育《けういく》ハ、いかゞして學《まな》ぶべきぞといふに、抑此《そもくこ》の敎育《けういく》といへることハ、一科《ひとつ》の實踐哲學《じつせんてつがく》とも、いふべき學《がく》にして、學問《がくもん》として學《まな》ハんにハ、生理《せいり》心理《しんり》など、いへる六ケ敷學問《しきがくもん》をも、學得《まなびえ》し後《のち》にあらざれハ、完全《りつぱ》に學得《まなびう》る事《こと》ハ叶《かな》ハぬものなり、かく六ケ敷《しく》いハゞ、到底《とても》女中《をんな》などにハ、學得《まなびえ》らるる事《こと》にあらざれば、何《なに》とかして、容易《ようい》にこれを學得《まなびえ》しめて、子孫《しそん》を首尾《しゆび》よく育《そだ》てあげ、來《きた》る知識《ちしき》の戰塲《せんぢやう》に、功名手柄《こうみやうてがら》をすべき樣《やう》、育《そだ》てあぐべきてだてをハ、今《いま》やはらけて書記《かきしる》せバ、次《つぎ》を讀《よ》みて知《し》りたまへ

又或《またあるひ》ハ此《こ》の敎育《けういく》といへる事《こと》を、あまり胡椒丸吞《こせうまるのみ》に容易《たやすき》ことゝ、合點《がてん》して、既《すで》に古人《こじん》の言葉《ことば》にも、子《こ》を養《やしな》ふ事《こと》を學《まな》んで、嫁《よめいり》するものハあらずといへバ、子《こ》供《ども》の敎育《けういく》なすことハ、學《まな》ぶべき程《ほど》の事《こと》にもあらず、又學《またまな》バずとも、自然《しぜん》に知《し》り得《う》べき事《こと》なりなどゝ、思《おも》ひひがめて居《を》る人《ひと》もあれど、これ又大《またおほひ》なる誤《あやまり》にて、西哲《せいやう》のスペンサー氏《し》の、敎育《けういく》の狀《かたち》ハ必《かなら》ず社會《しやくわい》の風《ふ》に伴《ともな》ふて變《へん》ずへしといはれしこともありて、時《とき》と處《ところ》によりて敎育《けういく》の異《かは》るハ、近《ちか》くは夏《なつ》と冬《ふゆ》とにて、子供《こども》の育《そだて》方《かた》の變《かは》るにても知《し》るべきなり、まして二千餘年《よねん》も昔《むかし》の人《ひと》の言葉《ことば》杯《など》ハ、取《と》るべきこともなきにハ非《あらざ》るべけれど、多《おほ》くハ取難《とりかた》きものなるを、まして我勝手《わがかつて》に横《よこ》取《ど》りして、かくいひ募《つの》る人人《ひとびと》ハ、今日開明《こんにちかいめい》の世《よ》につれて、敎育《けういく》なるものゝ遷變《うつりかは》りし理由《わけ》を知《し》らで、いつまでも昔風《むかしふう》の敎育《けういく》をなす故《ゆゑ》に、子供《こども》の所爲《しわざ》などにつきてハ、譽《ほ》むべきことを叱《しか》り、止《とゞ》むべきことを進《す》ゝめ、敎《をし》ゆべきことを敎《をし》へず、忌《い》むべきことを忌《い》まぬなど、凡《すべ》て倒事《さかしまごと》の多《おほ》き故《ゆゑ》、學問《がくもん》が出來《でき》れバ病身《びやうしん》にて、終《つひ》にハ學問《がくもん》と情死《じやうし》するにいたり、又壯健《またすこやか》なれバ阿房者《あはうもの》にて、終《つひ》にハ我子《わがこ》ながら、我心《わがこゝろ》に叶《かな》はぬ不孝《ふかう》ものとなり、或《あるひ》ハ放蕩者《はうたうもの》となり、先祖《せんぞ》より預《あづか》りたる財產《しんだい》をも失《うしな》ふに至《いた》る、これも其《そ》の親等《おやたち》の心《こゝろ》からとハいひながら、其《そ》の子《こ》となりし人《ひと》の不幸《ふかう》ハ、實《げ》に憐《あはれ》むべきことならずや、ペーン氏曰《しいはく》兒童《こども》の幼時《をさなきとき》に適《かな》へる、敎育《をしへ》を授《さづ》くべき時《とき》ハ二回《にど》なしと、味《あぢは》ふべき語《ことば》なり、

偖《さ》て此《こ》の子供《こども》の育方《そだてかた》といへるハ、原西洋諸敎育學《もとせいやうしよけういくがく》者《しや》の説《せつ》、及《およ》び生理《せいり》心理《しんり》の學《がく》を斟酌《しんしやく》して、我國風《わがこくふ》に適《かな》ふ樣《やう》、西洋風《せいやうふう》に溺《おぼ》れず、頑固《ぐわんこ》に偏《かたよ》らず、然《しか》も女子《をんな》にも解《げ》し得《え》らるゝ樣《やう》、子供《こども》の育方《そだてかた》敎方《をしへかた》を、學問《がくもん》せずに分易《わかりやす》く、行得《おこなひう》べきを旨《むね》として、編年体《へんねんてい》として、一《ひと》歳《つ》の時《とき》ハ、かく育《そだ》て、二歳《ふたつ》の時《とき》、三歳四歳《みつよつ》と順追《じゆんお》ふて、家庭《いへのうち》の敎育《けういく》より學校《がくかう》の敎育《けういく》、及《およ》び男女一身獨立《をとこをんなのひとりだち》に至《いた》るまでの、注意《ちゆうい》を書記《かきしる》さんと欲《ほつ》するなり、就《つい》てハ、アルトン氏《し》の語《ことば》に、兒童《こども》を敎育《けういく》するハ、母《はゝ》を以《もつ》て第《だい》一とし、母《はゝ》の敎育《けういく》ハ、母體健全《はたいけんぜん》を始《はじ》めとすとあれハ、平素《ふだん》の養生《やうじやう》よりすべけれとも、左《さ》にてハ衛生《ゑいせい》の法《はふ》に、時日《ときひ》を費《つひや》す事《こと》なれバ、先《ま》つ胎内敎育《たいないけういく》を以《もつ》て始《はじ》めとすべし

傳記

○瀧川壽子《ひさこ》の小傳　　平松理英

壽子《ひさこ》法名智察《ほふみやうちさつ》、余《よ》か道友瀧川鳳巖氏《だういうたきかははうがんし》の女《じよ》なり、慶應《けいおう》三年二月五日《さんねんにぐわついつか》東京麻布區《とうきやうあさぶく》本村町眞宗大谷派西福寺《ほんむらまちしんしゆうおほたにはさいふくじ》に生《うま》る、是《これ》より先《さき》、鳳巖氏《はうがんし》ハ徳川氏《とくがはし》の末路《まつろ》に當《あた》りて、佛敎《ぶつけう》のいたく衰《おとろ》へたるを慨《なげ》き、廣《ひろ》く内外《ないぐわい》の學《がく》を修《をさ》め、佛敎護持《ぶつけうごじ》の爲《た》めに力《ちから》を盡《つく》さんと欲《ほつ》せしか、内外《ないぐわい》の事情《じじやう》にさえられ、其《そ》の志《こゝろざし》を果《はた》すこと能《あた》ハさりしかバ、壽子《ひさこ》がまだ母《はゝ》の胎内《たいない》にありし時《とき》より、此《こ》の兒《こ》の生《うま》れなハ、かく〳〵して敎育《きやういく》せん、云々《しか〳〵》して學問《がくもん》させんと、其《そ》のみを樂《たのし》みて出産《しゆつさん》の日《ひ》を待《ま》ちたるに、生《うま》れたるハ女子《じよし》なれハ、痛《いた》く力《ちから》を落《おと》したりしか、又心《またこゝろ》に思《おも》ふ樣《やう》、他宗《たしう》ハ知《し》らず、我《わ》が淨土眞宗《じやうどしんしゆう》ハ、女人正《によにんしやう》機《き》の宗意《しうい》にして、彌女尼公《いやによにこう》を始《はじ》めとし、代々《だい〳〵》女性《によしやう》にして、宗意《しうゐ》を弘通《ぐつう》したまひし先蹤《ためし》もあれハ、女兒《をなご》なりとて、何條《なんぞ》我《わ》か志《こゝろざし》を續《つ》かしめ難《かた》き事《こと》やあらんと

十二

其《そ》の妻《つま》玄の子《こ》に、自《みづか》ら思《おも》ふ旨《むね》をつけ、余《よ》ハ今日《こんにち》より自《みづか》らの費《つゐ》やす學資《がくし》をもて、此《こ》の兒《こ》を敎育《きやういく》しあわれ世《よ》に名《な》高《たか》き佛敎《ぶつけう》弘通《ぐづう》の大敎師《だいきやうし》とせん、夫敎導《それけうだう》の任《にん》たるや、强《あなが》ち男子《だんし》に限《かぎ》るにあらず、今《いま》の世《よ》ハ百事西洋《ひやくじせいやう》の風《ふう》を倣《なら》ふ時《とき》なれは、やかて我國《わがくに》の女子敎育《ぢよしけういく》の方法《はうはう》を一變《へん》し、又耶《またや》蘇《そ》敎《けう》の如《ごと》く、女子《ぢよし》にして宗敎師《しゆうけうし》となるへき者《もの》もいてくべし、されバ今《いま》より其《そ》の心掛《こゝろが》けなかるへからずとて、夫婦《ふうふ》諸共《もろとも》、ひたすら壽子《ひさこ》の成長《せいちやう》をこそ待《ま》ちたりける

さる程《ほど》に、壽子《ひさこ》ハ年甫《としはじ》めて三四歳《さい》に至《いた》りけれハ、書《しよ》を讀《よ》み字《じ》を書《か》く事《こと》ハもとより、朝夕《てうせき》の遊《あそ》び事《こと》にも、唯學問《たゞがくもん》のことをのみ勸《すゝ》めける、壽子《ひさこ》も亦《また》他《た》の女兒《ぢよじ》と異《ことな》りて、性利發《せいりはつ》にして三歳《さい》の秋《とき》よく三字《じ》經《けう》正信偈《しやうしんげ》御《お》文《ふみ》なとを誦《じゆ》する等《など》けに栴檀《せんだん》ハ二葉《は》より香《かうば》しとハかゝる事《こと》をや申《まう》せしならんか、六七歳《さい》の頃《ころ》三田《た》小學校創《せうがくかうそう》立《りつ》さられしかハ、母《はゝ》ハ日《ひ》ごとに之《これ》に付從《した》がひ、自身《じしん》にも壽子《ひさこ》と同《おな》じく敎塲《けうぢやう》に入《い》り敎授《けうじゆ》を受《う》け、家《いへ》に歸《かへ》りて温習《さらわ》するゑそ、壽子《ひさこ》の學業《がつげふ》ハ、常《つね》に他《た》の生徒《せいと》にハ幾倍《いくばい》まして勝《すぐ》れける、されハ何《いづ》れの試驗《しけん》にも優等《いうとう》の賞狀《しやうぜう》を請《う》るを常《つね》となせり、後《のち》に母《はゝ》しの子《こ》ハ、思《おも》ハすも小學《せうがく》の科業《かげふ》を修《をさ》めたりと、後《のち》に物語《ものがた》られき、此《こ》の母《はゝ》ありて此《こ》の子《こ》あり、壽子《ひさこ》の學問《がくもん》ハ大《おほひ》に進《すゝ》み、遂《つひ》に同校《どうかう》を卒業《そつげふ》せしかバ、父鳳緬氏《ちゝほうめんし》ハ、壽子《ひさこ》をして、女子師範學校《ぢよししはんがくかう》へ入學《にうがく》せしめんと望《のぞ》まれしも、如何《いかに》せん未《いま》た學業年齡《がくぎやうねんれい》に達《たつ》せされハ、己《やむ》を得《え》す膝下《しつか》に於《おい》て養育《よういく》し居《お》りたるか、壽子《ひさこ》ハ既《すで》に十四《じふし》の歳《とし》を迎《むか》へたれとも、性《うまれつき》糸竹《いとたけ》の道《みち》を弄《もてあそ》び、麗《うるわ》しき衣《ころも》を襲《かさ》ね、華《はな》やかなる簪《かんざし》を挿《さしはさ》むなといふことを好《この》まず、專《もつぱ》ら學《がく》業《ぎやう》に餘念《よねん》なく、既《すで》に高須《たかす》小梅《しようばい》、若松甘吉《わかまつかんきち》、岡鹿門《おかろくもん》なといふ、諸儒《しよじゆ》の門《もん》に遊《あそ》び專《もつぱ》ら漢學《かんがく》を脩《おさ》め、傍《かたわ》ら新田《につた》

某《それがし》に詩賦《しふ》を、松野《まつの》三草女史《さんそうじようし》に和書《てくがく》を學《まな》ひ居《ゐ》たるか、後斯文學會《のちしぶんがつくわい》に入《い》りて、廣《ひろ》く諸名家《しよめいか》の講筵《こうえん》に列《れつ》したる中《うち》に、殊《こと》に根《ね》本通明翁《もとつうめいおう》の易及《えきおよ》ひ詩經《しけう》の講義《こうぎ》を喜《よろて》ひ、鳳巖氏《ほうかんし》に請《こ》ふて遂《つひ》に根《ね》本氏《もとし》の門《もん》に入《い》りぬ、螢雪《けいせつ》の効空《かうむな》しからず、幾程《いくほど》もなくして、師《し》の奥義《おうぎ》を窮《きわ》めける、されは根《ね》本氏《もとし》常《つね》に人《ひと》に對《たい》して申《まふ》されけるは、余《よ》が門人甚《もんじんはなは》た多《おほ》けれど、余《よ》が易詩《えきし》の神髓《しんづい》を得《え》たる者《もの》は、一の瀧川女史《たきかわじよし》あるのみぞ、後《のち》には師《し》に代《かわつ》て門生《もんせい》の爲《た》めに易詩經《えきしけう》を講《こう》じ、屢鬚眉男兒《しば〳〵しゆびたんじ》をして、其《そ》の經義《けいぎ》に深《ふか》き驚歎《きやうたん》せしめたりとぞ

余或時壽子《よあるときひさこ》に逢《あ》ひ、語《かた》りけるは、女史《じよし》若し學問《がくもん》して獨《ひとりそ》其の學《まな》ぶ所《ところ》を樂《たのし》むの意《い》ならで、漢學《かんがく》にもあれ和學《わがく》にもあれ、心《こゝろ》のまゝなれども、若大人《もしちゝぎみ》の志《こゝろざし》を繼《つ》き、布《ふ》敎傳道《けうでんだう》に從事《じゆうじ》せんとならば、當時《たうじ》泰西《たいせい》の學《がく》を修《をさ》めざれば、恐《をそら》くは實用《じつよう》に適《てき》せざるべしと、壽子《ひさこ》余《よ》が言《ことば》を聞《き》き大《おほひ》に感《くわん》し、鳳巖氏《ほうがんし》に此《こ》の旨《むね》を語《かた》るに、氏《し》も速《すみやか》に同意《どうい》されければ、余《よ》は女史《ぢよし》の爲《た》めに、其《そ》の入《い》るべき學校《がくかう》を尋《たつ》ねたれども、其《そ》の頃《ころ》は一般《はん》に女學《ぢよがく》の隆《さかん》ならざる時《とき》なれば、これぞと思《おも》ふ學校《がつかう》もなかりしが、唯横濱《たゞよこはま》のフエリス女學校《ぢよがくかう》は、耶蘇敎主義《やそけうしゆぎ》の學校《がつかう》なれども、敎師《けうし》も多《おほ》く校則《かうそく》も正《たゞ》しき由《よし》を聞《き》き、壽子《ひさこ》は大《おほひ》に喜《よろこ》び父《ちゝ》に乞《こ》ふて之《これ》に入《い》らんとす、人《ひと》々はあやふみて、妙齡《めうれい》の婦人《ふじん》を外敎《ぐわいけう》の學校《がつかう》に入《い》れんは、如何《いかに》にやといふにぞ、壽子《ひさこ》は打笑《うちわら》ひ、如來樣《によらいさま》より御回向《ごゑかう》の信心《しんじん》は、金剛不壞《こんがうふゑ》なりとうけたまはる、其《そ》の信心《しんじん》を決得《けつとく》したらん身《み》に、何處《いづく》如何《いか》なる所《ところ》に往《ゆ》くとも、心《こゝろ》のかわるべき筈《はづ》はなし、これ妾《わらは》が力《ちから》にあらず、御《ご》回向《ゑかう》の信心《しんじん》の力《ちから》なりとて、遂《つひ》に同校《どうかう》に入《い》りしが、果《はた》して壽子《ひさこ》の道心《だうしん》は分毫《ふんごう》も衰《おとろ》へざるのみかは、愈《いよ〳〵》報《はう》恩《おん》の念《ねん》あつく、品行淸潔《ひんかうせいけつ》なりしは、蓋身異《けだしみい》敎徒《けうと》の中《うち》

十四

にありて、自《みづか》ら勵《はげ》ませし志操《しそう》によりて、一層《さうそ》其の力《ちから》を添《そ》へしなり

同校《どうかう》の生徒《せいと》に、大石《おほいし》某《それがし》子といへるあり、熱心《ねつしん》なる耶蘇《やそ》敎《けう》の信者《しんじや》なりしが、英學《えいがく》は壽子《ひさこ》に勝《すぐ》れ、又漢學《またかんがく》は壽子《ひさこ》に及《およ》ばず、さるからに就蓐時間《じゆじよくじかん》の後《のち》は、室内《しつない》に於《をい》て火《ひ》を點《とも》して書《しよ》を讀《よ》むことを禁《きん》じければ、二人《ふたり》はひそかに厠《かはや》に往《ゆ》き、行燈《あんどう》の火《ひ》にて互《たがひ》に足《た》らざる所《ところ》を學《まな》びあひぬ後《のち》　子《こ》も漸《やうや》く壽子《ひさこ》に感化《くわんくわ》されて、大《おほい》に佛敎《ぶつけう》の眞理《しんり》なる事《こと》を知《し》りぬ、

斯《か》くて壽子《ひさこ》は、同校《どうかう》を退《しりぞ》き東京《とうきやう》に歸《かへ》り、英學院《えいがくいん》に入《い》り、又根本《またねもと》氏《し》に通學《つうがく》して、愈《いよ〳〵》漢學《かんがく》と研究《けんきう》し、又小栗《またをぐ》栖《りす》一等學師《とうがくし》に就《つい》て、御本書《ごほんじよ》の講讀《かうどく》を受《う》け、村上學師《むらかみがくし》に就《つい》て、三大宗《だいしう》(華《け》嚴倶舍唯識《ごんくしやゆいしき》)の大意《たいい》を學《まな》び、殊《こと》に華嚴《けごん》一乘《じよう》の深理《しんり》を喜《よろこ》び、起信論《きしんろん》の講義《かうぎ》を承《う》けぬ、壽《ひさ》子《こ》が聞法篤信《もんぱふとくしん》なると、學業《がくげふ》に精勤《せいきん》すること、大法主《たいはふしゆ》殿《どの》の御聽《ごちよう》に達《たつ》し、明治廿年《めいぢにじうねん》二月左《げつさ》の如《ごと》く御賞典《ごせうてん》を賜《たまは》りぬ

瀧川《たきかは》　壽《ひさ》

其許儀《そのもとぎ》、幼年《ようねん》より法義《はふぎ》に志篤《こゝろざしあつ》く、而《しか》も多年《たねん》學事《がくじ》勉《べん》勵候趣《れいそろおもむき》、神妙之至《しんみようのいたり》依之《これによつて》以《もつて》特別《とくべつ》假名《かな》聖敎《しようきよう》壹部《いちぶ》賞與《しようよ》候條《そろでう》猶更《なほさら》法義《はふぎ》大切《たいせつ》に可致候事《いたすべくそろこと》

明治廿年二月廿七日　寺務所《じむしよ》　印

（以下次號）

雜報

○皇后陛下《くわうごうへいか》の恩賜《おんし》　去《さ》る十五日《にち》東京慈惠院總會《とうけいじけいゐんそうくわい》へ、皇后陛下《くわうごうへいか》に於《を》かせられては行啓遊《ぎやうけいあそ》ばさるべきの所《ところ》御不例《ごふれい》にて臨御《りんぎよ》在《あ》らせされらりしが、思召《おぼしめし》を以《もつ》て患者《くわんじや》一同《いちどう》へ御菓子《をかし》を下《くだ》し賜《たまは》りたるやに承《うけた》まはりぬ

○女學生《ぢよがくせい》の貧民救助《ひんみんきうじよ》　東京貴婦人會《とうけいきふじんくわい》の幹事《かんじ》にて且本《かつほん》會《くわい》の賛成寄書家《さんせいきしよか》の一人《にん》にて目下我國《もつかわがくに》に於《をい》ては女流中《ぢよりうちう》

學德兼備《がくとくけんび》の聞《きこ》へある跡見《あとみ》花《か》溪女史《けいじょし》の設立《せつりつ》に係《かゝ》る跡見《あとみ》女學校生徒諸姉《じょがつかうせいとしょし》ハ目下《もつか》貧民《ひんみん》の慘情《さんじやう》を察《さつ》し教員並《けうゐんならび》に生《せい》徒中《とちう》にて義捐金《ぎえんきん》を募集《ぼしう》せしに金額《きんがく》一百《ひやく》五十餘圓《よえん》に至《いた》りたれハ該金配與方《がいきんはいよかた》を小石川區々役所《こいしかはくくやくしよ》へ依賴《いらい》せらし由《よし》なるかこれ全《まつた》く校主《かうしゆ》の教育《けういく》その宜《よろ》しきを得《う》るの致《いた》す所《ところ》にして實《じつ》に女流《じよりう》の學校《がくかう》ハかく有《あり》たき事《こと》ともなり

○名古屋佛教婦人會發會式《なごやぶつけうふじんくわいはつくわいしき》　愛知縣尾張《あいちけんをわり》の國名古《くになご》屋市《やし》に設立《せつりつ》せし、佛教婦人會《ぶつけうふじんくわい》ハ、伏見宮文秀女王殿《ふしみのみやぶんしうぢよわうでん》下《か》を會長《くわいちやう》と仰《あふ》き、三府《ふ》の貴婦人方《きふじんがた》の賛成《さんせい》を得《え》て組《そ》織《しき》せし會《くわい》にて、會員《くわいゐん》ハ既《すで》に六千餘名《よめい》に達《たつ》せしかハ、去《さ》る十日發會《かはつくわい》の式《しき》を、同市下茶屋町眞宗大谷派別院《どうししもちややまちしんしうおほたにはべついん》に開《ひら》きたる由《よし》なるか、今《いま》その景況《けいきやう》を聞《き》くに、式場《しきぢやう》ハ豫《あらか》しめ同對面所《たいめんじよ》と定《さだ》めありしも、七千有餘《いうよ》の會員其《くわいゐんその》他參會者《たさんくわいしや》を合《あは》すれハ、一萬以上《いじやう》に到《いた》るを以《もつ》て、本堂《ほんだう》を對面所代《たいめんじよだい》と爲《な》し、兩所《れうしよ》に會員《くわいゐん》を分《わか》ちたり、來會《らいくわい》の重《おも》なる人々《ひと》ハ、岩村縣知事《いわむらけんちじ》、警察官中田山岡兩評定《けいさつかんなかだやまをかれうへうぢやう》官《かん》、陸軍將校《りくぐんしやうかう》、愛知病院職員《あいちびやういんしよくいん》、各宗取締及《かくしうとりしまりおよ》び新聞《しんぶん》記者等《きしやとう》にて、黑川令夫人《くろかはれいふじん》令孃《れいじやう》、黑木令夫人《くろきれいふじん》を始《はじ》め、紳士《しんし》の夫人令孃《ふじんれいじやう》の會員《くわいゐん》ハ、流石《さすが》に廣《ひろ》き殿堂《でんだう》をも、埋《うづ》むべかりに參會《さんくわい》し、席定《せきさだま》るや、簫鼓《しやうこ》の聲起《こゑおこ》り大和樂《やまとがく》を奏《そう》する暫《しば》しにして、高田派門跡御裏方常盤井敬子殿《たかたはもんぜきおうらかたときはゐけいこどの》、大谷派門跡御裏方大谷常子殿《おほたにはもんぜきおうらかたおほたにつねこどの》、緋《ひ》の袴《はかま》を穿《うが》ち髮背《はつせな》に垂《た》れて、順次臨場《じゆんじりんじやう》あり、伏見宮女王殿下《ふしみのみやじよわうでんか》ハ、臨《りん》濟宗妙心寺派《さいしうみやうしんじは》の靈尼《れいに》に在《あ》らせらるゝ故《ゆへ》、紫衣《しい》に赤地《あかぢ》の袈裟《けさ》を着用《ちやくよう》せられ、各々着座《おのおのちやくざ》あるや、樂《がく》に隨《したがひ》て少《せう》女唱歌《じよしやうか》を歌《うた》ひ、已《すで》にして、女王殿下《じよわうでんか》ハ高《たか》き壇上《だんぢやう》に登《のぼ》らせられ、細《こま》かなる垂語《すいご》を南條博士《なんでうはかせ》に朗讀《らうどく》せしめらる、續《つゞ》いて大谷常盤井《おほたにときはゐ》の兩御裏方《りやうおうらかた》の祝詞《しゆくし》あり、次《つぎ》に岩村縣知事《いわむらけんちじ》、又女王殿下《またぢよわうでんか》に隨行《ずいこう》せられし大和國添上《やまとのくにそへかみ》郡圓照寺門跡宮内仙峯《ぐんゑんしやうじもんぜきみやうちせんほう》、黑川千春子並《くろかはちはるこならび》に林陸夫《はやしりくふ》、熊《くま》谷幸之《こうの》輔《すけ》、岡無外《おかむぐわい》の諸氏《しよし》、祝辞《しゆくじ》を了《をわ》りて、理事長小《りじちやうこ》林康任氏《はやしこうにんし》其答辞《そのとうじ》を述《の》ぶ、渥美契縁《あつみかいえん》師得意《とくい》に快辨《くわいべん》を振《ふる》ふて、一場《ぢやう》の法話《はふわ》を爲《な》し、一同第《どうだい》一式場《しきぢやう》を退散《たいさん》せり、後《のち》に、小栗栖香頂氏《おぐるすこうちやうし》の説教《せつけふ》あり、對面所式場《たいめんしよしきぢやう》に於《おい》て、女王殿下《ぢよわうでんか》各兩派《かくれうは》の夫人《ふじん》臨場《りんぢやう》せられ、南條博士《なんでうはかせ》及《およ》び香川氏《かがわし》の演説《えんせつ》ありし由《よし》にて、大谷派《おほたには》の御裏方《おうらかた》の朗讀遊《らうどくあそ》はされし、祝辞《しゆくじ》は左の如くなりといふ

我日《わがひ》の本《もと》の御國《みくに》を愛《め》でて、我御佛《わがみほとけ》の教《おしへ》をまもる人々《ひと》、打《うち》つとひて、たふときみのりを説《とき》なし、女《をみな》をまことの道《みち》にみちひき、天照《あまてら》す　皇國《みくに》の御光《みひかり》に、明《あき》らけき法《のり》の光《ひかり》をそへて、いやひらけに開《ひら》け、彌榮《いやさか》えにさかゆく、世《よ》のたすけになさんとて、佛教婦人會《ふつけうふじんくわい》をものせられたるは、まことに喜《よろこ》はしき事《こと》になん、ある、されは、やむごとなき方《かた》の會　長《くわいちやう》にならせたまひ、貴《たうと》き人々《ひと》の此會《このくわい》につらなりたまふもずくなからずと、氣ふこのさかんなるむしろをひらかれたるは、いともめでたきことにしあれは、此會《このくわい》の友《とも》だちとなりたらん人々《ひと》は、殊《こと》にやさしくみやひやかなる、御國《みくに》の風《ふ》をうしなはすして、我《わが》御佛《みほとけ》のみのりをきゝ、心《こころ》も清《きよ》やかに、行《おこなひ》も正《たゞ》しくなりし、いよ〳〵ます〳〵此會《このくわい》のさかゆくと共《とも》に、我日《わがひ》の本《もの》の御光《みひかり》を外國《そとくに》までも、かゝやきわたらんことを、けふのほきことにかへて、ねきまをすになん、

○教師《きようし》の手品遣《てしなつか》ひ　西洋《せいやう》の人《ひと》とさへ謂《い》へは、馬鹿も利口《りこう》の樣《やう》に思《おも》ひ、濫《みだ》りに尊崇《そんそう》する人《ひと》の多《おほ》きは、歎《なげ》かわしき事《こと》なるか、頃《このご》ろ、上海新報《しやんはいしんぽう》といへる、支那《しな》の新聞《しんぶん》の記《き》する所《ところ》を見《み》るに、支那國上海虹口《しなこくしやんはいこうく》といへる所《ところ》にて、興行《こうぎやう》する曲馬《きよくば》の幕間《まくあひ》に、日本風《にほんふう》と西洋風《せいやうふう》との手品《てしな》を遣《つか》ふ、日本語《にほんご》に熟《じゆく》せる西洋婦人《せいやうふじん》の出席《しゆつせき》する

十七

由《よし》なるか、此婦人《このふじん》は、甞《かつ》て我國《わがくに》に在留《ざいりう》し、某學校《それがくかう》の女教師《ぢよけうし》となりて、隨分尊敬《ずいぶんそんけい》を受《う》けし人《ひと》なりしとの事《こと》なるか、我邦《わがくに》にても、識見《しきけん》なき人々《ひと》は、西洋人《せいやうじん》とさへ謂《い》へは身元《みもと》をも調《しら》へす、漫《みだ》りに珍重《ちんちやう》すれはこそ、かゝる旅稼《たびかせぎ》の藝人《げいにん》を雇入《やといい》れて、教師《けうし》と頼《たの》みしものなるへし、かゝる賤業《いやしきげふ》をなすものなりと聞《き》きたらんには當時該教師《さきにそのけうし》を戴《いたゞ》きて師《し》と仰《あふ》きし生徒諸姉《せいとしよし》は、口惜《くちを》しき事《こと》なるへし、

○奇童《きどう》　日高寛一《ひだかくわんいち》は明治《めいじ》廿一年《ねん》五月《がつ》廿二日東京市神《とうけいしかん》田區《だく》泉町《いづみてう》に生《うま》る、母《はゝ》を秋女《あきじよ》といひ、千葉縣下總國誂《ちばけんしもさのくにちよう》子《し》飯沼《いひぬま》の産《さん》にして、父《ちゝ》某《それがし》は寛一《くわん》か胎内《たいない》にありし折《をり》、故《ゆへ》ありて離別《りべつ》しければ、寛一《くわん》は母《はゝ》の手一《てひとつ》に養育《やういく》せられしなり、さるからに、日々《ひゞ》の暮《くら》しとて、豊《ゆた》かなりといふにあらす、教育《けういく》とて、完全《かんぜん》なりしと云《いふ》にもあらぬと、元來母秋女《ぐわんらいはゝあきじよ》は、幼時《をさなきとき》は秋山《しうざん》と號《がう》して、六七才《さい》の頃《こ》ろより能《よ》く大書又《たいしよまた》は指頭《しとう》の畫《ぐわ》なとを書《か》き、同《おな》しく奇童《きどう》の名《な》ありし女《ぢよ》なれは、多少教育《たせうけういく》といふ事《こと》を心得居《こゝろえを》れば、平日遊戯《へいじついうぎ》の品物《しなもの》より寐物俗《ねものがたり》りに至《いた》るまでも、常《つね》に意《い》を注《そゝ》き、養育《やういく》せしが、去《さ》る廿二年《ねん》の夏頃《なつこ》ろとか、秋女《あきじよ》か、認《したゝ》め物《もの》をなし居《を》りし際《とき》、何《なに》やら、用事出來《ようじでき》しとて、筆硯《ふですゞり》をその儘《まゝ》にさし置《おき》しに、小兒《せうに》の常《つね》として、有合《ありあ》ふ筆《ふで》に墨《すみ》を含《ふく》ませ、樣々《さまざま》に書《か》き散《ちら》し居《を》りたれは、驚《をどろ》きて、筆紙等《ふでかみなぞ》を取擧《とりあ》げしか、こゝに不思議《ふしぎ》といふべきは、寛一《くわん》の畫《ゑが》きしは、唯《たゞ》一の字《じ》のみを書《か》きちらしたる事《こと》なり、されと其折《そのをり》には、別《べつ》に氣《き》も附《つ》かずして打過《うちす》ぎけるが、其後《そのゝち》紙《かみ》と筆《ふで》とを與《あた》へ置《を》けは、一時間《じかん》にても二時間《じかん》にても、神妙《しんみやう》に遊《あそ》び居《を》れは、紙《かみ》と筆《ふで》とは、寛一《くわん》の、一種《いつしゆ》の遊戯品《をもちや》とはなりぬ、終《つい》に、獨習《どくしう》の功成《こうな》りて、一の字《じ》は立派《りつぱ》に書《か》くに至《いた》りたれは、茲《こゝ》に始《はじ》めて、書《しよ》を教授《けうじゆ》する事《こと》とな

十八

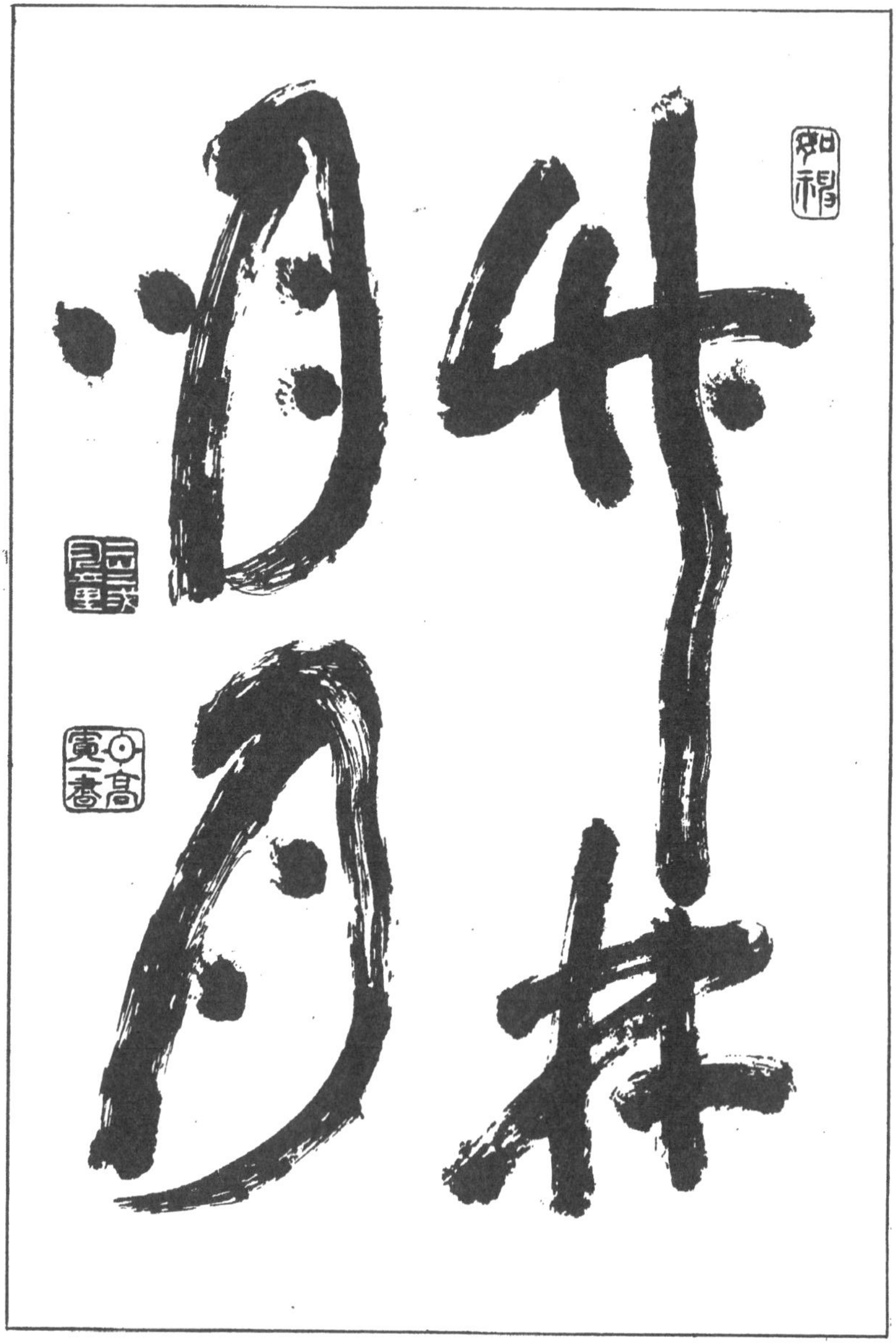

二歳二箇月童日高寛一揮毫之畵

れなりぬ、何《なに》にせよ、未《ま》だ思慮《かんせ》なき小兒《しように》の事《こと》なれば、教授方《けうじゆかた》も一方《ひとかた》ならざりしも、本年《ほんねん》の四月頃《しげつころ》に至《いた》り、日月《じつげつ》、一心《いつしん》、竹林《ちくりん》、等《とう》の字《じ》は自在《じざい》に揮毫《きごう》するに至りしかば、近隣《きんりん》の人《ひと》々は、我《われ》も〳〵と料紙《りやうし》を齎《もたらし》、揮《き》毫《ごう》を請《こ》ふにぞ、今《いま》は公然浅草公園《こうぜんあさくさこうえん》に出張《しゆつちやう》し、揮毫《きごう》の属託《ぞくたく》に應《をう》じ居《を》れるか、氣嫌《きげん》よき日《ひ》には、二三十枚《まい》の揮毫《きごう》をもなせど、小兒《せうに》の事故《ことゆへ》氣嫌《きげん》よからぬ日《ひ》には、如《い》何《か》に諸人《しよにん》の請《こ》はるゝとも、筆《ふで》さへも取《と》らざる由《よし》、先《さき》頃《ごろ》、編者《へんしや》が自宅《じたく》へ招《まね》き、揮毫《きごう》せしめし時《とき》の様《さま》を、其《その》まゝに記《しる》さば

（母）サーポーや、文字《じいじ》を書《かい》て御呉《おくれ》」とて、毛氈《もうせん》の上《うへ》に料紙《りやうし》を舒《の》ぶれば、（寛一）イヤ〳〵ー」と頭《かしら》を振《ふつ》て走《はし》り廻《まわ》るを、（母）サー、文字《じいじ》を書《か》けば此《こ》れを進《あ》げるよ」と、乳《ちゝ》を出《いだ》して見《み》せければ、チヨコ〳〵と走《はし》り來《く》るを、母《はゝ》は捉《とら》へ、（母）サー文字《じいじ》を書《か》クンダヨ」と、座《すわ》らせんとすれば、（寛）乳《ち》ゝ〳〵と、取《と》り縋《すが》れば、（母）少《ちつ》と呑《のん》で書《かく》くんだよ」とて、暫時《ざんじ》乳房《ちぶさ》に就《つ》け、（母）サ、文字《じいじ》書《か》コー」と、座《すわ》らすれば、尚《なほ》も寛一は乳《ち》ゝ〳〵と取縋《とりすが》るを、母《はゝ》は怒《いか》りし顔《かほ》にて睨《にらま》へれば、寛一は肅《しほ》々《れ》泣出《なきいだ》さんとするを、母《はゝ》は泣《な》かせじと、（母）サ、文《じい》字《じ》を書《か》くと玉《たま》を進《あげ》るよ」と、湯出玉子《ゆでたまご》を前《まへ》に置《を》き座《すわ》らすれば、又《また》もや玉々《たま〳〵》と騒《さわ》ぐを、（母）サー〳〵文字《じいじ》を書《かい》て」と、寛一の左《ひだり》の手《て》を料紙《りやうし》の上《うへ》に居《す》へ置《をか》せ、今大筆《いまたいひつ》に墨《すみ》を含《ふく》ませ、右《みぎ》の手《て》に持《も》たせんとすれば、其間《そのま》に又《また》もや寛一は逃出《にげいだ》し、次《つぎ》の間《ま》の襖《ふすま》の陰《かげ》に入《い》り、（寛）イヤジヤー〳〵」と小言《つぶや》き居《お》れば、母は目を閉《と》ち（母）寛《くわん》は何所《どこ》へ往《いつ》たね、モー來《き》たかね、利《いゝ》口《こ》の寛《くわん》は目を閉居《つぶつてい》る中《うち》に來《き》ますよ、モー來《き》たかね」と、囃《はや》し立《たつ》れば、チヨコ〳〵と出《い》で來《きた》り、母の前《まへ》に座《すは》り、（寛）ポー來《き》た」と、謂《い》はへ、母《はゝ》は目《め》を開《ひら》き、

十九

（母）寧馨兒《いゝこ》〳〵」と頂《うなじ》を摩《なで》、寛《くわん》一の喜《よろこ》び居《お》る様子《やうす》を認《みと》め、（母）サー文字《じいじ》書《か》て、玉《たま》を進《あげ》よふネー」と、又寛《またくわん》一をして、料紙《りやうし》に向《むか》はしめ、前《まへ》の如《ごと》く、左《ひだり》の手《て》を料紙《りやうし》の上《うへ》に居《すへ》へ、今墨《いますみ》を含《ふく》ませたる大筆《たいひつ》を、母は手《て》を添《そへ》て寛一の右《みぎ》の手《て》に持《も》たせければ、筆《ふで》を執《と》るや否《いや》や、寛《くわん》一は、今迄《いまゝで》の小兒《せうに》の氣色《きしき》は何《どこ》へやら立失《たちう》せて、其勢《そのいきほひ》は恰《あだか》も彼《か》の勢《はやり》たる競馬《けいば》の駒《こま》の、走《わし》らんとするを扣《ひか》へるに異《こと》ならず、（母《はゝ》）何々《なに》だよ」と、今書《いまか》かしめんとする字《じ》を呼《よ》び、寛《くわん》一の右手《めて》に添《そ》へたるを離《はなす》と同《と》時《も》に、その勢《いきほひ》は、龍《りう》の走《わし》るが如《ごと》く、その速《はや》き事《こと》は、疾風《ときかぜ》の如《ごと》く、一瞬間《またゝくひま》に一字《じ》を書《かき》、其勢《そのいきほひ》にて次《つぎ》なる文字《もんじ》を書《か》かんとするを、母《はゝ》は其筆《そのふで》を奪《うば》い、又《また》もや墨《すみ》を含《ふく》ませ、（母）こゝからだよ」と、走筆《じくはり》を示《しめ》せは、前《さき》の如《ごと》き勢《いきほひ》にて書《か》き終《をわ》り、終《をわ》れは元《もと》の小兒《おさなご》にて、其《その》墨《すみ》の含《ふく》みし筆《ふで》を、其儘《そのまゝ》に毛氈《もうせん》の上《うへ》に抛《なげう》ち、前《まへ》なる玉《たま》子《ご》を取《とり》て、「ムイテ〳〵」と親《あまへ》る様《さま》は、同《おな》じ寛《くわん》一の所《しよ》業《ち》とは思《おも》はれぬ程《ほど》なりき

かく幼少《ようせう》にして、能《よ》く文字《もんじ》を書《しよ》し得《う》るは、母秋女《はゝあきぢよ》の遺傳《いでん》と、教育《けいゆく》との力《ちから》なるは、争《あらさ》ふべき事《こと》にはあらされど、佛家《ぶつけ》に所謂《いわゆる》、宿習力《しゆくしうりき》に原因《げんいん》するや明《あきらか》なる事《こと》なり

因《ちなみ》にいふ、万《まん》一諸姉《しよし》にして、寛《くわん》一に揮毫等《きごうとう》、御依《ごい》頼相成《らいあいなり》たき御方《をんかた》は、本誌《ほんし》廣告欄内《こうこくらんない》に出《いで》たる手續《てつゞ》きにて、本會《ほんくわい》へ申込《まうしこ》まるれは、本會《ほんくわい》は、これか周旋《しうせん》の勞《らう》を取《と》るへし

○又寛《またくわん》一は、餘《よ》程《ほど》愛《あい》らしき小兒《こぞう》なるを、今回寫眞《こんかいしやしん》撮寫《をうつす》の際《とき》は、寢起《ねを》きにて、甚《はなは》だ氣嫌《きげん》あしく、素《もと》より寫眞《しやしん》など撮影《うつ》さへき心《こゝろ》なき小兒《せうに》なれは、頻《しき》りに否《いな》めるを、母《はゝ》か強《しひ》て、撮《とり》し爲《た》め、少《すこ》しく泣顔《なきがほ》をなせるは、編者《へんしや》に於《おい》ても遺憾《いかん》とする所《ところ》なり

二十

○南條文雄博士《なんでうぶんいうはかせ》が、華族女學校《くわぞくぢよがくかう》の敎諭《けうゆ》たられし事《こと》ハ、皆人《みなひと》の知《し》る所《とこ》なるか、同師《どうし》ハ敎授《けうじゆ》の暇《いとま》、校員並《かういんならび》ニ生徒《せいと》ニ對《たい》し、時々《じゞ》佛敎上《ぶつけうじやう》の談話《だんわ》をせられし事《こと》ありしが、頃《このご》ろ彼《か》の女流中《ぢよりうちう》、英才屈指《えいさいくつし》の聞《きこ》えある、下田《しもだ》歌《うた》子女史《ぢよし》始《はじ》め、同校《どうかう》の敎員生徒《けういんせいと》打寄《うちより》て、毎日曜日《まいにちえうび》ニ、南條師《なんでうし》を聘《へい》し、佛敎《ぶつけう》の談話《だんわ》を聽聞《ちやうもん》せんとて、先頃《さきごろ》同師《どうし》ニ依賴《いらい》せられしが師《し》も快《こゝろ》よく承諾《せうだく》せられ、暑中《しよちう》休暇後《きうかご》より、右談話會《みぎだんわくわい》へ出席《しゆつせき》せらるゝ由《よし》ニて、その筆記《ひつき》をハ、本誌《ほんし》へ掲載《けいさい》する事《こと》をも約諾《やくそく》せられたれハ、次號《じがう》より毎號掲載《まいがうけいさい》すへし、

○女丈夫《ぢよぢやうふ》の失敗《しつぱい》　生兵法《なまひやうへう》ハ大疵《おほきず》の原《もと》、といへる諺《ことわざ》あれど、夫とハ事代《ことかわ》れど、榊原鎌吉《さかきばらけんきち》の門《もん》ニ入《い》り、女子《ぢよし》の身《み》ニして、劔道《けんどう》を脩《しゆ》せし手際《てぎは》を見《み》せしめんとてか、當春以來《たうはるらい》女權擴張《ぢよけんかくちやう》の先登《さき》第一《がけ》杯《なを》、騷立《さはぎた》て、條約改《でうやくかい》正中止《せいちうし》建白《けんぱく》ニて、其名《そのな》を博《はく》し、その勢《いきほひ》ニて東京市中《とうけいしちう》を女子《ぢよし》演說討論會《えんぜつとうろんくわい》とて、押廻《おしまわ》したる、彼《か》の女子談話《ぢよしだんわ》會員《くわいゝん》、大井幸子《おほゐゆきこ》ハ、何故《なにゆへ》ニや、頃《このご》ろ、談話會《だんわくわい》の規則《きそく》ニ抵觸《ふれ》し廉《かど》ありとて、同會《どうくわい》より、退會《たいくわい》を命《めい》せられしといへるか、如何《いか》なる失敗《しつぱい》ニや

○敎育《けふいく》ある女子《ぢよし》の弊風《へいふう》　なりとて、村椿又作氏《むらつばきまたさくし》か、敎育報知《けういくはうち》第《だい》二百十三號《がう》ニ揭《かゝ》けたるか實《げ》ニ能《よ》く其弊《そのへい》を盡《つく》せしものニて、就學女子諸君《しうがくぢよししよくん》の鏡《かゞみ》ともなるへきものなれハ、左《さ》ニ轉載《てんさい》して、諸姉《しよし》の瀏覽《りうらん》ニ供《きやう》す、

一柔順《じうじゆん》の淑德《しゆくとく》を失《うしな》ひ、動《やゝ》もすれハ男子《だんし》を凌《しの》がんとするの風《ふう》ある事《こと》、

一天然《てんねん》の心身《しんしん》を顧《かへり》みす、却《かへつ》て已《おの》れの所長《しよちやう》を捨《す》てゝ、男子《だんし》と拮抗《きつこう》せんとするの風《ふう》ある事《こと》、

一民度風俗《みんどふうぞく》を顧《かへり》みす、西洋《せいやう》の事情《じじやう》を偏聞《へんぶん》して、動《やゝ》もすれハ、舅姑良人《しうとおつと》ニ從順《じうじゆん》の德《とく》を缺《か》く事《こと》、

一妄《みだ》りニ高尙《かうしやう》ニ搆《かま》へて、育兒《いくじ》の方法《はうはう》、家政《かせい》の整頓《せいとん》

を注意《ちうゐ》せさるの事實《じじつ》ある事《こと》

○流行物《りうかうもの》　左《さ》に掲《かゝ》くる物品《ぶつひん》は、目下《もつか》東京市中《とうけいしちう》にて、流行《はやり》初《はじめ》の物品《ぶつひん》を記《しる》せしなり、

○紅縞《べにじま》入りの紺數寄屋《こんすきや》○空色鼠《そらいろねずみ》○羽《は》裏色《うらいろ》○萠黄《もえぎ》縞《しま》の木綿縮《もめんちゞみ》○薄餡売色《うすあんばらいろ》の縮《ちゞ》ら織《をり》○色糸飛紋入唐繻子《いろいとゞびもんいりとうじゆす》の帯地《をびぢ》○空色繻珍織《そらいろしゆちんおり》の帯地《をびぢ》○ゴム裏《うら》の合羽《かつぱ》○羽織《はをり》の五つ所紋《ところもん》○紋所《もんところ》の大形《おほかた》（近頃迄婦人方《ちかごろまでふじんかた》の羽織《はをり》の紋所《もんところ》は、五六分位《ぶくらひ》にて極《きは》めて小《ちい》さき方流行《かたりうかう》せしか今年《ことし》は八九分位《ぶくらい》の大《おほい》なる方流行《かたりうかう》の傾向《けいかう》なり）（以上衣類）○繻珍織《しゆちんをり》又《また》は古渡《こわた》り更紗《さらさ》の根卷《ねまき》○ゴムの根《ね》卷《まき》（以上髪飾《かみかざ》り）○ダイヤモンド入《い》りの帯留《をびど》め○表裏《しをせ》の筵袋《かます》又《また》は折物形《をりものかた》の（袂落《たもとおと》し）烟草入《たばこいれ》○七寶《しつぽう》燒《やき》の烟管《きせる》○水晶《すいしやう》の指環《ゆびわ》等《とう》なり

文苑

和歌

田家夕立　眞頼

庭にほす麥のさむしろたゝむまに
　うちこほれ來ぬ夕立の雨

題しらず　祐護

うらやまし山田のすそのかり庵に
　ゐなから鳴子引乙女かな

螢　泥舟

すゝしさを松のとほそに吹入るゝ
　風にみたれて飛ほたる哉

五行を夏によせて　南園

只ひと木夏野にたてる笠松は
　ゆきゝの人のいのちなりけり
今はたゝなつの火桶の捨られて
　はひかくるへきところたになし
あらかねの土さへさけて夏の日は
　かたやく龜のうらをなしけり
久かたの日のひかりさへ眞夏には
　あかねのいろをまねふなり鳬
ひやゝかにわく水みれはあらかねの
　土のそこには夏なかりけり

二十二

小説

節婦孝女鮮血美談

撫松隱士

時《とき》ハ文久元年《ぶんきうぐわんねん》四月《ぐわつ》二十九日《にち》。處《ところ》ハ作州津山領院庄村《さくしうつやまれういんのしやうむら》○軒《のき》ハ傾《かたむ》き壁《かべ》ハ落《を》ち、見《み》るもいぶせき賤《しづ》が家《や》の、主《あるじ》翁《じ》ハ島田馬之丞《しまだむまのじやう》とて、小作日傭《こさくひやう》ニ其《そ》の日《ひ》を送《おく》る、村《むら》一番《いちばん》の貧乏人《びんぼうにん》、女房《にようばう》なかと娘《むすめ》あさの、三人口《さんにんぐち》もすごしかね、貧《ひん》より起《おこ》る悪心《あくしん》ニ、犯《をか》せし罪《つみ》のあらハれて、二三日《にち》あと捕縛《ほばく》となり、津山《つやま》へ拘引《ひかれ》て今ハ吟味《ぎんみ》の眞最中《まつさいちう》、妻《つま》と娘《むすめ》ハ心《こゝろ》もそゞろ、歎願《たんぐわん》しやうニも樣子《やうす》ハ知《し》れず、談合《だんかふ》せんニも女《をんな》の事《こと》、朝《あさ》から夕《ばん》まで泣盡《なきつく》す、二人《ふたり》の心《こゝろ》を慰《なぐさめ》ハせで一家《いつけ》の恥辱《はぢ》と一徹《いつてつ》なる、田《いな》舍《か》氣質《かたぎ》の本家《ほんけ》の主人《あるじ》定助《さだすけ》が、今《いま》しも訪來《とひき》て破鐘聲《われがねごゑ》ニわめきたつるを聞兼《きゝかね》て、取《とり》さゆるハ、此《これ》も一家《いつけ》の治作《ぢさく》とて、村《むら》ニ名高《なだか》き親切爺《しんせつおやぢ》。定助《さだすけ》の前《まへ》ニ両手《りやうて》を突《つ》き「御本家《ごほんけ》の御腹立《おはらたち》も、決《けつ》して無理《むり》とハ存《ぞん》じませぬが、今度《このたび》の事《こと》ハ、馬之丞《むまのじやう》が心得違《こゝろへちがひ》、妻子《われら》ハ夢《ゆめ》ニも知《しら》ぬ事《こと》を……「イヤ、さうハいはされめ、一軒《いつけん》の家《いへ》ニ暮《くら》しながら、馬之丞が今度《こんど》の悪事《あくじ》、おなかやあさのが知《し》らぬ筈《はづ》ハない。モシヤ眞實《しんじつ》知らぬニもせよ、懸《かゝ》りや繋《つな》がる親子《おやこ》夫婦《ふうふ》……「御本家《ごほんけ》の檀那樣《だんなさま》や、一家の衆《しゆ》ニ對《たい》してハ何《なん》とも申譯《まをしわけ》ム《ござ》りませぬ、是《これ》と申《まう》すも私共《わたくしども》がある故《ゆゑ》ニ、活計《くらし》の足《た》らぬを苦《く》ニ病《やみ》で、道《みち》ならぬ事《こと》せられましたニ違《ちがひ》なく、最初《さいしよ》ニ酒糟《さかゝす》を澤山持《たくさんもつ》て戻《もど》られた時《とき》、此《この》酒糟《さかゝす》ハと尋《たづ》ねましたら、隣村《となりむら》の誰《だれ》やらから借《かつ》て來《き》たと……日《ひ》頃律義《ごろりちぎ》な人故《ひとゆゑ》ニ、其《その》言葉《ことば》を眞《ま》ニ受《う》けて……「サ、夫が第一乃公《おれ》の氣《き》ニ入《い》らぬ、カイショなしの馬之丞ニ、あら程《ほど》の酒糟《さかゝす》を貸《か》す白痴《たわけ》がある者か、偸《ぬすん》で來《き》たハ知《し》れた事《こと》。畢竟《つまり》此方《あなた》衆《しゆ》が盗人根性《ぬすびとこんじやう》があれバこそ……「夫《それ》ハ餘《あま》り御情《おなさけ》ない、私等《わしら》親子《おやこ》は、神様《かみさま》かけて其《そ》の様《やう》な、さもしひ心《こゝ》は持《も》ちませぬ「コレ〳〵、娘御《むすめご》、本家《ほんけ》の檀那《だんな》に言返《いへかへ》しをしては済《すま》ぬぞや、何《なに》は兎《と》もあれ、馬之丞か今度《こんど》の不《ふ》出来《でか》し、分家《ぶんけ》から縄付《なわつき》が出《いで》ては、他村《たそん》へ對《たへ》して家名《かめい》の疵《きず》を、いはしやるのも無理《むり》ではない。そこは幾重《いくゑ》にも詑言《わびこと》して、檀那《だんな》から津山《つやま》の役人衆《やくにんしゆ》へ手《て》を廻《まわ》して、一日も早《はや》く馬之丞が赦免《しやめん》に成《な》る様《やう》、願《ねが》ふて貰《むら》ふが上分別《じやうふんべつ》……「コレサ、治作《じさく》貴様《きさま》までが其の様《やう》に、埒《らち》もない事《こと》いふで困《こま》る。一家《いつけ》の外聞《がいぶん》に拘《かゝ》はる程《ほど》な、大《たい》事《じ》をさらした馬之丞。縛《しば》りやうが、殺《ころ》さりやうが、自業自得《じがうじとく》といふ者《もの》だワ、其《そ》の御赦免《ごしやめん》を本家《ほんけ》の身《み》で、何《なに》を願《ねがい》が出《いだ》さるゝ者《もの》ぞ。馬之丞が今度《こんど》の悪事《あくじ》、輕《かる》くて永牢《えいらう》重《おも》ければ、死罪《しざい》になるかも知《し》れぬとの話《はなし》……

……「エッ、アノ爺々様《とゝさん》の命《いのち》にまでも拘《かゝ》はりますか。

「サレバ、偸《ぬすん》だ物《もの》は鎖細《さゝい》でも、平生《つね》の心懸《こゝろがけ》が悪《わる》いから、女房子供《にようばうこども》も喰《くわ》せかね、悪事《あくじ》を働《はたら》く不埒《ふらち》な奴《やつ》と、上《かみ》の御悪《おにく》しみ深《ふか》い故《ゆへ》、御吟味《ごぎんみ》も厳《きび》しかつたで、昨日白《さくじつはく》状《じやう》したとの評判《うわさ》。二三日中《にさんにちちう》には御處刑《おしおき》になるであらう。「モシ御本家《ごほんけ》の檀那様《だんなさま》、只今《たゞいま》御話《おはなし》の様子《やうす》では、夫《おつと》の命《いのち》も最《もう》二三日《ち》、若万一《もしまんいち》の事《こと》がありましては、私共故《わしどもゆへ》此《こ》の災難《さいなん》、手《て》を下《くだ》して殺《ころ》さずとも、私《わたし》は亭主殺《ていしゆごろ》し、娘《むすめ》に取《とり》ては親殺《おやごろ》し、生《いき》ては片時《かたとき》居られませぬ、何卒《どうぞ》御慈悲《おじひ》に歎願《たんぐわん》をと……「馬鹿《ばか》な事《こと》を言《いひ》なさんな、今《いま》も治作《しさく》がいふ通《とほ》り、一家《いつけ》の物《もの》の面《かを》へまで、泥《どろ》を塗《ぬつ》た不所存者《ふしよぞんもの》……「デハム《ござ》りましやうが……「エヽ、譯《わけ》のわからぬ人達《ひとだち》だ、勝手《かつて》にさつしやい、と語《ことば》も荒《あら》く出《い》て往く。

後《のち》に治作《しさく》は吐息《といき》をつき。「イヤハヤ本家《ほんけ》の檀那《だんな》の一《いつ》徹《てつ》にも困《こま》り切《き》る、御前方《おまへがた》も必《かなら》ずとも、氣《き》にさへぬがよい、併《しか》し心《こゝろ》にかゝる　今《いま》の話《はなし》、今日《けふ》も庄屋殿《せうやどの》や、

二十四

百姓代《ひやくしやうだい》の權右衛門殿《ごんうえもんどの》に問《と》ふて見《み》たら、御慈悲願《をじひねがひ》を出《だ》すならば、御處刑《おしよけい》の定《さだま》らぬ先《さき》に……と、いはれた、ハテ困《こまつ》た者《もの》ではある「叔父《おぢ》さん何《なに》とか工夫《くふう》して、爺々《ぢゝ》様《さま》助《たす》ける分別《ふんべつ》して下《くだ》さりませ、これ拜《をが》みますとおろ〳〵聲《こゑ》。母《はゝ》のおなかは定助《さだすけ》の歸《かへ》りしより、眼《まなこ》を閉《と》ぢてさし俯《うつむ》き、思案《しあん》にくれてありけるが、何《なに》やら思定《おもひさだ》めし樣子《やうす》にて「あさの最《も》う家《うち》に鳥目《ちようもく》はなかつたか、アイ、今朝《けさ》御米《こめ》を買《か》ふときに、殘《のこ》らず出《だ》して……「お仲殿《なかどの》、何《なに》にするのか知《し》らんが、少《せう》々の事《こと》ならば……「ハイ誠《まこと》に御氣《をき》の毒樣《どくさま》ながら、三百文《びやくもん》ばかり……夫《それ》は何《なに》より易《やす》い事《こと》、サア使《つか》いなされと差出《さしいだ》す錢《ぜに》受取《うけと》りて娘《むすめ》に向《むか》ひ、「是《これ》で酒《さけ》と肴《さかな》を買《か》ふて來《き》やれ。「アノ是《これ》で酒《さけ》と肴《さかな》を……「ハテ私《わたし》が料簡《りやうけん》がある程《ほど》にと、いつになき母《はゝ》の言《ことば》。不審《ふしん》ながらも立出《たちいで》て、酒《さけ》と肴《さかな》を買《か》ひ來《く》れば、お仲《なか》は膳《ぜん》の支度《したく》をなし、治作《ぢさく》の前《まへ》に之《これ》を据《す》え、「此《こ》の家《うち》とても昔《むかし》から、今《いま》の樣《やう》な水呑《みづのみ》百姓《ひやくせう》でもなかつたが、先年《せんねん》の凶作《けうさく》と、家《うち》につゞく災難《さいなん》で、今《いま》ではしかなく暮《くら》すのも、夫婦《ふうふ》親子《おやこ》が前世《さきのよ》の約束《やくそく》、今更《いまさら》悔《くや》むも詮《せん》なきこと、乍去《さりながら》、何處《いづく》の里《さと》でも、世盛《よさか》りの家《いへ》なれば、縁故《ゆかり》のない人《ひと》までが、朝夕《てうせき》に出入《ではい》して、何《なに》かにつけて世話《せわ》すれども、落目《おちめ》になれば現在《げんざい》の本家《ほんけ》でさへもあの通《とう》り。夫《それ》を見棄《みす》てぬ貴《あな》君《た》の親切《しんせつ》、死《しん》でも忘《わす》れは致《いた》しませぬ。何《どう》ぞ御禮《おれい》を致《いた》そふにも、外《ほか》に仕樣《しやう》もありませねば、御酒《をさけ》の一《ひと》つも上《あげ》たけれど、手當《てあて》のなさに夫《それ》も貴君《あなた》に借《かり》た御錢《をかね》。自身《じしん》の錢《ぜに》で酒買《さけか》ふて飲《の》む樣《やう》にも思召《おぼしめ》さうが、拜借《はいしやく》した御《お》錢《かね》は、御返《おかへ》し申《まう》す時節《じせつ》もあらう、何《なに》は兎《と》もあれマア一《ひと》ツと、差出《さしいだ》す杯《さかづき》に、治作《ぢさく》は合點《がてん》ゆかず、是《これ》はマア如何《どう》した事《こと》。さうと知《しつ》たら辭義《ぢぎ》もしやうに……併《しか》し折角《せつかく》の御馳走故《どちそうゆへ》、斷《ことは》り申《まう》すも失禮《しつれい》なれば、遠慮《えんりよ》なく戴《いたゞ》こうと、さしつおさへつする中《うち》にも、主婦《あるじ》は素《もと》より客《きやく》さへも、濕《しめ》りがちなる杯事《さかづきごと》、心《こゝろ》も浮《うか》ぬが治作《しさく》は、早充分《はやじうぶん》と挨拶《あいさつ》しつ、最一度庄屋殿《もういちどしようやどの》に相談《さうだん》して、明日《あす》又來《またき》ますとソコ〳〵に暇乞《いとまごひ》して歸《かへ》り往《ゆ》きぬ。

＊　＊　＊　＊　＊

あさの聲《こゑ》をくもらせて。「そんなら御前《おまへ》は命《いのち》を棄《すて》て、、爺々樣《とゝさん》の命乞《いのちごい》を……「夫故今《それゆへいま》の酒盛《さかもり》も、餘處《よそ》ながら治作殿《しさくどの》への訣別《わかれ》の杯《さかづき》。其方《そなた》は私《わたし》が死《しん》だ後《あと》で、願書《ぐわんしよ》を持《もつ》て津山《つやま》へ往《ゆ》き……爺々樣《とゝさん》を連來《つれもど》り、孝行《こうかう》して進《しんぜ》てたも。「ソリヤ母樣《はゝさま》何いはしやる、現在母《げんざいはゝ》に自害《ぢがい》されて、子《こ》の身《み》でヲメ〳〵生《いき》て居《い》らりやうか、夫《それ》より私《わたし》を殺《ころ》した上《うへ》、御前《おまへ》が後《あと》で津山《つやま》へ往《ゆ》き、酒糟《さかゝす》を盗《ぬす》んだは娘《むすめ》あさの、今《いま》となりては言譯《いひわけ》なく、自害《じがい》して果《は》てましたと、ナゼいふては下《くだ》さりませぬ。「娘、其方《そなた》も聞分《きゝわ》けない、其方《そなた》が死《し》んで私《わたし》が殘《のこ》れば、こしらへでと、役人衆《やくにんしう》も、思《おも》はッしやるは知《し》れてある。「そんなら私《わたし》が生《いき》て居《い》ても、矢張同《やつはりおな》じこしらへでと……夫《それ》より一層《いつそ》親子諸共《おやこもろとも》……「夫《それ》ぢやといふて、生先《おひさき》ながひ蕾《つぼみ》の花《はな》を「アレ、あの樣《やう》な愚痴《ぐち》な事《こと》、壽《しゆ》命《みやう》が盡《つ》きて死《し》んだと思《おも》へば……又二《またふたつ》には、兩人《ふたり》が兩《ふた》人《り》死《し》んだなら、役人衆《やくにんしう》にも不便《ふびん》がまし、爺々樣《とゝさん》免《ゆる》して下《くだ》さるに違《ちがひ》ない。御前《おまへ》に取《とり》ても大切《たいせつ》なら、私《わたし》に取《とつ》ても大事《だいじ》の爺々樣《とゝさん》。御助《おたす》け申《まう》すは子《こ》の役目《やくめ》。何卒《どうぞ》一處《いつしよ》に殺《ころ》して下《くだ》され。「夫《それ》なら娘《むすめ》……どうあつても、私《わたし》と一處《いつしよ》に……死《し》……ぬ……覺悟《かくご》か「アイ、死出《しで》の山路《やまぢ》や三途《さんづ》とやらも、母樣《かゝさま》を連立《つれたち》て……「此樣《こん》な孝《こう》行《かう》な子《こ》を持《も》ちながら、痛《いた》はしいは、馬之亟殿《うまのじようどの》。假令《たとひ》免《ゆる》されて皈《かへ》られても、明日《あす》からは唯一人《たゞひとり》。本家《ほんけ》は固《もと》より親類《しんるい》にも見離《みはな》され殊《こと》に中風《ちうき》の痛《なやみ》はあり、どうして一生《いしよう》を送《おく》らるゝか、夫《それ》バッかりが黄泉《よみぢ》のさわり、

一筆申まいらせ候。ちく〳〵ろ〳〵ゑいたびり〳〵さんにて
はゝさ母のゝろくしとお成なされなふくごんばいぎハ
ろ〳〵ゑつてハなつゑわかくしてつゑいあるすゐだうて
かみさま申ハいろハり候よくわかしてつゑいある
なやおのもこしぢがねいなさ申いるゝ何のぶではするの
いなさけくだしなまハりろ〳〵ゑなたよとゐてつめし
かくしゝ申ひよふ一にこりわがれたてまつりいまふゞ
ろ〳〵ゑいきんねんハちうぶとかんさやうにてよゐのぜ
やる、何やくおもらかりふ申そもく るそれ

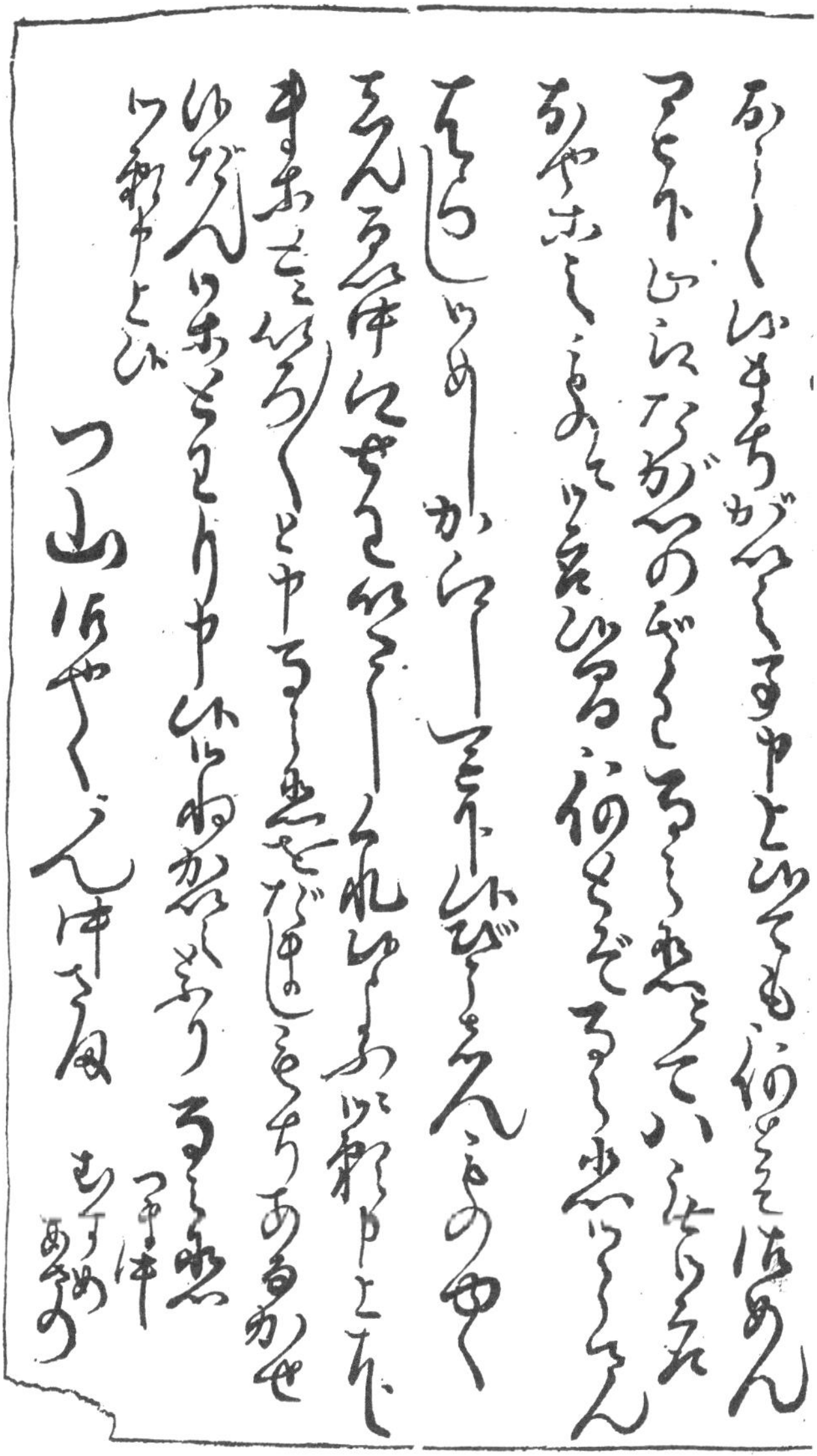

唯此《たゞこ》の上《うへ》、頼《たのみ》に思《おも》ふは治作殿《ぢさくどの》、……娘《むすめ》、其方《そなた》大義《たいぎ》ながら、津山《つやま》の御役所《おやくしよ》へ出《だ》す遺書一通《かきおきいつゝう》、認《したゝ》めてたもらぬか、「アイと、答《こた》へて納戸《なんど》に入《い》り、折《をれ》たる墨《すみ》を取《と》り上げて、はふり落《おつ》る涙《なみだ》を破《や》れたる硯《すゞり》の海《うみ》にたゝへ、今日《けふ》を限《かぎ》りと命毛《いのちげ》の禿《きれ》たる筆《ふで》を噛《かみ》しめて、願書一《ぐわんしいつ》通《つう》したゝめぬ。（撫松子曰く、孝女の願書は、其の眞跡を寫眞木版として右に載せたれば、煩はしくこゝに贅せず）、讀む人見あせたまへかし

夜《よ》はいたく更《ふ》け、空《そら》かきくもり、常盤《ときは》に皈《かへ》る雁《かり》かねの、聲《こへ》もあわれを添《そ》ゆるなる、片山里《かたやまさと》は隣《となり》とて、近《ちか》くはあらぬ畠《はた》つゞき、柴《しば》の破垣《やれがき》いくまがり、脊戸《せと》の篁《たかむら》押分《をしわ》けて、蹌踉《よろほひ》ながら扉《ほそ》に近付《ちかづ》き、心《こゝろ》はやれど力《ちから》なく、ホト〳〵と打叩《うちたゝ》くに、「オヽと答《こた》へて出來《いでくる》る老女《らうによ》、「唯《たれ》ぢや夜半《よなか》に劇《あわたゞ》しい、何《なに》の用事《ようじ》ぞ、明日《あす》にはせでと、寢惚聲《ねぼけこへ》にて唧《つぶや》きつゝ、戸《と》を押開《おしひら》き手《て》に持《も》ちし紙燭《しそく》の光《ひかり》に見《み》て愕然《びつくり》、「ヤア、其方《そなた》はあさの……娘《むすめ》よ醒《むく》よ早起《はやお》きよ、隣《となり》のあさのが血《ち》に染《そ》みてと、叫《さけ》ぶに人々打驚《ひと〴〵うちおどろ》き、來《きた》りて見《み》れば、片手《かたて》は扉《とびら》にすがりつゝ、物《もの》いふ樣《やう》に見《み》ゆれども、聲《こへ》の漏《も》るにや、更《さら》に聞《きこ》えず、老女《らうぢよ》は首《かうべ》を傾《かたむ》けつゝ、「フム、乳《ちゝ》を押《おさ》へて東《ひがし》の方《かた》に指《いび》さすは、……何《なに》やら物《もの》がいひたい樣子《やうす》、オヽ喉《のど》を突《つい》たで聲《こへ》が漏《も》れるか、サア疵口《きづぐち》押《をさ》へた物《もの》いはしやれ、ナニ……父《ちゝ》が津山《つやま》に……オヽ合點《がてん》が徃《いつ》た、乳房《ちゝ》を押《をさ》へたは、馬之丞《うまのぜう》の事《こと》、東《ひがし》は津山《つやま》の方角《はうがく》故《ゆへ》、サテは、親御《おやご》を救《すく》ふとて、……承知《しようち》しました、庄《しよう》屋殿《やどの》へ御願申《おねがひまう》して、其方《そなた》の眞實《まこと》届《とゞ》けて進《しん》ぜる「コレ疵《きず》は淺《あさ》い淺野《あさの》どの……「氣《き》をたしかに持《も》つたがよいと……と、親子《おやこ》の者《もの》の介抱《かいほう》も力及《ちからおよ》ばずあへなく息《いき》は絶《た》えにける。

「ソレ此《こ》の事《こと》をおなか殿《どの》に……と老女《らうぢよ》の言《ことば》に心得《こゝろえ》て、馬之丞《うまのじよう》の家《いへ》に來《き》て見《み》れば、あら無殘《むざん》……佛前《ぶつぜん》に

二十七

香華《こうげ》燈明《とうみよう》を備《そな》へ、おなかは鰺切《あじきり》の庖丁《はうてう》をもて喉《のんど》を貫《つらぬ》き、家内《かない》にひたす血汐《ちしほ》の色《いろ》、唐紅《からくれない》の親《おや》と子《こ》が、赤《あか》き心《こゝろ》の藩廳《はんてう》に達《たつ》し、親夫《おやをつと》を救《すく》ひしのみか後《のち》の世《よ》までも姫達《ひめだち》の、心《こゝろ》の鏡《かゞみ》となりやしつらん

雜録

調理《ちようり》法《はふ》緒言《ちよげん》

本誌《ほんし》發行《はつこう》に就《つき》て本欄《ほんらん》の如《ごと》き事《こと》を掲載《かゝげ》はかゝる事《こと》は下《か》婢《ひ》下男《げなん》を召使《めしつか》はるゝ令閨令嬢方《れいけいれいじようかた》には無用《むよう》の如《ごと》くなれと抑《そも〳〵》ての調理法《ちようりはふ》なる事《こと》は卑《いや》しき下部《しもべ》の業《わざ》となり居れとも家政《かせい》に取《とり》ては樞要《たいせつ》の事務《しごと》にして決《けつ》して一期《き》半期《はんき》の雇人《やといにん》に一任《まか》すへき事《こと》にあらす何故《なにゆへ》なれは第《だい》一調理《ちようり》方《はう》は一家《か》の經濟《けいざい》と大關係《たいかんけい》を有《ゆう》する者《もの》にして若此事《もしこのこと》を輕々視《かるはづみ》して雇人抔《やといにんなど》に一任《まか》せは日々《ひゞ》の不注意《ふちうい》より生《しよう》する冗費《じようひ》は莫大《ばくだい》の事《こと》なるは見易《みやす》き道理《どうり》にて又《また》た一寸《ちよつと》の來客《きやく》或《あるひ》は晩餐《ゆうはん》の酒肴《さけのさかな》迄《まで》も料店《りようりや》に命《めい》するに至《いた》らは年度《いちねん》の計算上《けいさんのうへ》には非常《ひじよう》の影響《えいきよう》を生《しよう》するに至《いた》るへし注意《ちうい》すへき事《こと》なり第《だい》二調理方《ちようりかた》は一家《か》の衛生《えいせい》を主《つかさ》とる所《ところ》にして若調理方其宜敷《もしちようりかたそのよろしき》を得《え》されは滋養《じよう》ある食物《しよくもつ》も滋養《じよう》にならす無害物《かいなきもの》も、有害となる抔此《などこ》れ等《ら》の不注意《ふちうい》より、食傷脚氣虎列剌病等《しよくしようかつけこれらびようなど》を生《しよう》する事《こと》、まゝある事《こと》にて、古人も病は口《くち》からと申《まう》せしか今《いま》一とつ綿密《こまか》に考《かんが》ふれは病《やまい》は臺所《だいどころ》よりと申《もう》すへきなり、第《だい》三に調理方《ちようりかた》は、交際上《つきあいじよう》に幾多《おゝく》の影響《ひゞき》を及《おゝ》ほすものにて平《へい》日調理《ちようり》に熟《なれ》せされは一寸《ちよつと》の料理《りようり》も手廻《てまは》らす爲《ため》に交情《つきあい》を失《うしな》ふ事《こと》あり又同《またおな》し雞卵《たまご》を料理《りようり》しても調理方《ちようりかた》を心得《こゝろえ》されは過熟《にすご》しなんとして出せは如何《いか》にも一家《かない》に教育《きよういく》もなく衛生《えいせい》をも辨《わきま》へざる樣《よう》に主人《あるじ》の品格《めかた》迄《まで》も輕《かろ》く見《み》へて終《つい》には信用上《しんようじよう》にも影響《ひゞき》を及《をよぼ》す事《こと》ありかゝる重大《じゆうだい》の事《こと》なれは次號《じごう》より號《ごう》を逐《を》ふて掲載《けいさい》すへけれは請《こ》ふ諸姉心《しよしこゝろ》して讀《よみ》玉へかし

（一）『心の鏡』第一号

・本會廣告

本號ゟ高田派御門跡沙裏方
竹屋雅子
又各婦人會の報

常盤井敬子殿の歌和歌ニ付○ゟ未着ニ付○ゟ次號ゟ掲載すべし

君の「かなりや」は挿畫の彫刻間ニ合ゝざるニ付共次號ゟ掲載すべし

○日高寛一ゟ揮毫沙依頼又ゟ御招きをなされたきニ方ハ本誌購讀の諸君ニ限り左の手續ニて本會へ沙申込あれゝ取計可申候

○錦箋紙
（二字書）金八錢
（三字書）金拾錢
郵便を以て御送附可申分ゟ外ニ一枚ニ付（三枚迄同樣）郵税二錢

○絹地
（二字書）金拾五錢
（三字書）金六錢

○同人御招きゟ
金壹圓
金二圓

○半日金　一圓
○一日金一圓五十錢　別ニ遠近ニよゝ往復車代可申受候

右ゟ凡て前金ニ限ゝ地方郵便爲替振込ニして一割増の事

小學作法書

本書ハ之を要領ニ立つとき、坐するとき、歩むとき、敬禮、食事、家を出入するとき、學校ニ在るとき、談話を聞くとき、物を受渡するとき、贈答貸借のこと、訪問、人に接するとき、人を招待せらるゝとき、招待を受けたる時、隣家ニ對するの際、人を送迎するとき、葬家族中の禮、贈答貸借のこと、遊戲、服装、使の面前ニ心得べきこと、言葉及人を招くとき、人を送るとき、英米の諸學士より多年實撮上得たるものゝ高尚ニ失せず卑屈ニ陷らず適切の良書なり。本書ハ編者から連常兒童の得可き要頃を掲げしもの……

定價　郵税二錢

發行所
發賣所
東京々橋區…町十二番地維
子町卅二番地

學友社書店

改革新話

宗教小說
中山理賢師編輯
操瑟居士著

特別廉價　金廿八錢　○郵税
定價　金廿五錢（從前定價金四十錢の處）
郵税　金六錢

佛門立志編　二編

初編
定價　金十二錢
郵税

近刻

發行所哲學書院
賣捌所伊藤淸九郎西村九郎右衞門

同

●通信女學

講義錄

第一第二再版第五卷出版

第三卷皆通れ

當今の女が心得べき學問を恐る講義し、一日四、五枚宛和漢學及日讀む時家政、育兒、英學、歌、作文、算術、看病、衛生、理化學、動植物學、萬國及日本の歷史地理等を專ら信切を旨とし尚不明瞭の文章なり卒業證書を受くる規なり女學雜誌社の講義錄を受る思問あらば一々答へし毎月々謝卅二錢拂込の人二百枚余の講義あらしむ第五卷より順次卒業し今月新たに出版したれども古するも可な錄を送る目下既に第一卷より其第らよ入學する者ん

發行所

東京麴町富士見町

女學雜誌社

一冊代卅二錢（無郵稅）半年分前金一圓八十錢、一ヶ年前金三圓五十錢女學雜誌購讀の人ハ一割を減す

平松理英師述

●●●

寺門改良論（一名坊守の心得）
定價金八錢
郵稅金四錢

●●●眞宗法語拔書 初編
定價金三錢
郵稅金二錢

●同 二編
定價・同上
郵稅金二錢

●法のおたなをき
定價 金二錢五厘
郵稅 金二錢五厘

發行所

東京荏原郡品川町百九番地

婦人謝德會

●●●

のりのはなし

法話

毎月一回（廿日）發行○一冊定價金三錢（六冊金十八錢）郵稅一冊ニ付金五厘（六冊券代用ニ割増シ○前金ニアラザレ々送附ニアラシ○見本申要セラレハ一部ニ限ル）○直話ニ徃復はがき君（既刊）雜誌一部

○此法話ハ面白主義ノ雜誌ニアラスタヾ山村僻邑ニ在リテモ聞法ノ緣ニ結ハ立難キ人々ヲシテ居ナガラ眞宗ノ法味ヲ紹介スルニ心アル人

○住ガタメニトテ發兌スル雜誌ナレハ開法ニ心アル人ノ詩ヲ請フ法席ニ列シテ居ナガラ眞宗ノ法味アハシメタメニトテ發兌スル雜誌ナレハ開法ニ心アル人ニ購讀アレ々詩ヲ請フ

○筆記並ニ法話○學師勸令使方ノ說教又ハ演說○東京貴婦人會內ノ宗教禮式佛事ノ問答○妙好人ノ嘉言善行其ノ他ニ宗義ヲ愛樂セラル、信男信女勝讀アリテ法味ヲ

宗錄○宗義報道スル切ニ町寧ニ報道スル有益ナル論說○正信偈御和讚ノ講義玉へ

●毎月ニ於テノ

三御門跡の御親教

本山ニ於テノ御法話○各監獄ノ教誨ノ講

世に有難

發行所

東京淺草北淸島町百五番地

眞宗法話會

發賣所

東京本鄕六丁目

哲學書院

（一）『心の鏡』第一号

眞宗假名聖教全

◎◎◎◎◎◎◎◎

◎眞宗假名聖教全（運賃弊店持）

西洋仕立金字押
形ハ付最上美本ニ
紙數ハ壹千二百頁
定價壹圓廿錢

注意

本書經便ナルト廉價ナルト美麗ナルトノ佛
敎各新認雜誌ノ好評ニ博セショリ他ノ預約
書籍ニ反シ出版ノ後聯ニ讀者ニ定メ初版三千部ノ
印刷ハ既ニ百數十部ニ多クニ付至御申
送後下度萬一殘本纔ニ上ハ出版ニトニ中申
上ノ印刷故當分一切賣上候ニ相成候テモ何分千頁以
諸君ヘ御注意迄ニ申上候也中間敬ニ付此段御得意

是眞宗

●是眞宗第壹號
明治廿三年一月一日發行
大谷派御門跡二女一位公爵近衞忠熙公
前關白從一位公爵近衞忠熙公

賣捌所 哲學書院

出版發賣所 眞宗書林 珠水屋
東京本郷區六丁目 伊藤清九郎
東京淺草北松山町

●是眞宗
◎題書及詠歌 是眞宗第貳號
眞宗發兌を祝して
明治廿三年一月一日發行
大谷派御門跡三男一位公爵大谷惠姫

◎題書
是眞宗第三號
元老院議官正四位文學博士
中村正直君

◎壽賛
是眞宗
明治廿三年三月一日發行
元老院議官正四位文學博士
中村正直君

◎題詞
是眞宗
明治廿三年三月一日發行
內大臣前關白從一位公爵三條實美君

●毎月一日一冊（一回）
金三錢郵稅五厘發行

神佛葬具一式

諸君よ諸君の御豫ていハ
開業のおはなし御承知の通り棺人にて
や恐れ其人の事をいひ棺一蓋せ
要遇そ世間分神祭佛葬者が一生善さ
注文或應し別に見ふ葬儀を滞なく
でハ必用の土瓶茶碗其他棺蓋盆位牌
賃錢を省くためにて貸與なす代費の
信實を專らにする會社員にして則も
御依托あるやう御誠實申上升

葬儀社原 神田柳原河岸松谷仙太郎

發行所 是眞會

東京小石川區戶崎町六十七番地安閑寺内

◎題詞
是眞宗元老院議官正四位文學博士
中村正直君

◎題詞
是眞宗第六號元老院議官正四位文學博士
中村正直君

◎書賛
是眞宗第五號
前關白從一位公爵近衞忠熙公

◎本願寺聖人親鸞傳繪白從一位勤一等公爵
近衞忠熙公

◎是眞宗第四號
元老院議長正三位子爵藤原基文君

明治廿三年四月一日發行光霽
前關白從一位子爵藤原基文君

伯爵一橋本實頴君

本會ニ於て左の書肆ニ托し心の鏡賣捌爲致候間此段廣告候也

心の鏡大賣捌

東京本郷六丁目

哲學書院

府下並ニ各地賣捌所

東京淺草北松山町　珠水屋
東京日本橋新葭町　良明堂
仝小網町　信文堂
仝本石町　指金堂
仝通一丁目　嵩山房
仝新大坂町　鶴一喜
仝通り一丁目　大倉書店
仝京橋彌左衛門町　纖々堂
仝尾張町　東海堂
仝三十間堀　熱田
仝木挽町　万字堂
仝神田南神保町　松江堂
仝錦町　武藏屋
仝美土代町　博盛堂
仝南乗物町　吉岡書店
仝裏神保町　敬業社
仝仝　青柳堂
仝仝　上田屋
仝表神保町　東京堂
仝本郷元富士町　盛春堂
仝仝　黒雲堂
仝本郷春木町　解明堂
仝本郷四丁目　思成堂
仝仝三丁目　龍本堂
仝牛込神樂坂　活神堂
仝仝　正導堂

東京牛込神樂坂　深野
仝麴町上六番町　日成堂
仝飯田町四　洗心堂
仝麴町四丁目　野口
仝芝區愛宕下町目　鴻盟社
仝芝三田壹丁筋　開成堂
仝下谷仲町　勝々堂
仝麻布飯倉　森江
大坂備後町　岡島支店
仝心齋橋　平井新聞店
仝仝　駸々堂
京都佛光寺通　東枝律書店
仝二十人講町　法藏館
仝河原町通　大黒屋
京都新町通　便利堂
仝寺町通　信文堂
仝油小路北小路　興敎書院
丹波柏原町　中井正吉
薩州鹿兒島　富山仲吉
肥後熊本　長崎次郎
仝八代町　時昌堂
肥前佐賀　河内莊助
雲州松江　盛進堂
藝州廣島　早速社
備前岡山市　篤田東舗
因州鳥取　鳥取印刷所

伊豫松山　廣道舘
近江大津　東枝律支店
尾張名古屋　耐成堂
伊勢四日市　伊藤善太郎
仝津　河島
信州松本　高美書店
信州長野　協和堂
上州安中　田那村鐺一
下總千葉　立眞會社
陸前仙臺　共盛堂
羽後酒田　鈴木喜八
仝秋田　片谷兼治
仝仝　成見清兵衛
北海道箱舘　穐擲七
仝札幌　玉振堂
越前福井　武内市藏
仝武生　安立庄三郎
加賀金澤市　雲根堂
能登七尾町　向榮堂
越中高岡　學海堂
仝仝　開文堂
仝富山　清明堂
越後高田　室直三郎
仝長岡　上田屋
仝新瀉　井筒駒吉
仝加茂　又新舘

心の鏡

甲部	一冊代價	六冊代價	十二冊代價
	金四錢	金十八錢	金三十六錢
郵税共	金三錢五厘	金廿一錢	金四十二錢
郵券代用	金四錢	金廿三錢	金四十六錢

同　乙部

乙部	一冊代價	六冊代價	十二冊代價
	金三錢	金十八錢	金三十六錢
郵税共	金三錢五厘	金廿一錢	金四十二錢
郵劵代用	金四錢	金廿三錢	金四十六錢

○爲替振込の局ハ東京下谷郵便局の事

○地方ニ由り郵便爲替振込ニ不便の地ニ限り郵劵代用不苦候得共五厘郵劵ニして一割増の事

但し割増無之分ハ無斷ニて割引計算の上端錢ハ切捨可申候

○本誌ハ毎月廿七日ニ發行す

○凡て前金領收せされハ設令御申込あるも配送不仕候

○代金受取證ハ別ニ差出し不申候ニ付雜誌到着を以て代金確受と御認め被下度候（但し金圓御送附の節ハ可成端錢の出さる樣御注意相成度四錢以下の端錢ハ凡て切捨可申候也

○前金相切れ候節ハ別ニ御通知不申其印しとして封皮の御名宛を朱又ハ紅「インキ」ニて相認め候間右朱書の雜誌到着候ハヽ前金相切れ候事と御認めニて次號よりの前金至急拂込被下度候也

○申込其他の信書等ハ凡て楷書ニて御認被下度且封皮の宛名ハ單ニ聯合婦人會へ御宛の程願上候

廣告料

壹行（廿三字詰）	金六錢
十五行（以上）	一割引
卅二行（以上）	二割引
一頁（以上）	三割引

○假名付○六號字○別摺附錄等の特別廣告ハ別ニ規約あり

○本誌廣告ハ原稿送附相成候も前金を領收せさる以上ハ掲載不仕候

但し本誌ハ風教ニ關する雜誌なれハ本會の意見を以て都合ニ由り廣告を謝絶する事あるへし

○本會ニ宛たる信書ニて先拂又ハ税不足或ハ郵便條例違反等の信書ハ一切受取不申直ニ御返却仕候事

○賣捌所より本誌購讀の諸君ニして配達上不都合有之候ハヽ直ニ本會へ御申入相成度候也

發行兼編輯人　中山理賢
印刷人　因幡寛勵

遞信省認可

發行所　聯合婦人會

東京淺草區
北清島町百一番地

（二）

『相愛女学校規則』

『相愛女学校設置方法書』

相愛女學校規則

相愛女學校規則

第壹條　綱領

本校ハ婦人ニ適當ナル文學技藝ヲ授ケ他日國家ノ美風良俗ヲ養成スルノ母タルヘキ者ヲ教育スルヲ以テ目的トス

第貳條

學年ハ一月八日ニ始リ十二月十五日ニ終ル

第三條

學年ヲ分テ三學期トシ第一期ハ一月八日ニ始リ三月卅一日ニ終リ第二期ハ四月八日ニ始リ七月十五日ニ終リ第三期ハ九月八日ニ始リ十二月十五日ニ終ル

第四條　定例休日

日曜日　大祭

期休　自四月一日　至仝月七日

期休　自七月十六日　至九月七日

二

期休　自十二月十六日　至一月七日　　祖師忌　自一月十五日　至一月十六日

此他臨時ノ休業ハ其都度掲示スヘシ

第五條　學科

本校ノ學科ヲ分テ豫備科本科ノ二類トス

第六條

本科ハ三年ヲ以テ卒業セシメ豫備科ハ二年ヲ以テ卒業セシム

第七條

試驗ヲ分テ學期學年卒業ノ三種トス

第八條

學期試驗ハ毎月期ノ終ニ於テ之ヲ行ヒ其學期中受業ノ部分ヲ試驗シ其及落ヲ定ム

第九條

學年試驗ハ毎學年ノ終リニ於テ之ヲ行ヒ其及落ヲ定ム

第十條

卒業試驗ヲ分テ左ノ二種トス

一豫備科卒業試驗

豫備全科ヲ卒ルトキ之ヲ行ヒ通暢ノ者ハ本科初年級ニ編入ス

一本科卒業試驗

本科ヲ卒ルトキ之ヲ行フ

第十一條

不得止事故アリテ正科ヲ履ミ難キモノハ科外生ト稱シ各科ノ内随意ニ受業セシム

第十二條

毎學科得點ヲ一百トシ毎科五十点各科平均六十点以上ノ者

ヲ及第トシ毎科八十点各科平均九十点以上ノ者ヲ優等トス

第十三條

學期學年ノ試驗ニ落第スル者ハ原級ニ止テ受業セシム

第十四條

卒業試驗ニ落第セシ者ハ尚温習セシメ次回學期試驗ノ際ニ
於テ之ヲ再驗ス

第十五條

試驗ノ成蹟ハ其都度該校門前ニ掲示スヘシ

第十六條

故ナクシテ試驗ヲ辭スルヿヲ得ス疾病又ハ不得止事故アル
モノハ其所由ヲ明記シ保證人連署ヲ以願出ヘシ
但疾病ノ者ハ醫案ヲ添テ出スヘシ

第十七條　　生徒心得

裁縫用具ハ本校ニ備置クト雖課業書及衣服材料等ハ學生ノ自辨タルヘシ

第十八條

學生ハ身体ヲ清潔ニシ頭髪ヲ乱スヘカラス

第十九條

學生ノ衣服ハ木綿及糸入縞ニ限

但洋服ト雖華美ニ亘ラサル様注意スヘシ

第二十條

総テ外出ノトキハ門鑑ヲ守門所ニ致シ歸校ノ時之ヲ受取一定ノ塲所ニ掲ケ置クヘシ

第二十一條

正課中外出ヲ要スルモノハ其事理ヲ明記シ理事ニ願出特別門鑑ヲ得テ之ヲ守門所ニ致スヘシ

第二十二條

學生ハ始業時間ニ遲尅スヘカラス

第二十三條

學生欠席セントスル者ハ理事ヘ屆出スヘシ

第二十四條

學生ノ勤惰及品行ヲ調査スルタメ勤惰表ヲ制シ之ヲ學生ニ附與シオキ係員日々之ニ捺印ス

但本條ノ勤惰ヲ以各科ノ採点法ニ準シ試驗ノ及落ニ筭入ス

第二十五條

私ニ外來人ヲ校內ニ誘引スヘカラス

但用向アルモノハ學生面謁所ニ於テスヘシ

第二十六條

品行方正學業優等ナルモノニハ相當ノ褒賞ヲ與フ

第二十七條

總テ校則ニ觸レ及不品行ト認ルモノハ之ヲ戒諭シ尙用ヒサルモノハ退校セシム

第二十八條

耳語談話等總テ授業及自習上ノ妨害ヲナスヘカラス

第二十九條

入學規則

學生年齡ハ滿十四年已上トス

第三十條

學生ノ學力ハ尋常小學科ヲ卒業シタルモノ又ハ相當ノ學力ヲ有スルモノニ限ル

第三十一條

入學セントスルモノハ別ニ制スル依頼書及保証狀ヲ差出

七

スヘシ

但用紙ハ本校ニ就テ受ク可シ

第三十二條

入學日ハ毎學期ノ始メ則チ一月五日ヨリ八日マテ九月一日ヨリ八日マテ一月五日ヨリ八日迄トス

但欠員アルトキハ臨時ニ入學ヲ許ス

第三十三條

種痘若クハ天然痘ヲ經タルモノニ非レハ入學ヲ許サス

第三十四條

本校ハ未タ寄宿舍ノ設ケナキヲ以地方遠隔ノ者ハ當分親族若クハ他ノ寄留所ヨリ通學スヘシ

第三十五條

入學ヲ申出ルモノハ豫メ其學力ヲ試ミ相當ノ級ニ配スヘシ

但初學ノ者ハ豫備科初年第一期生ニ編入スヘシ

第三十六條

教場及修業ノ實況ヲ參觀セント欲スルモノハ受付ヘ申出理事ノ承諾ヲ得ヘシ

第三十七條

束脩　金五十錢

月謝

豫備科生　金二十五錢

本科生　金四十錢

科外生　一科金二十五錢

第三十八條

束脩ハ入學ノ際之ヲ納ムヘシ

第三十九條

九

本科														
初年 第一期	同 稍高尚	土佐日記 和學文編	消息文 記事文	万國史《パーレー》	比例	元明史略	万國地誌覧要	稍高尚ナル 〃當學					普通植物	同同
初年 第二期	同 同	同 同	同	同 同	比例雑問	同		同					同	同同
初年 第三期	同 同	同 同	同	同 同	百分算	同		同					同	同同
二年 第一期	同 同	高尚ナル國書 文章軌範	論説文	合衆國史	開平法 開立法	日本外史		同			希氏生理書	經濟原論	動物通解	同同
二年 第二期	同 同	同 同	同	同 同	開平立法雑題	同		同					同	同同
二年 第三期	同 同	同 同	同	英國史《グードリッチ》	累乗法	同		同					同	同同
三年 第一期	同 同	同 同	論説文 英文	同 同	級數	高尚ナル歴史		同					植物通解	同同
三年 第二期	同 同	同 同	同 同	万國史	求積	同		同					同	同同
三年 第三期	同 同	同 同	英文和譯 和文英譯	同 同	幾何	同		同					同	同同

(二)『相愛女学校規則』『相愛女学校設置方法書』

相愛女學校科程表

學科＼學期	豫備科 初年 第一期	第二期	第三期	二年 第一期	第二期	第三期
脩身	口授 格言事實ニ就キ徳性ヲ涵養ス	同 同	同 同	同 同	同 同	同 同
和漢	和文讀本	同	同	徒然艸	同	同
讀書	女子讀本	同	同	同	同	同
作文	日用書類及容易ナル漢字交リ文	同	同	同	同	同
英學	第一讀本 綴字書 習字 單語	同第二讀本 同 同 同	同第三讀本 文法 書取 會話	同第四讀本 同 同 同	同第五讀本	同第五讀本
數學	命位記數法 加減乘除法	四則應用 雜題	數ノ性質	同	分數四則 雜題	小數諸法
歷史	國史略	同	同	十八史略	同	同
地理	日本地誌要略	同	同	中地理書	同	同
畫學	彩影法	同	同	寫生法	同	同
和裁縫	[illegible]運 針法ヨリ 順序教授					
洋裁縫	簡樸ノ如キ順序教授					
衛生生理	普通生理 同衛生 口授	同 同	同 同	同 同	同 同	同 同
經濟	家事經濟 調くりやの心得					
動植物	博物 口授	同	同	普通動物	同	同
習字	楷行艸 順序教授					
音樂体操	唱歌 輕運動	同 同	同 同	同 同	同 同	同 同

月謝ハ毎月五日迄ニ納ムヘシ

第四十條

十五日以后ニ入學スルモノハ其半額ヲ納ムヘシ

第四十一條

一家ニシテ二人以上ノ學生ヲ出スモノハ一人ヲ除クノ外ハ束脩月謝共半額ヲ減ス

第四十二條

退學セントスルモノハ其理由ヲ明記シ保証人連署ヲ以願出スヘシ

大阪府本町四丁目廿七番地

明治廿一年三月

相愛女學校

相愛女學校設置方法書

緒言

貧富ヲ問ハス男女ヲ論セス文學ノ必用ヲ感シ技藝ノ練達ヲ期ス此レ今日社會ノ情況ニシテ亦喋々ヲ要セサルナリ今ヤ公立私立學校林ノ如ク日一日ヨリモ盛ナリト雖婦女ト貧民トニ至リテハ教育未タ遍カラス慨然ニ堪ヘサルナリ況ンヤ婦女ノ性タル感情ニ深シ是以貴フ所自ラ徳行ニ在リ苟モ教育ヲシテ婦女ニ遍カヲシメハ天下ノ美風良俗ヲ養成スルノ母タルコト疑フヘカラス然ラハ則同志ヲ勸奬シ婦女ノ教育ニ従事スルハ吾輩宗教者ノ本分ニシテ毫モ躊躇スル所ニ非ス因テ將ニ一教場ヲ津村本願寺別院内ニ設ケ當務ノ急タル文學技藝ヲ授ケ併テ安心立命ノ眞理ヲ教ヘ眞俗二諦ノ宗軌ヲ守リ現當二世ノ幸福ヲ全セシメントス茲ニ當相敬愛ノ金言ニ取リ名テ相愛女學校ト云希クハ宗教有志ノ諸君吾輩謹

國扶宗ノ微志ヲ諒察シ陸續隨喜贊成シタマハンコトヲ

明治廿一年三月

二

相愛女學校設置方法

第壹條　經費豫算出金ノ部

諸敎員月給諸雜費

總計一ヶ月

一、金貳百圓

第貳條　豫算納金之部

學生百五拾名見積月謝

金五拾圓

差引

金百五十圓　每月不足

第三條　不足金募集方法

第一款

開校ノ月（開校式ハ他日ニ讓ル）ヨリ嚮フ十二箇月間每月金五

三

拾錢宛喜捨ノ有志者ヲ募リ壹ヶ年間ノ費用ヲ辨ス

第二款

壹ヶ年ヲ經過スル内更ニ新喜捨主ヲ募リ翌年ヲ計畫スヘシ

第三款

毎月決算ノ上餘贏アルモノハ積テ資本ニ供ス

第四條　役員及職制

校長　一名　適當ナル婦人

本校ノ整理

理事　一名

校長ニ亞テ校務ヲ整理ス

督學　五名

教員及學生ノ勤惰ヲ監督ス

會計　三名

本校月次出納ノ事務ヲ擔掌ス

參與　三十名

本校ニ關スル諸般ノ協議ニ應シ時事ニ參與ス

主簿　一名

日次ノ出納簿書ニ從事ス

以上ノ役員ハ任期二ヶ年トシ贊成員總會ノ上ニ於テ之ヲ公撰ス事件多クハ總會ニ於テ決スト雖細事ハ參與ノ議決ヲ以テ執行ス

創立費

金貳百圓　備付機械

金壹百圓　營繕費

金壹百圓　書籍及雜品買入費

金壹百圓　開校式費

計金五百圓

内

金七十五圓　學生束修見積

差引

金四百廿五圓　不足

此金ハ各講ヘ依頼シテ寄附ヲ乞

六

○本校發起員

梅上澤融
楠覺證
雄卿覺玄
寸土曉嚴
松原深諦
小西新右兵門
田中市兵衛
矢邊清兵衛
木原忠兵衛
安田源三朗
和田保次郎
佐藤彌兵衛
原彌藏

小田佛乘
朝普耀
藤敎觀
蓴諦音
鷲池平九郎
田村邦太郎
泉由次郎
志方勢七
那須善兵衛
中村庄太郎
乾利兵衛
德光伊八
根來爲助

橘覺生
尾木原勝祐
田川智仙
薗實海
高木善兵衛
廣岡信五郎
米谷新兵衛
龜岡德太郎
道元松之助
中島清七
村上嘉兵衛
小寺仁藏
福島源七

中村善勝
源敎春
松江誓乘
澤圓諦
内海作兵衛
新宮和吉
生島嘉藏
廣岡久右衛門
新井久兵衛
原彌兵衛
楠喜助
上田彌兵衛

七

（三）『京都婦人教会規約』

京都婦人教會規約

緒　言

抑も婦人教育の必要なることは世既に公論あり今更に述るを要せず而して其婦人に尤も大切なる德育の一は特に我が宗教の力に據るに非れは養成し難きものなるを以て今ま茲に京都婦人教會を設置し毎月數回婦人の教育德育に關する演說を開筵し我人が常に敬愛する所の同胞姉妹をして其令德を全ふして幸福なる生涯を送らしめ且つ人世尤も疑懼に堪へざる未來に向つても平易安心の地位を得せしめんと欲す願くは四方有志の姉妹兄弟幸ひに本會に賛成加入あらんことを伏して希ふ

京都婦人教會規約

第壹條　本會は名けて婦人教會《ふじんきやうくわい》と稱し本部を京都に置く

第貳條　本會は佛教を基礎《きそ》とし婦人の知育徳育《ちいくとくいく》を修養するを目的《もくてき》とす

第參條　本會は前條の目的を達せん爲め左の事業に從事す

一演説幷に法話講義を爲し以て婦人特性開發《とくせいかいはつ》の感化《かんくわ》を爲す

一地方に於て會員五拾名以上に達するときは支會を設け其細則は地方の便宜に從《したが》ふ

第四條　本會々員たらんと欲する人は住所番地姓名を記し事務所へ申込み入會員證を受へし

第五條　本會は會員を類別して正會員特別會員（女子）贊助員特別贊助員（男子）の四種とし何に人を論せす入會を許《ゆる》す

第六條　本會《くわい》々員たる人は毎月金壹錢を會費《くわいひ》として納《おさ》むへし

第七條　本會は會長壹名副會長壹名主昌三名主任壹名會計三名協議員若干名を選《せん》定《てい》し一切の事務を總理分掌す

第八條　本會永續《えいぞく》元資《げんし》として金三圓巳上の金錢物品を喜捨《きしやう》せられたる人は特別會員とす

第九條　本會々員に東京婦人敎會より發行の雜誌《ざつし》を所望《しやうもう》の人に頒布す
但會費の外に金三錢を申受くへし

第拾條　本會規約は多數會員協議に據り更正することあるへし

明治廿五年四月改正

京都市下京區不明門通中珠數屋町上ル七番戸

京都婦人敎會事務所

三

京都五條通西洞院西へ入長覺寺中

毎月七日
午後一時　京都婦人教會本部

京都六角堂境内眞宗説教場内

毎月　日
午後一時　京都婦人教會第一會場

新京極四條上ル仲之町平等講内

毎月十七日
午後一時　京都婦人教會第二會場

毎月　日
午後一時　京都婦人教會第三會場

毎月　日
午後一時　京都婦人教會第四會場

毎月　日
午後一時　京都婦人教會第五會場

四

特別賛助教員

大谷派　大谷勝縁殿
本願寺派　日野澤依殿
大谷派　大谷勝尊殿
大谷派　大谷勝道殿
本願寺派　大洲鐵然殿
大谷派　渥美契縁殿
本願寺派　赤松連城殿
大谷派　小林什尊殿
大谷派　細川千巖殿
本願寺派　原口針水殿
大谷派　楠潜龍殿
大谷派　小早川鐵僊殿

本願寺派　武田篤初殿
大谷派　足立法鼓殿
大谷派　不二門諦觀殿
大谷派　江村秀山殿
大谷派　宮部圓成殿
本願寺派　藤里順乘殿
大谷派　吉谷覺壽殿
本願寺派　羽溪履信殿
竹村藤兵衛殿

五

あとがき

本書は、赤松徹眞先生編の『『反省会雑誌』とその周辺』に続く、「シリーズ近代日本の仏教ジャーナリズム」の第二巻として刊行するものです。

一八八〇年代には、キリスト教主義学校が女子教育の先駆的役割を果たし、次代の女子教育家・社会改良家・女流文学者などを多数輩出した点はよく知られています。また、巌本善治らの『女学雑誌』に展開された「女学」論は、今日から見ればいくつかの根本的問題点を指摘し得るものの、女子無能力論が通念化している当時にあって、家庭人としての社会的有用性を強調することによって女性の地位向上に寄与した点で高く評価されています。

これに対して、仏教側もキリスト教の動向に刺激され、従来の女人講などの前近代的組織を婦人教会に改組して女性信者の組織化を図るとともに、雑誌発刊・女学校設置など、開化状況に対応した事業に着手していきました。一八八〇年代から九〇年代にかけて数誌の婦人雑誌が刊行され、女学校についても、キリスト教系が五〇校をこえていたのに対し、仏教系も二〇校ほどの設立をみています。しかし、それらの実態はいまだ明らかにされていない点が多く、雑誌の散逸も著しく、本書で取り上げたほとんどの雑誌にも欠号がみられます。

本書では、現存する雑誌の総目録に加えて、主な婦人会の動向に関する解説論文を付することにしました。この時期の仏教系婦人雑誌を代表する真宗系の雑誌を中心に取り上げていますが、真宗系以外にも婦人雑誌は刊行されています。今後の仏教婦人会に関する研究の発展の一助となり、資料の発掘の機縁となれば幸いであります。

雑誌の総目録作成の煩雑な作業には、吉岡諒氏にご尽力いただきました。その作業には穂波慶一氏（龍谷大学大学院研究生）と石川真教氏（龍谷大学大学院生）にもお手伝いいただいています。雑誌データの蒐集にあたっては、特に東京大学大学院法学政治学研究科附属近代日本法政史料センター（明治新聞雑誌文庫）、慶應義塾大学附属研究所斯道文庫より格別のご配慮をたまわりました。衷心よりお礼を申し上げる次第です。

最後になりましたが、本書刊行にあたって、龍谷大学世界仏教センター事務局担当の朝日さやか氏、前龍谷大学仏教文化研究所事務局担当の中嶋一博氏には、種々ご配慮をたまわりました。また刊行をお引き受けいただいた法藏館の社長西村明高氏、編集長の戸城三千代氏、編集担当の丸山貴久氏には多大のご尽力をたまわりました。記してお礼を申し上げます。

中西直樹

編著者紹介

岩田真美（いわた　まみ）
一九八〇年生まれ。龍谷大学文学部准教授。主な業績に「近代の妙好人伝にみる女性仏教者像」（『龍谷大学論集』第四八五号、二〇一五年）、『カミとホトケの幕末維新――交錯する宗教世界――』（共編、法藏館、二〇一八年）がある。

中西直樹（なかにし　なおき）
一九六一年生まれ。龍谷大学文学部教授。主な業績に『日本近代の仏教女子教育』（法藏館、二〇〇〇年）、『植民地台湾と日本仏教』（三人社、二〇一六年）、『近代西本願寺を支えた在家信者――評伝　松田甚左衛門――』（法藏館、二〇一七年）、『明治前期の大谷派教団』（法藏館、二〇一八年）がある。

執筆者紹介

碧海寿広（おおみ　としひろ）
一九八一年生まれ。龍谷大学アジア仏教文化研究センター博士研究員。主な業績に『入門　近代仏教思想』（ちくま新書、二〇一六年）、『仏像と日本人――宗教と美の近現代――』（中公新書、二〇一八年）がある。

吉岡　諒（よしおか　りょう）
一九八七年生まれ。龍谷大学非常勤講師。主な業績に「木下尚江の「人生革命」と仏教――政教観・宗教改革論・田中正造の絶筆引用をめぐって――」（『近代仏教』二三号、二〇一六年）、「石川三四郎と木下尚江の思想交渉――社会運動と内省のはざまで――」（『初期社会主義研究』二六号、二〇一六年）がある。

近藤俊太郎（こんどう　しゅんたろう）
一九八〇年生まれ。本願寺史料研究所研究員、龍谷大学非常勤講師。主な業績に『天皇制国家と「精神主義」――清沢満之とその門下――』（法藏館、二〇一三年）、『令知会と明治仏教』（共編、不二出版、二〇一七年）がある。

龍谷大学仏教文化研究叢書36
シリーズ近代日本の仏教ジャーナリズム第2巻

仏教婦人雑誌の創刊

二〇一九年二月二十八日　初版第一刷発行

編著者　岩田真美
　　　　中西直樹

発行者　西村明高

発行所　株式会社　法藏館
京都市下京区正面通烏丸東入
郵便番号　六〇〇-八一五三
電話　〇七五-三四三-〇〇三〇（編集）
　　　〇七五-三四三-五六五六（営業）

装幀　野田和浩
印刷・製本　中村印刷株式会社

ISBN978-4-8318-5572-5 C3321

『反省会雑誌』とその周辺
シリーズ 近代日本の仏教ジャーナリズム第一巻

赤松徹眞編著　六、〇〇〇円

カミとホトケの幕末維新
交錯する宗教世界

岩田真美・桐原健真編　二、〇〇〇円

近代西本願寺を支えた在家信者
評伝 松田甚左衛門

中西直樹著　一、九〇〇円

日本近代の仏教女子教育

中西直樹著　二、六〇〇円

天皇制国家と「精神主義」
清沢満之とその門下

近藤俊太郎著　二、八〇〇円

近代仏教のなかの真宗
近角常観と求道者たち

碧海寿広著　三、〇〇〇円

近代仏教スタディーズ
仏教からみたもうひとつの近代

大谷栄一・吉永進一・
近藤俊太郎編　二、三〇〇円

価格税別　　　　法藏館